本书为国家社会科学基金项目"我国网络药品安全风险防控对策研究"（编号：19CGL057）的研究成果。

风险与防控
中国网络药品安全制度研究

刘琳◎著

Risk and Prevention
A Study on China's Online Drug Safety System

中国社会科学出版社

图书在版编目（CIP）数据

风险与防控：中国网络药品安全制度研究 / 刘琳著 . —北京：中国社会科学出版社，2024.1

ISBN 978－7－5227－2536－9

Ⅰ.①风… Ⅱ.①刘… Ⅲ.①互联网络—应用—药品管理法—研究—中国 Ⅳ.①D922.164

中国国家版本馆 CIP 数据核字（2023）第 165853 号

出 版 人	赵剑英
责任编辑	许 琳 高 婷
责任校对	李 硕
责任印制	郝美娜

出　版	中国社会科学出版社
社　址	北京鼓楼西大街甲 158 号
邮　编	100720
网　址	http://www.csspw.cn
发行部	010－84083685
门市部	010－84029450
经　销	新华书店及其他书店
印刷装订	北京市十月印刷有限公司
版　次	2024 年 1 月第 1 版
印　次	2024 年 1 月第 1 次印刷
开　本	710×1000　1/16
印　张	15.5
插　页	2
字　数	209 千字
定　价	88.00 元

凡购买中国社会科学出版社图书，如有质量问题请与本社营销中心联系调换
电话：010－84083683
版权所有　侵权必究

目　录

前　言 ……………………………………………………………… (1)

第一章　问题缘起：我国网络药品市场发展背景及困境 ………… (1)

第一节　研究背景 …………………………………………… (1)
一　网络药品交易受政策制约审慎发展 …………………… (1)
二　政策和社会环境双重变化下的网络药品交易 ………… (8)

第二节　问题的提出 ………………………………………… (11)
一　基于典型案例的分析 …………………………………… (11)
二　基于网络销售者的分析 ………………………………… (19)
三　基于网络消费者的分析 ………………………………… (28)

第三节　国内外相关研究综述 ……………………………… (37)
一　国内相关研究 …………………………………………… (37)
二　国外相关研究 …………………………………………… (42)
三　研究现状述评 …………………………………………… (47)

第四节　研究目的和主要思路 ……………………………… (48)
一　研究目的 ………………………………………………… (48)
二　主要思路 ………………………………………………… (48)

第五节　创新之处和主要不足 ……………………………… (49)
一　创新之处 ………………………………………………… (49)
二　主要不足 ………………………………………………… (51)

第二章　治理基石：网络药品安全治理的理论建构 …… （53）
　第一节　治理根源：负外部性和负内部性并存 …… （54）
　　一　网络药品市场存在负外部性 …… （54）
　　二　网络药品市场存在负内部性 …… （56）
　第二节　治理对象：药品、网络和社会风险叠加 …… （58）
　　一　网络药品存在固有风险 …… （58）
　　二　网络药品交易存在网络风险 …… （60）
　　三　网络药品交易存在社会风险 …… （61）
　第三节　治理思路：凸显社会整体利益 …… （63）
　　一　网络药品治理体现对自由效率的保护 …… （63）
　　二　网络药品治理体现对公平正义的追求 …… （65）
　　三　网络药品治理体现对社会利益的保护 …… （66）
　第四节　治理框架：纵横交错、多元协作 …… （67）
　　一　官僚制为网络药品治理搭建了纵向框架 …… （68）
　　二　新公共管理注重网络药品治理横向整合 …… （69）
　　三　治理理论追求网络药品治理的多中心和软性
　　　　管理 …… （70）

**第三章　他山之石：发达国家网络药品监管的实践
　　　　模式** …… （72）
　第一节　奉行多元主义的美国模式 …… （74）
　　一　FDA集中统一领导的监管体制 …… （74）
　　二　全过程风险治理的监管法制 …… （76）
　　三　政府、行业和社会共同参与的监管机制 …… （80）
　第二节　主张法团主义的英国模式 …… （81）
　　一　MHRA与行业协会共管的监管体制 …… （81）
　　二　柔性立法的监管法制 …… （83）
　　三　政社合作的监管机制 …… （86）

第三节　强调国家主义的德国模式 …………………………… (87)
　　一　BfArM 主导的监管体制 ……………………………… (87)
　　二　责任立法的监管法制 ………………………………… (89)
　　三　联合监管的监管机制 ………………………………… (92)
第四节　坚持政府主义的日本模式 …………………………… (94)
　　一　厚生劳动省主导的监管体制 ………………………… (94)
　　二　严格立法的监管法制 ………………………………… (97)
　　三　整体监管的监管机制 ………………………………… (99)
第五节　发达国家网络药品监管的经验启示 ……………… (100)
　　一　监管体制比较及启示 ……………………………… (100)
　　二　监管法制比较及启示 ……………………………… (105)
　　三　监管机制比较及启示 ……………………………… (107)

第四章　激荡变革：我国网络药品监管现状 ……………… (111)
第一节　我国网络药品监管体制 …………………………… (112)
　　一　监管体制从垂直、分类走向分级、统一 ………… (112)
　　二　全面深化改革视野中的监管体制 ………………… (117)
第二节　我国网络药品监管法治 …………………………… (120)
　　一　监管法治从全面禁止走向逐渐开放 ……………… (120)
　　二　全面依法治国视野中的监管法治 ………………… (126)
第三节　我国网络药品监管机制 …………………………… (131)
　　一　监管机制从重事前审批走向重事中事后监管 …… (132)
　　二　防范化解重大风险视野中的监管机制 …………… (140)

**第五章　困境犹在：我国网络药品安全风险的主要
　　　　　表现** ……………………………………………… (143)
第一节　我国网络药品安全体制风险 ……………………… (144)
　　一　跨部门监管协调不足 ……………………………… (144)

二　跨区域监管协调不足 …………………………………（145）
　　三　监管专业化水平不足 …………………………………（146）
第二节　我国网络药品安全法治风险 ……………………………（148）
　　一　立法顶层设计留有空白 ………………………………（148）
　　二　政策调整过于频繁反复 ………………………………（149）
　　三　执法人员执法尺度不一 ………………………………（150）
第三节　我国网络药品安全机制风险 ……………………………（151）
　　一　事前风险预警机制缺失 ………………………………（151）
　　二　事中风险控制机制不足 ………………………………（154）
　　三　事后风险应对机制不够 ………………………………（158）
　　四　全过程风险交流机制匮乏 ……………………………（162）

第六章　利益分歧：我国网络药品安全风险的成因 …………（165）

第一节　体制风险成因 ……………………………………………（166）
　　一　网络交易"链条化"对跨部门监管形成挑战…………（166）
　　二　网络交易"无界性"对跨区域监管形成挑战…………（167）
　　三　网络交易"虚拟性"对监管专业性提出更高
　　　　要求 ………………………………………………………（168）
第二节　法治风险成因 ……………………………………………（169）
　　一　法律存在天然的滞后性和不完备性 …………………（169）
　　二　政策制定面临价值位阶选择 …………………………（170）
　　三　制度执行存在自由裁量之惑 …………………………（171）
第三节　机制风险成因 ……………………………………………（172）
　　一　事前过度依赖审批 ……………………………………（173）
　　二　事中监管手段匮乏 ……………………………………（174）
　　三　事后倾向灭火式救援 …………………………………（175）
　　四　全过程风险意识欠缺 …………………………………（176）

第七章 利益整合：我国网络药品安全风险防控政策建议 …………………………………………… (178)

第一节 深化网络药品治理体制改革 ……………………… (179)
一 建立跨部门协同机制 ………………………………… (179)
二 建立跨区域协同机制 ………………………………… (181)
三 提升监管专业化水平 ………………………………… (182)

第二节 完善网络药品治理法治体系 ……………………… (184)
一 提高立法的前瞻性预见性 …………………………… (184)
二 厘清政策制定的价值位阶 …………………………… (186)
三 强化行政自由裁量权规制 …………………………… (187)

第三节 健全网络药品风险防控机制 ……………………… (188)
一 建立事前风险预警机制 ……………………………… (188)
二 健全事中风险控制机制 ……………………………… (191)
三 完善事后风险应对机制 ……………………………… (194)
四 建立全过程风险交流机制 …………………………… (198)

第八章 结语 ………………………………………………………… (202)

第一节 宏观层面：历史、理论和实践的有机统一 ………… (203)
一 网络药品安全治理进入市场有序、监管成熟的新发展阶段 ……………………………………………… (204)
二 网络药品安全治理须秉承"以人民健康为中心"的新发展理念 ……………………………………………… (204)
三 网络药品安全治理须构建监管事业和医药产业高质量发展的新发展格局 ……………………………… (205)

第二节 中观层面：政府、市场和社会的良性互动 ………… (205)
一 网络药品安全治理有赖于政府治理体系和治理能力现代化建设 ……………………………………… (206)
二 网络药品安全治理有赖于企业主体和行业的自律 ……………………………………………………… (206)

三　网络药品安全治理有赖于社会多元主体共同
　　　　参与 …………………………………………………（207）
第三节　微观层面：体制、法治和机制的相互协同…………（207）
　　一　网络药品安全体制明确了监管机构和权限划分………（207）
　　二　网络药品安全法治明确了各主体之间权利义务………（208）
　　三　网络药品安全机制揭示了制度运行的动态过程………（209）

参考文献 …………………………………………………………（210）

附　录 ……………………………………………………………（222）
　　A. 网络药品安全状况及规制调查报告 ……………………（222）
　　B. 网络药品安全状况及规制访谈提纲 ……………………（232）

后　记 ……………………………………………………………（236）

前　言

众所周知，药品是一种特殊商品，药品安全风险管理是一项非常复杂的社会系统工程。近年来，作为"互联网+"医药健康产业的有机融合，网络药品交易已逐渐成长为医药流通领域的重要组成部分。从总体来看，网络药品交易受政策制约呈审慎发展态势。但在当前"优化营商环境""促进高质量发展"的政策环境下，以及新冠疫情催生了社会公众用药需求的背景下，网络药品交易迎来了发展机遇期和风险挑战期。结合国内外相关研究来看，20世纪90年代，我国才开始关注药品安全问题，针对网络药品安全的研究更是少之又少，着重借鉴国外经验而缺乏本土性的深入研究，着重经济性规制而缺乏社会性规制研究，着重从政府角度而缺乏从市场和社会等其他主体的角度进行分析。西方国家自20世纪初就开始对药品安全问题进行研究，但就网络药品安全的研究来看，着重从个案向整体性研究延伸，着重从宏观的研究视角向微观过渡，着重运用经济学等开展定量研究。

药品安全问题涉及经济学、法学、社会学、管理学等多学科的基础理论，借助上述各学科的研究工具能更好地进行全方位分析。从问题产生的根源来看，网络药品安全具有负外部性、信息不对称和逆向选择的特征，因而，需要找准网络药品市场中各方利益均衡点。从问题引发的风险来看，网络药品安全不仅存在药品固有风险，更是面临网络风险与社会风险的叠加，因而，需要正确认识上述风险点，找寻背后的深层次原因，阻断药品风险的蔓延。从解决问题的思路来看，追求自由效率、公平正义和社会利益成为解决网络药品安全问题的价值取向，基于此，有必要在筑牢安全底线的基础上构建促进医药行业高质量发展的监管制度。从解决问题的办法来看，建构于官僚制基础之上的药品安全治理机构在引入整合治理、协同治理、多中心治理理念的同时，也要致力于健全和完善药品安全风险治理体系。

美国、英国、德国、日本作为发达国家代表，已构建起较为健全的药品监管制度和成熟的监管体系，并在实践中不断发展完善。以美国为代表的"多元主义"模式强调政府、市场和社会的互动协作；以英国为代表的"法团主义"模式强调政府与行业协会保持长期良性互动；以德国、日本为代表的"国家主义"模式则强调政府主导，通过严刑峻法的设置杜绝假冒药品在网上流通的可能。上述国家的经验对我国提供了有益借鉴。

就监管制度的静态框架而言，我国药品安全监管体制变迁与经济建设所经历的特定历史时期密切相关。在纵向层面，从垂直管理走向分级管理，以更好激发地方政府的积极性和主动性；在横向层面，从分类管理走向统一管理，以改变政出多门、重复交叉的监管局面。与此同时，国家逐步建立起以《药品管理法》为核心的药品安全法律法规体系。有关网络药品交易的法律历经从无到有的过程，相关政策总体上呈逐渐开放的态势，从全面禁止、谨慎试点、政策调整再到政策利好。就监管制度的动态运行而言，我国药品安全监管机制历经了重事前审批到重事中事后监管再到强调全生命周期监管的快速转化，并形成持续的动态管理模式。

风险管理的第一步就是正确识别可能的各种风险。网络药品安全风险存在于生产、流通、使用和监管的各个环节。从体制来看，监管机构设置变动频仍，监管权限配置飘忽不定，监管专业化水平不足成为制约网络药品监管水平的重要因素。从法治来看，立法顶层设计留有空白，政策调整过于频繁反复，执法人员执法尺度不一，始终难以回应社会公众的期盼。从机制来看，网络药品全生命周期监管体系尚未建立健全。

风险管理的第二步就是分析风险点背后的深层次原因。从体制来看，网络交易"链条化"对跨部门监管形成挑战；网络交易"无界性"对跨区域监管形成挑战；网络交易"虚拟性"对监管专业性提出更高要求。从法治来看，法律存在天然的滞后性和不完备性，政策制定面临安全和效率孰先孰后的价值位阶选择。从机制来看，事前过度依赖审批，事中监管手段匮乏，事后倾向灭火式救援，全过程风险意识欠缺，都成为各个阶段风险酝酿的温床。

风险管理的第三步就是选择适当有效的方法应对风险。具体来说，包括以下几个方面：其一，深化网络药品监管体制改革。通过建立跨部门协同机制，实现网络药品交易的全链条监管；通过建立跨区域协同机制，实现网络药品交易的无界性监管；通过提升监管专业化水平，确保监管队伍和能力与监管任务相匹配。其二，完善网络药品监管法治体系。监管部门须保持对产业发展态势和安全形势清晰的认识，在加强和产业互动的基础上厘清政策制定的价值位阶选择。在立法方面，必须加强顶层设计，既要牢牢守住安全底线，又要建立健全制度化监管规则；在执法层面，必须从内外两方面加强企业主体责任建设，既要严格执法，及时查处违法违规行为，又要强化企业自我约束和社会责任意识，从根本上防范风险源头。其三，健全网络药品风险防控机制。通过建立事前风险预警机制，健全事中风险控制机制，完善事后风险应对机制，建立全过程风险交流机制，实现药品全生命周期风险治理。

党的二十大报告指出，"强化食品药品安全监管""提高公共安全治理水平"。这为药品安全监管工作指明了方向和思路。目前，中国药品监管体制机制改革进入深水区和攻坚期。从宏观层面来看，网络药品安全治理从秩序混乱、监管缺失走向市场有序、监管成熟的新发展阶段；网络药品安全治理须秉承"以人民健康为中心"的新发展理念；网络药品安全治理须构建监管事业和医药产业高质量发展的新发展格局。从中观层面来看，网络药品安全治理既有赖于市场的自律，也有赖于社会的共同参与，更有赖于政府治理体系和治理能力的现代化建设。从微观层面来看，网络药品安全体制明确了监管机构和权限划分，包括跨部门、跨区域等监管难点；网络药品安全法治明确了各主体之间权利义务，即哪些可为、哪些不可为以及承担的法律责任；网络药品安全机制揭示了制度运行的动态过程，尤其是防范和化解药品风险的一系列机制。

第一章

问题缘起：我国网络药品市场发展背景及困境

第一节 研究背景

作为一种特殊商品，药品关系人类身体健康和生命安全，药品安全风险治理是一项非常复杂的社会系统工程。随着互联网技术的快速发展和医药电商产业的兴起，网络药品交易已逐渐成长为医药流通领域的重要组成部分。总体上，网络药品交易受政策制约呈审慎发展态势，但在当前"优化营商环境""促进高质量发展"的政策环境下，[1] 以及新冠疫情催生了社会公众用药需求的背景下，[2] 网络药品交易迎来了发展机遇期和风险挑战期。

一 网络药品交易受政策制约审慎发展

自 2000 年萌芽以来，中国的医药电商产业历经起步期、发展期、求索期到展望期，这其中，既有市场自发形成并逐渐壮大的因素，也有政府行使监管职能、不断促进市场规范的因素。课题组认为，中国"互联网+"医药健康行业的发展历经数十年，共分为四大阶段（见表 1.1）。

---

[1] 张定安：《深化"放管服"改革 优化营商环境》，《中国行政管理》2020 年第 2 期。
[2] 张成岗：《灾害情境下的风险治理：问题、挑战及趋向——关于后疫情时代社会治理的探索》，《武汉大学学报》（哲学社会科学版）2020 年第 5 期。

表 1.1　　　　　　　我国"互联网＋医药"发展历程

发展阶段	阶段特征	市场规模
起步期	创新信息化模式萌芽，没有明确的考量和方向；互联网医药电商萌芽，"借鉴"成熟互联网电商的模式进行试水	截至 2010 年，互联网医药电商的市场规模仍小于 4 亿元；互联网医疗和医保形态尚未出现
发展期	互联网医药电商政策细化，更多主体通过自建或收并购方式进入，市场持续增长；互联网医疗以单个产品或服务的形式出现，本质仍在解决信息不对称和信息流通效率低的痛点，患者教育以及付费转化率仍是较大的挑战点	截至 2014 年，互联网医药 OTC 业务的 B2C 市场规模达到约 20 亿元；全国互联网医院数量为 6 家
求索期	互联网＋处方药销售尚未探索出合适的监管和健康发展模式，灰色地带业务形态被严格管控；互联网医疗政策起伏，各类业态持续沉淀核心流量，同时积极探索覆盖核心诊疗环节的合法创新模式；互联网医保的发展集中在政府开放结算平台，应用场景主要集中在传统医疗环节的支付便利化	截至 2017 年，中国互联网医药 OTC 业务的 B2C 市场规模达到约 70 亿元；全国互联网医院数量已达到 48 家；医保结算平台探索与第三方支付平台的合作
展望期	互联网医药电商开始合法地渗透包括处方药和非处方药的线下药品市场；互联网医疗政策趋于明朗，各经营主体创新探索新模式；互联网医保政策指导覆盖互联网医药服务；以消费者为中心、服务健康管理全生命周期的体系逐渐呈现	截至 2021 年，中国互联网医药 B2C 市场规模达到 180 亿元；全国互联网医院数量已达到 1700 家；"互联网＋医保"逐渐实现新的突破

一是起步期（2010 年以前）。中国的互联网行业起步于 20 世纪 90 年代，而互联网医疗行业的起步期则要从 2000 年以后开始。此时，有关医药咨询、疾病科普的内容成为"互联网＋"医药健康行业的主旋律。个别医药电商企业抢抓机遇，利用互联网开展药品广告宣传和网络交易，但这种形式自 20 世纪 90 年代首次出现后，立即被国家出台政策叫停，直到 2000 年，国家层面才出台政策允许通过互联网开展药品网络交易。为进一步规范交易行为，2005 年 9 月，国家食品药品监督管理局颁布了《互联网药品交易服务审批暂行规定》，详细定义了互联网药品交易服务的交易范围、实施主体、监管标准等，其中

第一章　问题缘起：我国网络药品市场发展背景及困境

包括互联网药品交易企业需取得相应的资格证书：A 证（适用于第三方平台开展 B2B 业务）、B 证（适用于生产、批发企业开展 B2B 业务）和 C 证（适用于药品零售企业开展 B2C 业务），同时允许零售连锁企业向消费者销售非处方药。在互联网零售行业整体的发展以及医药电商的政策允许下，B2B 和 B2C 医药电商开始发展。其中 B2C 领域以健客、京卫大药房等为代表，通过第三方平台和药店连锁企业合作开展互联网医疗零售业务。这一阶段，互联网医疗和医保业务尚未出现，截至 2010 年，医药电商的市场规模不到 4 亿元。[①]

二是发展期（2011—2014 年）。进入 2010 年，国家、地方层面逐渐开放医药电商政策，医药电商领域的新主体不断涌现，医药电商迎来蓬勃发展时期。2013 年 10 月，国家食品药品监督管理总局对于网络交易主体资质和业务范围作出了规定，要求零售单体药店不得从事网络售药，同时，网络售药的范畴仅限于非处方药；2014 年 5 月，总局发布有关药品网络交易的征求意见稿，将互联网平台纳入网络售药主体，并且允许开展处方药网售，允许第三方物流参与药品配送。虽后续未实施，但被业内看作未来处方药网络销售的正面信号。与此同时，国家食品药品监督管理总局开始选取部分平台开展网上零售试点，分别于 2013 年 11 月、2014 年 7 月批准了八百方、1 号店、"95095"医药平台开展为期一年的互联网第三方平台试点。此时，传统互联网公司（阿里、京东）以及医药行业相关主体（如流通商、连锁药店）开始进入医药电商领域，通过自建或收购获得电商牌照，如阿里在 2014 年斥资 10 亿元收购了中信 21 世纪科技有限公司，进而获得了其下属的"95095"医药平台拥有的 A 证。这一阶段，行业规模随着各类主体进入快速增长期，截至 2014 年，医药电商 B2C 市场规模约为 20 亿元。

与此同时，互联网医疗也开始了起步和探索。2014 年，国家卫生

[①] IQVIA：《破茧成蝶：互联网+医疗健康白皮书》，https://www.iqvia.com/zh-cn/locations/china，2020 年 5 月 13 日。

计生委《关于推进医疗机构远程医疗服务的意见》首次提出远程医疗的概念，即医疗机构通过相关信息技术手段对院外的患者开展远程医疗服务。此后，互联网医疗单个服务的模式涌现，互联网平台、科技公司、医疗保险分别利用传统业务积累资源，开展单个服务的模式探索和尝试。此阶段的服务集中在挂号和轻问诊。截至2015年，全国有6家互联网医院，大致可以分为三种类型：第一类是以宁波云医院为代表的地方政府主导型互联网医院，由地方政府推动区域内医疗机构纳入云医院范畴；第二类是以广东省网络医院、浙一互联网医院等为代表的医院主导型互联网医院，这类医院本身就是区域内的顶尖医院，其服务范围具有明显的地域性；第三类是以乌镇互联网医院为代表的厂商主导型互联网医院，有别于上述两类互联网医院，互联网厂商微医集团收购位于乌镇的桐乡市第三人民医院，并借助其各种接入端口，成为着眼于全国的线上诊疗服务平台。但总体而言业务开展尚属早期，市场规模仍较小。

三是求索期（2015—2017年）。经过2010—2014年医药电商蓬勃发展之后，医药电商进入求索期。尽管政策尚未放开处方药线上销售，许多处方药通过O2O等灰色地带和手段在电商渠道上进行销售。由于尚未探索出合适的监管和健康发展模式，国家收紧和禁止了此类业务形态。2016年7月，接国家食品药品监督管理总局通知，河北、上海、广东等地暂停第三方平台网售试点。但随后，2017年1月和9月，国务院先后取消了互联网药品交易服务资格证书的A、B、C证，取消了医药电商领域的进入壁垒。同年11月，国家食品药品监督管理总局起草《网络药品经营监督管理办法（征求意见稿）》，拟明令禁止通过网络销售处方药。这一阶段，医药电商不断上下探索，截至2017年，中国互联网医药B2C市场规模达到约70亿元。

在此阶段，互联网医疗出现了较多正面利好的政策。2015年，国家发改委、国家卫计委联合下发文件允许云南、宁夏等五省开展远程医疗试点。2016年，《"健康中国2030"规划纲要》颁布，首次将互

第一章 问题缘起：我国网络药品市场发展背景及困境

联网医疗提升到国家战略层面。同年，银川市率先出台了有关互联网医院的管理制度，对国内互联网医疗发展起到了引领作用。在此政策出台后，大量第三方平台如雨后春笋般冒了出来，丁香园、好大夫、春雨医生、医联、微医等多家互联网医疗企业受邀在银川设立互联网医院。但政策很快发生转折，考虑到医疗核心环节的提供者仍应是专业医疗机构，政府开始收缩互联网医疗政策。2017 年 4 月，国家卫计委发布有关互联网诊疗管理办法的征求意见稿，规定互联网医院的诊疗服务只能在三级医院与其下级医院之间进行，明令禁止直接面向大众，并叫停了"网络医院""互联网医院""云医院"等名称的使用。截至 2017 年，全国互联网医院数量已达到 48 家。

与此同时，医保开始探索互联网化和数字化发展。主要表现在政府开放结算平台，探索与第三方支付平台的合作，等等。例如 2016 年，浙江省与移动支付机构合作，实现了社保卡与移动支付账号的绑定、个人承担费用的移动支付。这一阶段互联网诊疗和购药的结合相对较少。

四是展望期（2018 年以来）。经历了 3 年的低调发展之后，2018 年，国家一改先前收紧的态度，密集出台了一系列鼓励和规范互联网医药的政策性文件。2019 年 8 月，全国人大通过新修订的《中华人民共和国药品管理法》，首次提出解除对处方药在线销售的管制。拥有"药品生产许可证"或"药品经营许可证"的企业可以经营处方药电商业务。这也是自 2000 年以来，国家政策层面首次允许处方药网售，是互联网医药电商的里程碑事件。截至 2019 年，中国互联网医药 B2C 市场规模达到约 180 亿元。新冠肺炎疫情的暴发加速了"互联网+医药"的发展。一方面，供需双方数量实现双增长。根据《中国互联网络发展状况统计报告》显示，截至 2022 年 12 月，我国网民数量为 10.67 亿，其中在线医疗用户数量为 3.63 亿，占网民总数的 34%。2018 年以来，获得互联网药品信息服务资格证书的企业数量一直保持两位数的增长，2022 年 1—10 月批出证书数有 3.6 万余件。

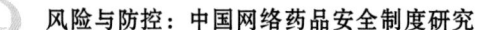

另一方面，行业结构实现优化调整。根据国家药监局南方所的研究显示，2020年以来，线上终端增速远远高于线下终端增速。2020年受疫情影响，线上终端增速高达59%，2021年降至37%，2022年预计在33%左右；而同一时期的线下终端增速保持在1%左右。从结构来看，网上药店和实体药店销量呈此消彼长关系。2020年以来，医疗机构仍然是药品终端市场的"老大"，占据6成以上市场；随着实体药店的市场份额从23%逐渐下滑至20%，网上药店的市场份额从9%上升至13%。医药电商迎来新的"窗口期"。

进一步分析，医药电商的经营业态呈多样化发展态势。目前，可细分为G2B（政府与企业之间的交易，如重庆药品交易所）、B2B（企业与企业之间的交易，如药师帮）、B2C（企业对消费者的交易，如天猫、京东）、O2O（线上线下相结合的交易，如美团、饿了么）等几种主要形式（见表1.2）。当前，B2C可谓是医药电商领域最为活跃的市场，工业、商业以及零售终端都可以通过自建或入驻第三方平台的方式开展网络售药。根据运营模式的不同，B2C可细分为自营类B2C和平台类B2C，前者可以直接开展交易，后者以提供经营场所、信息发布为主。根据运输方式的不同，还可细分为物流快递型和即时配送型，前者依靠覆盖全国的物流快递公司实现远程送药，后者局限于同城的即时配送，即O2O服务。目前，第三方平台仍然是网络售药的主要渠道，拼多多、京东等平台上入驻的网上药店数量均超过2000个，且均以大型连锁药店经营的大药房旗舰店为主，鲜有单体药店进驻。

互联网医疗方面，2018年9月，国家卫健委连续出台《互联网医院管理办法（试行）》《互联网诊疗管理办法（试行）》《远程医疗服务管理规范（试行）》3个文件，明确互联网医疗活动的准入、监管和运营规范，要求无论是设立互联网医院或开展互联网诊疗，均需依托线下实体医疗机构。同时要求各省级卫健委成立互联网诊疗监管机构，只允许在远程医疗或互联网诊疗中提供常见病、慢性病的复诊服

第一章 问题缘起：我国网络药品市场发展背景及困境

务，严禁开展首诊。在历经了数年时间的探索后，相关规则逐渐明晰，互联网医疗产业在政策利好下得以快速成长并稳步耕耘。截至2019年，全国共有互联网医院269家。2020年以来，互联网医院审批加速，迎来了高速发展期。截至2022年6月，多达1700余家互联网医院获准开办，这一数据和2019年相比，翻了6倍还多。这是因为，一方面，为有效开展新冠肺炎疫情防治，部分省市在文件中规定，将建设互联网医院、开展"互联网+医疗"服务纳入三甲医院评审指标体系。另一方面，疫情防控期间广大患者就医需求迅速释放，互联网医院建设成为满足患者需求的必然发展方向。然而，根据《中国互联网医院发展报告》显示，不到10%的互联网医院能真正实现有效运营，超过90%的互联网医院处于"建而不用"的僵尸状态。上述问题在互联网医院的探索发展中有待关注和解决。

互联网医保方面，2019年8月，国家医保局发布有关医保支付政策的指导意见，首次提出将互联网服务纳入医保。如果定点医疗机构提供的线上诊疗活动与线下服务相同，可申请纳入互联网医保支付。2020年3月，为减少群众就医购药时的交叉感染风险，享受在线医保结算的便捷服务，国家医保局、国家卫健委联合印发有关开展"互联网+"医保服务的指导意见，进一步强化疫情防控期间医保对互联网医疗的支撑作用。2020年11月，国家医保局发布新的指导意见，针对各地医保部门在实践中遇到如签约主体不明、价格项目不明等问题和难点，提出更加细化、更具可执行性的指导意见。

总的来说，医药电商产业在互联网技术的支持下获得了快速发展的机会，但受制于监管政策、上下游产业及行业壁垒等诸多因素的影响，始终处于谨小慎微、步履维艰的局面。然而近年来，医药电商的外部环境和内部结构已悄然改变，尤其是新冠肺炎疫情的暴发和国家相关政策的调整下，医药电商产业成为药品流通结构中非常重要的一环。

表1.2　　　　　　　我国"互联网+医药"发展业态

商业模式		运营模式	典型代表
B2B	政府主导G2B	政府主导建立的非营利性的药品集中招标采购平台	重庆药品交易所
	企业类B2B	原材料供应商与药厂之间、药厂与医药批发商之间、医药批发商与零售商之间的电子交易平台	药师帮
B2C	自营类B2C	医药连锁企业自建官网或电商巨头进军医药，与消费者之间的电子交易平台	药房网
	平台类B2C	第三方平台以中立身份为买卖双方提供电子交易平台	天猫、京东
O2O	线上线下O2O	线上下单线下送药	美团、饿了么

二　政策和社会环境双重变化下的网络药品交易

进入新发展阶段以来，网络药品交易已成为药品流通渠道中不可或缺的一环，为构建"以国内大循环为主体、国内国际双循环相互促进"的新发展格局起到了积极作用。这主要表现为以下两点。

一方面，政策环境趋于更加包容审慎。① "十四五"时期我国将进入新发展阶段，国内外环境的深刻变化带来一系列新挑战、新机遇。构建新发展格局，是以习近平同志为核心的党中央根据我国发展形势变化所作出的重要战略部署。坚持新发展理念，成为新时代新阶段必须坚持和贯穿于各行各业建设中的思想法宝。对于药品交易市场来说，推动医药电商产业高质量发展成为最为核心的理念。因此，从全国人大修订《药品管理法》开始，打破了网络药品交易的枷锁，到互联网医院和互联网诊疗规范的密集出台，以及互联网医保提供的政策支持，都可以看到党中央、国务院立足新发展阶段、贯彻新发展理念、构建新发展格局的坚定信心。尤其是在对待网络药品交易这一新

---

① 罗英、钟光耀：《面向共享经济的政府监管创新研究》，《湖南社会科学》2018年第2期。

第一章　问题缘起：我国网络药品市场发展背景及困境

业态、新模式的态度上，政策的设计和执行表现得更为包容审慎。其一，坚持包容审慎有助于避免"一管就死""一放就乱"的监管症结，有助于监管政策和产业发展之间达到平衡；其二，包容审慎不等同于自由放任，而是在坚持底线思维的基础上允许创新和试错。尤其是药品这种涉及人类生命安全和身体健康的特殊产品，既是维护人民群众切身利益的红线，又是促进人类健康卫生共同体的底线，更是不允许触碰质量和安全方面的高压线。

另一方面，新冠肺炎疫情催生了社会需求。① 2018年以来，医药电商产业开始进入快速成长阶段。首先表现在医药电商经营主体数量快速增长。凡从事药品网络交易的企业须取得两张证书，一张是"互联网药品信息服务资格证书"，另一张是"互联网药品交易服务资格证书"，后者根据交易对象的不同可以分为A证（平台式B2C）、B证（平台式B2B）、C证（自营式B2C）三种。2017年，国家取消了互联网药品交易服务资格证书的前置审批，转为备案审查，流程更为简便。2018—2021年，取得"互联网药品信息服务资格证书"的企业数量均保持两位数的增长，2021年批出证书有33174件，2022年1—10月批出证书有36832件（见图1.1）。其次，医药电商产业市场份额也在不断扩大。2018年以来，我国医药电商销售规模逐年递增，并在2020年迎来爆发性增长，增速高达59%。随着疫情形势趋于平稳，2021年线上销售增速虽有所放缓，但在各大终端市场中依然最高，预计2022年全年销售额为2899亿元，增速超过32%，行业持续保持高速发展（见图1.2）。实际上，自2012年李克强总理提出"大众创业、万众创新"的"双创"思路以来，整个医药电商市场增长率均保持在50%以上。但是，医药电商在发展过程中也出现了一些问题，比如网上销售的药品质量参差不齐、不必要的价格战导致劣质药品的出现、各种非法药物流行等。2018年政府加强监管力度，出台了更为

---

① 齐骥、陆梓欣：《重大疫情视角下"宅经济"创新发展的思考》，《福建论坛》（人文社会科学版）2020年第6期。

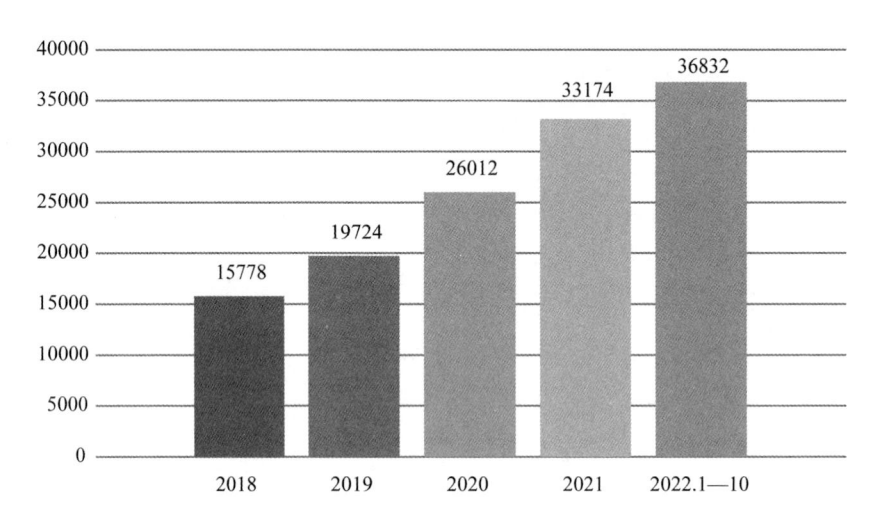

图 1.1　我国医药电商各类牌照情况（单位：个）

数据来源：国家药品监督管理局网站。

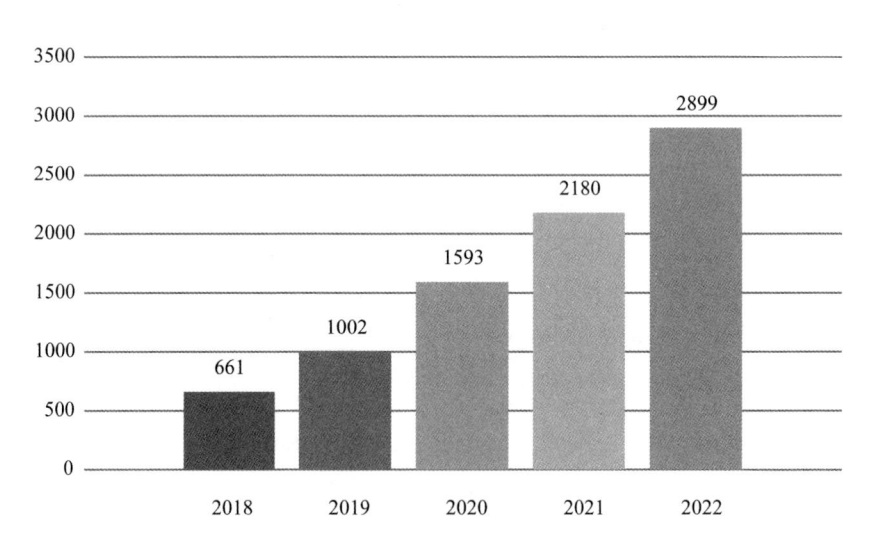

图 1.2　我国医药电商销售规模（单位：亿元）

数据来源：《商务部药品流通行业运行统计分析报告》《国家药监局南方所研究报告》。

严格的监管政策,医药电商市场规模增长率逐渐放缓。2020年新冠肺炎疫情又刺激了医药电商市场的快速反弹。此阶段的"互联网+医药"深度融合,医药产业链各环节纷纷进行线上线下整体布局,药品零售连锁企业借助自营及第三方平台,依靠互联网平台流量优势拓展线上业务。

第二节 问题的提出

为了更为全面地了解我国网络药品安全态势,课题组对典型案例、网络销售者和网络消费者等进行了数据采集,从三个不同的维度进行分析研究,试图总结网络药品安全态势的总体情况、发展趋势和潜在风险。数据的一致性有助于分析和研判我国网络药品安全面临的基本形势、风险挑战和应对策略;数据的差异性有助于了解不同主体在药品安全问题以及药品监管方面的认知偏差,以及分析和研判如何统合各方主体的不同利益诉求,以达成一致。

一 基于典型案例的分析

为了解典型的网络药品案件,课题组查询有关网络药品的刑事判决书和行政处罚数据并进行了归纳总结。具体分为刑事案件和行政案件两种类型。

(一)刑事案件案值小居多和大案要案并存

课题组从中国裁判文书网了解到,自2018年1月1日至2022年12月31日,生产、销售假药罪一审刑事判决书多达6202例,其中通过网络销售假药468例。课题组采取抽样调查的方法,对468例案件进行了分析,得出以下结论。

从涉案产品来看,以治疗慢性病药品、西药和处方药居多(见图1.3)。调查发现,涉案产品排名靠前的分别是:治疗癌症、糖尿病、心脑血管疾病、呼吸系统疾病等慢性病,性功能障碍,整容美容等药品。这是因为，相较于急性病患者，慢性病患者用药种类、用量、频率比较稳定。加之多数患者对自身的疾病和用药有一定的认识，不必去医院也可自行在网络上购药。如果按照中、西药来分类，63.6%的案件涉及西药，27.3%的案件涉及中成药，9.1%的案件涉及生物制剂（如疫苗）。这和市场上中、西药的销售比例有关。根据国家商务部统计数据，2021年我国医药市场上西药和中成药的占比分别为71.1%和14.4%，二者占比合计为85.5%，占据绝对的市场优势。此外，如果按照处方药和非处方药分类，81.8%的案件涉及处方药，18.2%的案件涉及非处方药。这也是源自于处方药相较于非处方药的市场规模更大。根据中研普华产业研究院发布的《中国处方药行业深度发展研究》，我国处方药市场规模占比在85%以上，其中80%的处方药经由医疗机构销售。

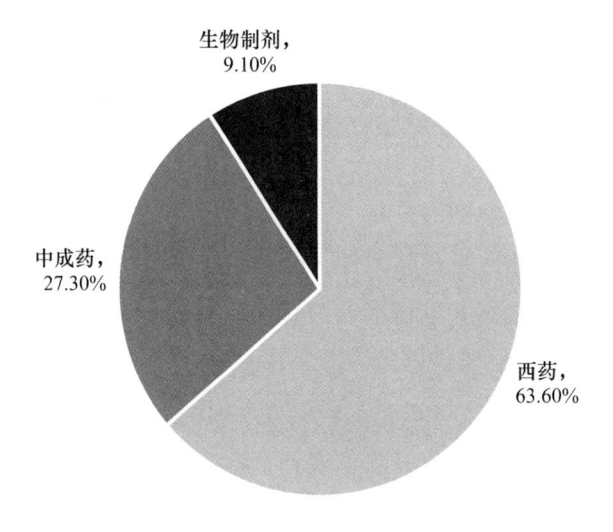

图1.3　网络药品刑事案件涉案品种

数据来源：课题组抽样调查。

从涉案方式来看，大多数为团伙作案，通过社交平台销售，存在成分不符等情形（见图1.4）。调查发现，86.5%的案件为团伙作案，

第一章 问题缘起：我国网络药品市场发展背景及困境

团伙中分工明确，有人负责组织和领导，有人负责联系上下游买家，有人负责生产加工，有人负责网上销售。而个人作案的案件仅为13.5%，这与生产销售假药需要一定的专业知识和材料设备有关，个人难以完成作案全过程。从销售渠道来看，95.5%的案件采用QQ、微信等社交平台进行销售，仅有4.5%的案件通过注册公司在天猫、淘宝、拼多多等第三方平台进行销售。按照《药品管理法》第62条规定，从事药品网络交易的第三方平台须向所在地的省级药品监督管理部门备案。严格地说，QQ、微信等社交平台不属于交易平台，不具备案条件。这说明，社交平台是目前网络犯罪中亟需加强监管和打击的主要渠道。从案件情形来看，按照《药品管理法》第98条规定，有4类情形被认定为"假药"。调查发现，60%的案件涉及所售药品的成分与国家规定的成分标准不符，33.3%的案件涉及以此药品冒充彼药品或者以非药品冒充药品，还有6.7%的案件属于变质药品或者所标明的功能主治、适应症超出范围。

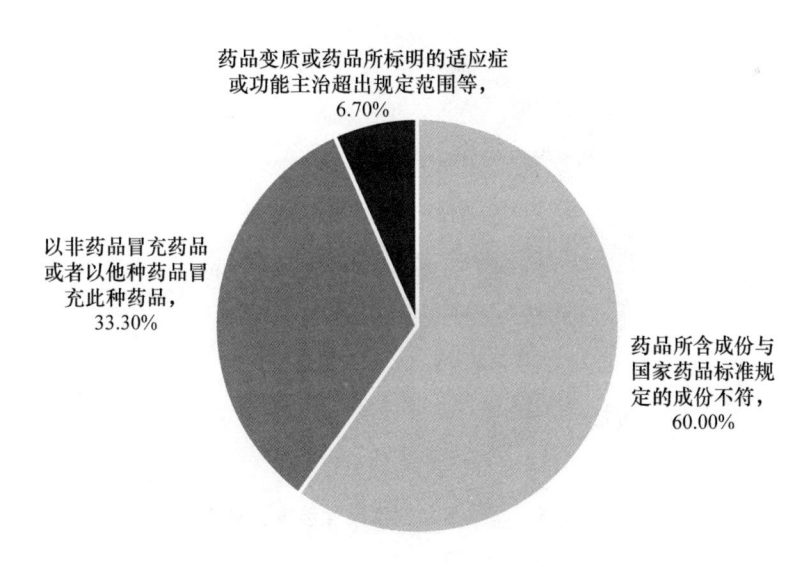

图 1.4 网络药品刑事案件涉案情形

数据来源：课题组抽样调查。

从判决结果来看，呈现出案值小居多和大案要案并存的特征（见图1.5）。从涉案金额来看，呈明显的"沙漏型"，即两头大、中间小。近年来，随着国家对药品犯罪案件整治力度的加强，过半数的案件金额在10万元以内，但仍有个别大案要案存在。调查发现，案件金额在10万元以内的占54.2%，案件金额在50万元以上的占29.1%，案件金额在10万—50万元的占16.7%。例如，宁夏公开宣判的一起生产销售假药案中，14名被告人以某某电子商务有限公司为名成立销售团队，利用互联网面向消费者开展虚假宣传、药品销售，其业务范围覆盖全国20余个省市以及部分境外地区，销售金额达750余万元。① 从量刑情况来看，呈明显的"金字塔形"，刑期越短的人数越多，刑期越长的人数越少。调查发现，被判处三年以下有期徒刑的犯罪嫌疑人占60.0%，被判处三至十年有期徒刑的犯罪嫌疑人占32.0%，被判处十年以上有期徒刑的犯罪嫌疑人仅为8.0%。这与生产销售假药罪的量刑标准有关。根据《刑法》第141条规定，生产、销售假药的，如对人体健康

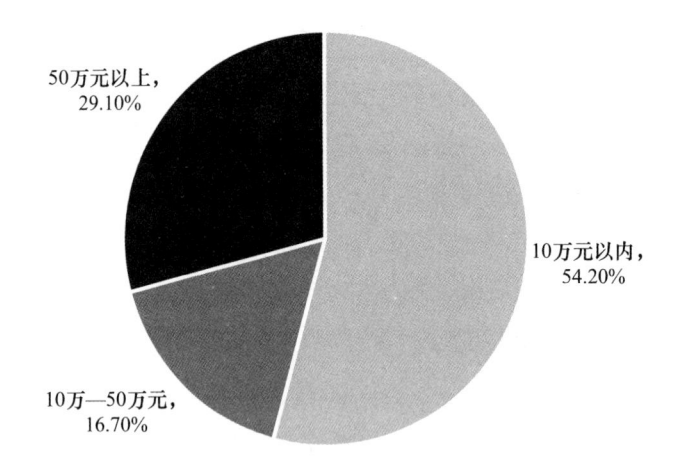

图1.5　网络药品刑事案件涉案金额

数据来源：课题组抽样调查。

---

① 申东：《银川金凤区法院宣判一起生产销售假药案14名被告人均获刑》，《法治日报》2021年9月1日第6版。

第一章　问题缘起：我国网络药品市场发展背景及困境

造成严重损害，或者有其他严重情节的，量刑期为三年以上十年以下有期徒刑；如致人死亡，或者有其他特别严重情节的，量刑期为十年以上有期徒刑、无期徒刑，最高可至死刑。可见，由于药品犯罪案值小居多，因而量刑呈底部大、顶端小的"金字塔形"。

（二）行政案件案值金额呈螺旋式上升

课题组通过查阅近年来《药品监督管理统计年度报告》，从中了解到，自2013年以来药品案件数呈逐年递减的趋势。2013年查处药品案件147322件，2022年查处药品案件下降至91680件，降幅达37.8%。与此同时，药品案件的货值金额则表现出螺旋式上升的趋势，自2013年以来涉案货值金额逐渐攀升，到2018年达到顶峰273634.6万元，经过一段下降后2022年又上升至201775.9万元。[①]

以2022年统计数据为例，从货值划分来看，货值10万元以下的案件占药品案件总数的99.4%，说明绝大多数药品行政案件的涉案货值较小。从发现渠道来看，81.6%的药品案件通过日常监管和专项检查的方式发现，通过投诉举报、监督抽验、执法检验的方式发现的案件分别占比为4.1%、3.8%、3.3%，说明日常监管和专项检查等检查方式对及时发现和处理药品案件具有典型意义。从查处对象来看，药品案件的违法主体以经营企业和医疗机构为主，分别占到药品案件总数的74.8%和19.0%，意味着流通领域和使用领域的药品监管责任更为重大。从查处结果来看，责令关闭86户，捣毁制假售假窝点279个，吊销许可证605件，移送司法机关案件数3890件，分别是去年的1.1倍、4.0倍、16.4倍、7.1倍。可见，政府的查处力度愈发严厉，行刑衔接愈发流畅。

在涉及网络药品交易方面，2022年全国共查处销售假劣药案件8524件，涉案货值金额56115.94万元，移送司法机关1790件。其中，利用互联网销售假劣药案件121件，占比1.4%；涉案货值金额

[①] 国家药品监督管理局：《药品监督管理统计年度报告》，https://www.nmpa.gov.cn/zwgk/tjxx/tjnb/20230419090931121.html，2023年4月19日。

6556.01万元，占比11.7%；移送司法机关92件，占比5.1%（见图1.6）。尽管互联网销售假劣药的案件数、货值金额以及移送司法机关的占比不高，但从发展趋势来看，随着互联网技术不断创新，国家对网络药品经营许可进一步放宽，网络购药的需求进一步释放，互联网销售假劣药的可能性会迅速增大，尤其是涉案货值金额呈几何倍数增长，这对监管部门形成了巨大挑战。

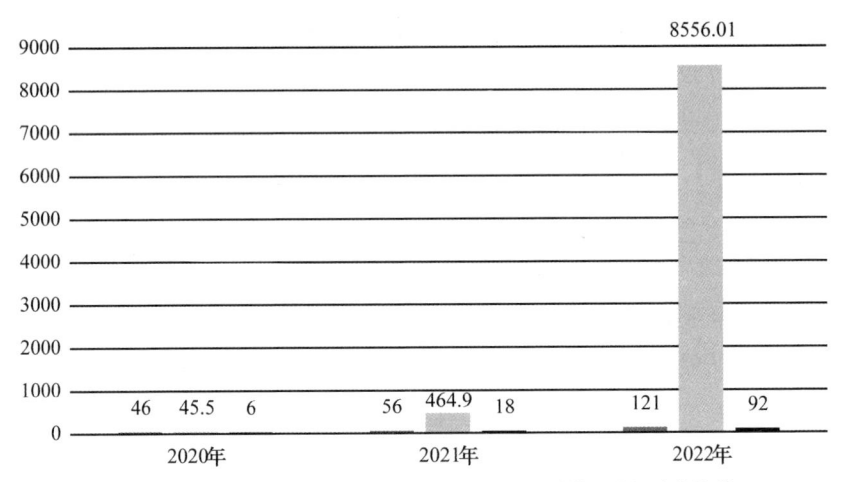

图1.6 网络药品行政案件查处情况

数据来源：国家药监局《药品监督管理统计年度数据》。

近年来，网售药品主要违法违规行为有：无证经营药品、无证销售境外药品、未展示药品经营许可证、不凭处方销售处方药、销售特殊管理药品，等等（见表1.3）。以无证经营药品为例，2021年，河南省药监部门查处一起涉嫌无证经营中药饮片南方红豆杉的案件。截至案发，当事人已通过网络销售南方红豆杉269件，违法所得4882.7元。最终，安阳市市场监管局责令当事人关闭网页，没收违法所得并处150万元罚款。以无证销售境外药品为例，2020年，广东省药监部门查处一起涉嫌无证销售境外药品的案件。经查，当事人未取得药品经营许可证擅自通过微信公众号销售未在中国注册的境外药品的违法

第一章　问题缘起：我国网络药品市场发展背景及困境

行为证据充分，违法所得21219.03元，货值金额共计42834.39元，该案件处以罚款150万元。以销售禁止通过网络销售的药品为例，2021年，陕西省药监部门查处一起涉嫌网售含特殊管理药品的复方制剂的案件。经查，当事人通过多个平台销售国家局明令禁止通过互联网销售的药品"氯芬待因片"共498盒，且部分处方超过2个独立包装，最多一次可购买20盒，患者超剂量购买或流入非法渠道危害后果极大，属于严重情节。经办单位责令当事人整改违法行为，给予行政处罚警告、处以销售订单售价二倍的罚款，并移送公安。

需要注意的是，近两年，未及时停售已注销药品、销售兴奋剂等案件有所抬升。以未及时停售已注销药品为例，2021年，河北省药监部门查处一起涉嫌未及时停售已注销药品"丁苯羟酸乳膏"的案件。经查，该药房负责人未及时在网店下架"丁苯羟酸乳膏"，未及时收集和查询药品质量信息的行为，被经办单位责令当事人立即改正并予以警告。以销售兴奋剂为例，2021年，北京市药监部门查处一起涉嫌网售兴奋剂的案件。经查，当事人作为药品零售企业擅自经营蛋白同化制剂，从非法渠道购入"十一酸睾酮软胶囊"69盒，无法提供票据、采购药品的企业资质文件，未遵循GSP采购与验收的相关规定。经办单位责令当事人改正违法行为，没收涉案药品，并处警告、罚款18112.5元的行政处罚，质量负责人被禁业。

表1.3　　　　　网络药品行政案件主要违法违规行为

类型	典型案例
无证经营药品	2021年，河南省药监部门查处一起涉嫌无证经营中药饮片南方红豆杉的案件。经查，当事人已通过网络销售南方红豆杉269件，违法所得4882.7元。经办单位责令当事人关闭网页，没收违法所得并处150万元罚款
无证销售境外药品	2020年，广东省药监部门查处一起涉嫌无证销售境外药品的案件。经查，当事人未取得药品经营许可证擅自通过微信公众号销售未在中国注册的境外药品的违法行为证据充分，违法所得21219.03元，货值金额共计42834.39元。经办单位处以罚款150万元

续表

类型	典型案例
未展示药品经营许可证	2022年,江苏省药监部门查处一起涉嫌未展示药品经营许可证的案件。经查,当事人通过网店销售药品时未在主页显著位置和商家资质等栏目内依法公示其相关资质证照。经办单位责令当事人改正上述违法行为,并处罚款3000元
不凭处方销售处方药	2021年,安徽省药监部门查处一起涉嫌未凭处方销售处方药的案件。经查,当事人在拼多多商城上架的处方药"复方酮康唑软膏",涉嫌未凭处方向消费者直接销售。经办单位依法责令停止违法行为并给予行政处罚
销售特殊管理药品	2021年,陕西省药监部门查处一起涉嫌网售含特殊管理药品的复方制剂的案件。经查,当事人通过多个平台销售国家局明令禁止通过互联网销售的药品"氯芬待因片"共498盒,且部分处方超过2个独立包装,最多一次可购买20盒,患者超剂量购买或流入非法渠道危害后果极大,属于严重情节。经办单位责令当事人整改违法行为,给予行政处罚警告、处以销售订单售价二倍的罚款,并移送公安
搭售、赠送药品	2021年,江西省药监部门查处一起涉嫌搭售、赠送药品的案件。经查,当事人存在买药品赠药品的行为,通过"买×得×""买×发×""0元购""组合销售""搭配销售"等方式变相促销药品。经办单位责令限期改正,并给予警告的行政处罚
销售无证产品	2021年,山东省药监部门查处一起涉嫌无证经营无证产品金匮肾气丸的案件。经查,当事人在住宅内自行生产金匮肾气丸等中药丸剂,合计33个品种共计1794丸,并通过网店进行销售,违法所得14514.62元,同时还以刷单形式伪造虚假交易信息222条,虚假交易金额26573.19元。经办单位罚没164514.62元
销售医疗机构制剂	2021年,广东省药监部门查处一起涉嫌违法销售医疗机构制剂的案件。经查,当事人以人工排队方式从正规医疗机构凭处方购买获取"二甲硅油乳膏""肤乐霜"等医疗机构制剂,并通过京东商城销售,涉案药品货值金额14.87万元。经办单位对该公司处以没收违法所得14.87万元、罚款44.63万元的行政处罚
未及时停售已注销药品	2021年,河北省药监部门查处一起涉嫌未及时停售已注销药品"丁苯羟酸乳膏"的案件。经查,该药房负责人未及时在网店下架"丁苯羟酸乳膏",未及时收集和查询药品质量信息。经办单位责令当事人立即改正并予以警告
销售兴奋剂	2021年,北京市药监局查处一起涉嫌网售兴奋剂的案件。经查,当事人作为药品零售企业擅自经营蛋白同化制剂,从非法渠道购入"十一酸睾酮软胶囊"69盒,无法提供票据、采购药品的企业资质文件,未遵循GSP采购与验收的相关规定。经办单位责令当事人改正违法行为,没收涉案药品,并处警告、罚款18112.5元的行政处罚,质量负责人被禁业

第一章　问题缘起：我国网络药品市场发展背景及困境

总之，基于典型案例分析来看，网络药品安全态势整体向好。以刑事案件为例，从涉案产品来看，以治疗慢性病药品、西药和处方药居多，这与当前我国医药市场的消费市场结构基本吻合。从涉案方式来看，大多数为团伙作案，通过社交渠道销售，存在成分不符等情形。这是因为，药品犯罪需要一定的专业知识和材料设备，个人难以完成作案；同时，网络第三方平台在一定程度上能起到监督检查、净化市场的作用，作案人通常选择社交渠道进行销售。从判决结果来看，呈现出案值小居多和大案要案并存的特征。近年来，国家对药品犯罪案件的整治力度空前，过半数的案件金额在 10 万元以内，并且，量刑情况也呈明显的"金字塔形"。可见，重拳整治之下的药品安全形势向好，尽管仍有个别大案要案发生，但总体而言案件金额较小，社会影响力有限。

以行政案件为例，药品行政案件数量呈逐年递减的趋势，涉案货值金额呈螺旋式上升的趋势。这其中，绝大多数药品行政案件的涉案货值较小，但仍有极少数涉案货值较大的案件，对药品安全秩序和社会稳定造成一定的影响。从涉案类型来看，调查发现，网售药品主要存在无证经营药品、无证销售境外药品、不凭处方销售处方药、未展示药品经营许可证、销售特殊管理药品等违法违规行为。近两年，未及时停售已注销药品、销售兴奋剂等案件有所抬升。从监管手段来看，通过日常监管和专项检查等手段更容易及时发现和处理药品违规行为，尤其是在流通和使用领域的监管责任更为重大。从发展趋势来看，随着互联网技术的进一步发展，通过互联网销售假劣药的可能性进一步增大，意味着监管部门的工作任重而道远。

二　基于网络销售者的分析

为了解网络销售者的药品经营状况及药品安全态势，课题组对网络经营平台分情况开展了抽样调查。具体分为企业自建平台和第三方平台两种类型。

(一)企业自建平台良莠不齐

针对药品企业自建平台,截至2020年,通过国家药品监管局官网查询到的全国网上药店共计693家。按照我国行政区划,可以得出,网上药店数量多集中于华东地区(257家)和华南地区(220家),网上药店数量相对较少的分别是东北地区(46家)和西北地区(19家)。为确保每个片区至少有1家样本,课题组采取分层抽样,[①]共抽出34家网上药店(见表1.4)。

表1.4　　　　　　六大地理区划网上药店抽样数

区域划分	网上药店数(家)	抽样数(家)
东北	46	2
华北	81	4
华东	257	13
华南	220	11
西南	70	3
西北	19	1
合计	693	34

经过调查,34家网上药店或多或少存在一些不合规经营药品的行为。在资格证书方面,根据《药品网络销售监督管理办法》第12条,从事药品网络交易的零售企业须在网站首页或主页面的显著位置,展示药品生产或经营资格证书。同时,零售企业还须展示相关药学技术人员的资格证书。但在调查中发现,大多数网上药店的首页底端展示了该药店相关资质名称及编号,但仍存在一些不规范的情况。在营业执照方面,这是企业开展经营活动的前置条件,70.6%的网上药店提供了营业执照。在经营许可方面,这是药品企业开展药品销售的前置条件,70.6%的网上药店提供了药品生产许可证或经营许可证。在网

---

① 张雪艳:《我国网上药店经营现状调研分析》,《中国药房》2019年第2期。

第一章　问题缘起：我国网络药品市场发展背景及困境

络药品交易方面，这是药品企业开展网络药品销售的前置条件，88.2%的网上药店提供了互联网信息服务证书。在执业药师方面，除只销售乙类OTC的网上药店以外，均需配备一定数量的执业药师或其他药学技术人员，但仅有8.8%的网上药店展示了执业药师证书。

在广告宣传方面，《药品管理法》《广告法》都对药品广告有着严格的规定和限制。根据《药品管理法》第90条，药品广告须符合真实、合法的规定；并用三个"不得"对药品广告作出了限制，即不得对非药品作涉及药品的宣传，不得含有表示功效、安全性的断言或保证，不得以国家机关、行业协会、科研机构等名义作宣传或以专家学者、医务人员、患者等形象作宣传。由于处方药和甲类OTC的特殊性，《药品网络销售监督管理办法》第8条规定，药品网络零售企业不得以买药赠药、买商品赠药品等形式，向个人消费者进行处方药和甲类OTC的促销宣传。根据调查，绝大多数网上药店都能遵循上述法律法规，但仍有个别网上药店存在虚假宣传行为。在虚假宣传方面，34家网上药店中仅有1家存在虚假宣传行为，占比2.9%。该药店涉嫌夸大宣传保健食品的功效，宣传保健食品具有治疗疾病的作用，违反"非药品广告不得有涉及药品的宣传"之规定。在促销宣传方面，按照现有政策，处方药不得在大众传播媒介发布广告，同时不得以搭售、赠送等方式向公众提供处方药。尽管本次调查中并未发现此类情形，但在处方药网售开闸的趋势下，仍需要做好这方面的风险防控。

在处方药销售方面，根据《药品网络销售监督管理办法》第13条，药品网络零售企业在销售处方药时分为"应为"和"不应为"：一是"不应为"。不应在销售首页面、主页面上公开展示处方药包装标签信息；不应在处方审核通过前展示说明书等信息，或者提供处方药购买服务。二是"应为"。应当在药品展示页面显著标示处方药和非处方药并作区分展示；应当突出显示有关处方药的风险警示；应当确保销售前已向消费者充分告知相关风险警示信息。但在调查中发现，部分网上药店未对处方药进行风险提示、未对处方药分类展示、直接展示包装标签信息，以及未遵循"先方后药"等情形。在处方药风险提示方面，58.8%的网上药店给予了风险提示，"处方药须凭处方在执业药师指导下购买和使用"，但仍有41.2%的网上药店未给予明确的风险提示。在处方药分类展示方面，多达67.6%的网上药店未对处方药进行分类展示，将处方药、非处方药两类监管要求不一致的药品混同展示。在处方药包装标签信息展示方面，20.6%的网上药店在平台首页、板块首页、搜索页等主页面、首页面直接公开展示处方药包装、标签等信息。在"先方后药"原则遵循方面，近半数的网上药店未严格遵循该项原则。20.6%的网上药店在未审核处方的前提下可以提供网上链接直接购买处方药，29.4%的网上药店要求提供处方但并未严格审核即可完成处方药购买。无论是上述哪一类情形，均违反了"先方后药"的基本原则。

在物流配送方面，药品不同于一般商品，为防止对药品质量造成影响，《药品经营质量管理规范》第100条规定，药品经营企业须遵循质量管理制度，严格执行运输操作的相关规定，采取有效措施以确保在途药品的质量和安全。根据《药品网络销售监督管理办法》第14条，药品网络零售企业须对配送的药品质量和安全负责任；如须委托其他企业配送药品，委托企业须与受托企业签订质量协议，并严格审核和监督受托企业的质量管理体系。但在调查中发现，部分网上药店无法提供专业物流配送。70.6%的网上药店可以提供专业物流配送，包括消费者网订店取（占比44.1%）和门店送货上门（占比26.5%）两种模式，这样的配送方式更为安全、可靠，但目前仅支持同城配送。面对全国范围的消费者，79.40%的网上药店采取普通快递的方式予以配送。这一过程中，由于缺乏专门的冷链技术支持，药品极可能因为温度、湿度、避光、防潮等要求难以达到而发生变质，尤其是配送到患者手中的最后一公里极难监管，进而影响用药效果。

（二）第三方平台更具趋利性

针对互联网第三方平台，2019年6月，人民网记者暗访了20家

第一章　问题缘起：我国网络药品市场发展背景及困境

购物 APP，并发布了《人民直击：宠物照片充当处方竟能网购处方药》的报道，同时推出《三评"网售处方药"》系列文章，对医药电商网售处方药乱象的现状、原因及监管对策提出了分析和思考。2019年 11 月，人民网再次对 25 家医药电商进行调查，结果显示，19 家电商 APP 在没有合规处方的情况下，甚至用宠物狗照片充当处方依然能成功购药，① 网售处方药禁令形同虚设，由此产生的用药指导、效果反馈、责任纠纷等问题难以解决。2022 年 12 月，《药品网络销售监督管理办法》正式实施后，课题组针对上述 25 家医药电商再次进行了追踪调查。具体情况如下。

在资格证书方面，和企业自建平台相比较，互联网第三方平台也存在资质证书展示不规范的情况。在营业执照和互联网信息服务证书方面，绝大多数第三方平台提供了营业执照（92.0%）和互联网信息服务证书（92.0%），证明企业满足开展网络药品销售的前置条件。但在药品经营许可证书和执业药师证书方面，却表现得不尽如人意。仅有 60.0% 的第三方平台展示了药品生产许可证或经营许可证，其中，从事处方药和甲类 OTC 销售的第三方平台，还需配备一定数量的执业药师，但仅有 20.0% 的第三方平台展示了执业药师证书。

在广告宣传方面，和企业自建平台相比，互联网第三方平台也表现得更具有逐利性。尽管在调查中并未发现明显的药品虚假宣传行为，但有部分电商正在进行如火如荼的"双十二"促销。调查发现，多达 40.0% 的第三方平台采取了满减活动、秒杀价、直接降价、送赠品、满额包邮等方式进行药品促销，将药品视为一般商品，鼓励和诱导患者进行不合理消费（见图 1.7）。

在处方药销售方面，和企业自建平台相比较，互联网第三方平台的利益驱动表现得更为明显。在处方药风险提示方面，仅有 28.0% 的第三方平台给予了风险提示，"处方药须凭处方在执业药师指导下购

---

① 黄钰、杨乔、彭琪月：《宠物照片充当处方仍可网购处方药》，人民网，http://society.people.com.cn/n1/2019/1129/c428181-31481757.html，2019 年 11 月 29 日。

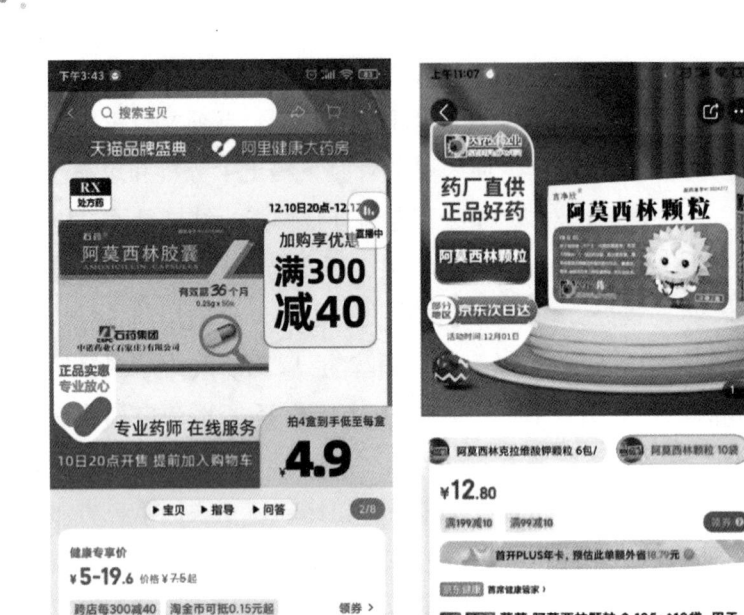

图 1.7 不同平台的促销广告

买和使用"，但仍有72.0%的第三方平台未给予明确的风险提示，这一比例高于企业自建平台。在处方药分类展示方面，多达80.0%的第三方平台未对处方药进行分类展示，这一比例也高于企业自建平台。在处方药包装标签信息展示方面，20.0%的第三方平台在平台首页、板块首页、搜索页等主页面、首页面直接公开展示处方药包装、标签等信息。在"先方后药"原则遵循方面，12.0%的第三方平台在未审核处方的前提下可以提供网上链接直接购买处方药，68.0%的第三方平台要求提供处方但并未严格审核即可完成处方药购买。二者占比合计高达80.0%。笔者在搜索页搜索了一种常见处方药——阿莫西林，购买时可自己选择疾病和症状，由线上医师开展在线问诊，整个环节

第一章 问题缘起：我国网络药品市场发展背景及困境

只需要点击"没有补充""申请开药"，一分钟内即可开具处方单并进行购买。甚至未成年人在没有法定监护人的陪伴下也可以通过各类APP购买儿童处方药（见图1.8、图1.9）。

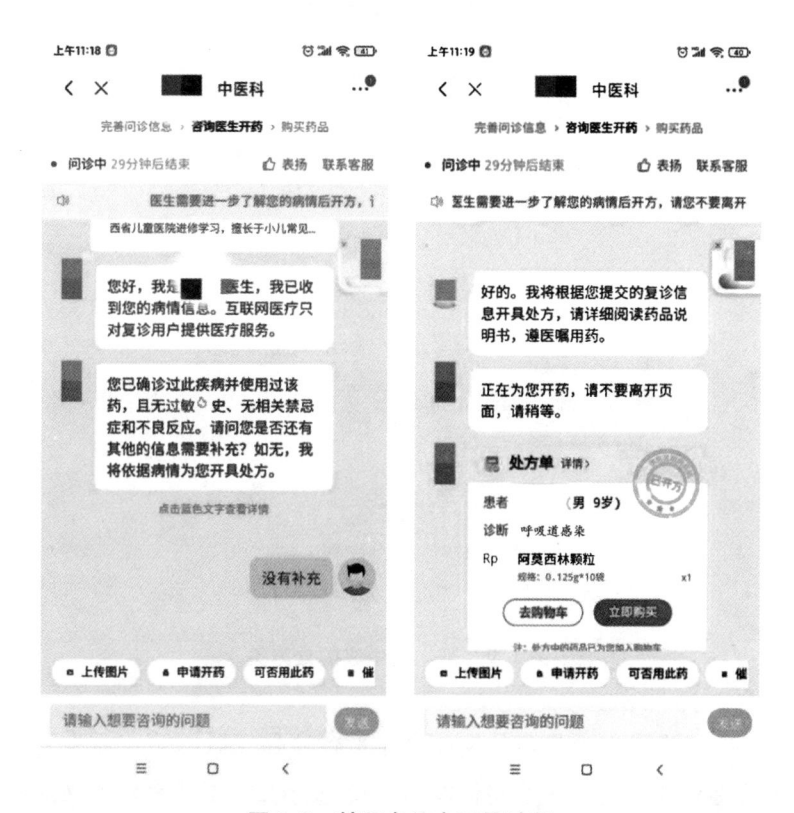

图1.8 某平台处方开具过程

在物流配送方面，和企业自建平台相比，互联网第三方平台普遍难以提供专业的物流配送。调查中发现，25家第三方平台中仅有4家能提供门店自提或者门店送货上门的服务，其余21家均采用EMS、顺丰等普遍商品配送模式。尤其是第三方平台受众范围较广、分布较散，药品从出库到消费者手中往往需要3—7天的时间。其中，个别平台针对冷藏药品和易碎药品提供了单独的配送服务，但究竟能否符合《药品经营质量管理规范》的特别规定，难以核实。

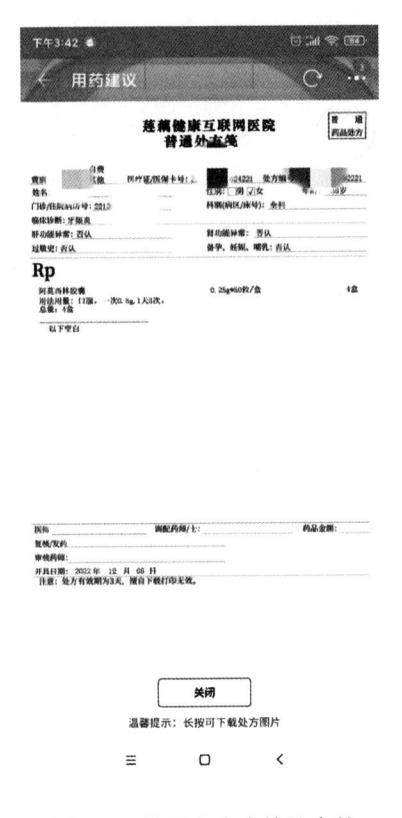

图1.9 某平台生成的处方签

总的来说,无论是药品企业自建平台还是互联网第三方平台在网络药品交易方面均存在不同程度的不规范行为。二者表现出来的共性在于:一是部分商家并未在网页上清晰展示其从事药品经营的相关资格证书(见表1.5)。这其中,多数商家展示了营业执照、互联网药品信息服务证书等,但有关药品生产许可证、药品经营许可证、执业药师资格证书等方面则不尽如人意。二是绝大多数商家能遵循有关药品广告方面的规章制度,但调查中仍发现存在虚假宣传行为(见表1.6)。甚至于个别商家将药品也纳入了"双十二"促销活动,存在诱导消费者不合理消费的情形。三是处方药违规展示和销售的情形比较普遍(见表1.7)。部分商家违反现有政策,直接面向个人消费者

第一章 问题缘起：我国网络药品市场发展背景及困境

销售处方药，且缺乏相应的风险提示，这种做法无视了《处方药和非处方药分类管理办法》，使得"处方药须凭处方调配、购买和使用"这一规定流于形式。四是多数商家难以提供专业的药品物流配送，只得采取 EMS、顺丰等普通快递的方式予以配送（见表 1.8）。这一过程中，药品极可能因为温度、湿度、防潮、避光等要求难以达到而发生变质，进而影响用药效果。

表 1.5 网上药店/第三方平台资格证书抽样调查结果

资格证书	网上药店数（家）	占比（%）	第三方平台数（家）	占比（%）
有营业执照	24	70.6	23	92.0
有药品生产/经营许可证	24	70.6	15	60.0
有互联网信息服务证书	30	88.2	23	92.0
有执业药师证书	3	8.8	5	20.0

表 1.6 网上药店/第三方平台广告宣传抽样调查结果

广告宣传	网上药店数（家）	占比（%）	第三方平台数（家）	占比（%）
虚假宣传	1	2.9	0	0.0
促销宣传	0	0.0	10	40.0

表 1.7 网上药店/第三方平台处方药销售抽样调查结果

处方药购买	网上药店数（家）	占比（%）	第三方平台数（家）	占比（%）
未对处方药风险提示	14	41.2	18	72.0
未对处方药分类展示	23	67.6	5	20.0
直接展示包装标签信息	7	20.6	3	12.0
未审方直接购买处方药	7	20.6	17	68.0
未严格审方购买处方药	10	29.4	5	20.0

表1.8　　网上药店/第三方平台物流配送抽样调查结果

物流配送	网上药店数（家）	占比（%）	第三方平台数（家）	占比（%）
普通快递	27	79.4	21	84.0
自行配送	24	70.6	4	16.0

同时，二者还表现出一定的差异性：一是在资格证书方面，互联网第三方平台在营业执照、互联网信息服务证书等指标上表现得较好，企业自建平台在药品生产许可证、药品经营许可证等指标上更胜一筹，相较而言第三方平台在资质展示上做得更为周全。二是在广告宣传方面，互联网第三方平台则表现出明显的逐利性，多达40.0%的第三方平台采取了满减活动、秒杀价、直接降价、送赠品、满额包邮等种类繁多的方式进行药品促销。三是在处方药销售方面，互联网第三方平台表现出更为明显的利益驱动，通过平台能够直接或间接完成处方药购买的比例高达80.0%，远超企业自建平台50.0%的比例。四是在物流配送方面，互联网第三方平台更加难以提供专业物流配送，高达84.0%的第三方平台无法提供专业配送，而企业自建平台因拥有成熟的储存、运输渠道，70.6%的自建平台能提供消费者网订店取或者门店送货上门的服务。

三　基于网络消费者的分析

2020年至2022年，课题组通过线上线下相结合的方式针对网络消费者开展了问卷调查。一方面，委托问卷星平台针对消费者开展了网上问卷调查，共回收有效问卷1000余份；另一方面，委托课题组成员走访北京、上海、广东、湖北、湖南、陕西、四川、重庆等多地，共采集有效调查问卷1000余份。二者合计约2000份。

问卷设计主要分为三个部分：一是对我国药品安全整体状况进行测量，包括总体评价、纵向比较、横向比较、未来展望等四个维度；二是对我国药品安全监管的认知情况进行测量，包括药品安全问题发

第一章　问题缘起：我国网络药品市场发展背景及困境

生环节、产生原因、责任主体、改进方向等四个维度；三是对我国网络药品安全监管的认知情况进行测量，包括购药意愿、购药因素、购药满意度、改进方向等四个维度。① 就样本信息来看，男性占32.05%，女性占67.95%；受教育程度方面，高中占3.85%，大专及本科占42.31%，硕士研究生及以上占53.85%；年龄结构方面，18岁以下占1.28%，18—30岁占29.49%，31—45岁占57.69%，46—65岁占10.26%，65岁以上占1.28%；在职业或专业方面，医药类占21.79%，非医药类占78.21%。

（一）消费者对我国药品安全状况不太满意

药品安全规制的最终目的在于提高药品安全水平，保障消费者用药安全，从而获得消费者的认可。消费者对于当前中国药品安全状况的认知，在某种程度上反映出他们对中国药品安全保障水平的满意度（见表1.9）。

从整体来看，消费者对中国药品安全状况整体不太满意。在这项调查中，选项共有1—5分共5个等级，1分表示很差，5分表示很好。调查结果显示，45.4%的消费者选择了3分，大多数人认为药品安全状况总体一般；选择4分和5分的消费者仅为7.0%和1.1%，少数人表示药品安全状况比较满意；15.7%和30.8%的消费者分别选择1分和2分，可见，相当一部分消费者对药品安全的整体状况不甚满意。

基于纵向比较，尽管中国政府在药品安全保障方面取得了一系列成就，但并未得到广大群众的充分认可。近十年来，中国政府在加强生产质量监管、优化药品审评审批、提高药品供应保障、强化药品追溯制度、促进流通结构升级等方面采取了一系列措施，取得了较好的实效。但从调查结果来看，这种成绩并未得到公众的普遍认同。相较于过去10年，41.6%的消费者认为药品安全状况没变化，无功无过；

---

① 赵静：《网络购药影响因素及行为特征调研——以宁波市为例》，《中国药房》2018年第4期。

31.9%的消费者认为药品安全状况有所好转；但仍有不少人认为变差了，这一比例竟接近3成。这是由于：一方面，随着社会主要矛盾转化为人民日益增长的美好生活需要和不平衡不充分的发展之间的矛盾，消费者对药品安全问题提出了更高要求，重视程度也日益增加；另一方面，随着互联网技术和信息社会的发展，以微博、微信为代表的自媒体成为网络传播最活跃的主体，过去没有引起消费者关注的药品安全事件曝光度增加，在一定程度上会影响消费者的判断。

基于横向比较，在药品市场上，进口药品较之国产药品更受消费者信赖。发达国家无论是药品研发水平还是生产、经营的过程监管中积累了相当多的经验和教训，因而消费者对于进口药品的信任度高于国产药品。调查结果显示，超过半数的消费者倾向于选择进口药品。这种认知一方面是源于国内制药产业结构不合理，重仿制轻研发，仿制药在有效性和安全性上与原研药相比大打折扣；重销售轻制造，制造行业整体呈多、散、小、乱的局面。另一方面是源于政府和公众之间信息沟通缺乏，导致消费者对国内药品监管的信任度不够。例如，同一药物对不同种族的人具有一定的差异性，这种差异与遗传、文化、环境和生活习惯相关。进口药的剂量标准是根据外国人的临床试验反应制定的，其疗效、毒副作用并不一定适合国人。从这个角度来看，在药品质量安全、有效的基础上，国人用国产药更为适宜。

展望未来，多数消费者相信中国药品安全状况有所改善。从消费者对提高中国药品安全水平的信心来看，对未来十年药品安全状况很有信心（6.5%）或者很没有信心（10.3%）的消费者居于少数；大多数消费者处于中间的心态，即比较有信心（41.6%）或者信心不大（41.6%）。尽管仍有部分消费者或基于新冠肺炎疫情发展形势，或基于药品安全事件，对中国药品安全的未来状况持悲观态度，但是绝大部分消费者对未来还是表现出一定信心。

第一章　问题缘起：我国网络药品市场发展背景及困境

表1.9　　　　　消费者对我国药品安全状况的认知度

项目	结果				
总体评分	选项	1分	2分	3分	4分	5分
	比例	15.7%	30.8%	45.4%	7.0%	1.1%
与过去十年相比	选项	变好了	没变化	变差了		
	比例	31.9%	41.6%	26.5%		
与国际相比	选项	进口药品	国产药品			
	比例	51.4%	48.7%			
未来十年的期望	选项	很有信心	较有信心	信心不大	没有信心	
	比例	6.5%	41.6%	41.6%	10.3%	

（二）消费者对我国药品安全监管认知有限

消费者对药品安全监管的认知可以从药品安全问题产生的环节、影响因素、深层次原因、责任主体、改进方向等几个角度来进行评价（见表1.10）。

表1.10　　　　　消费者对我国药品安全监管的认知度

项目	结果			
产生环节	选项	药品研发	药品生产	药品流通	药品使用
	比例	48.1%	84.9%	74.6%	40.5%
影响因素	选项	环境因素	人为因素	认知因素	
	比例	24.3%	95.1%	53.5%	
深层次原因	选项	政府监管不力	企业违法行为	医疗机构滥用药物	消费者用药知识缺乏
	得分	3.36	2.86	1.72	0.8
责任主体	选项	政府	生产经营企业	医疗机构/人员	消费者个人
	得分	2.98	2.96	1.7	0.44
改进方向	选项	限制行业准入	加大抽检力度	加大惩处力度	公开工作情况
	得分	3.29	2.68	2.26	1.17

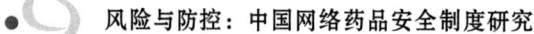

从问题产生的环节来看，消费者普遍认为生产和流通领域最为关键。在对药品安全问题产生环节的调查中，选择药品生产、流通环节的消费者分别占84.9%和74.6%。说明相较于其他环节，消费者认为药品生产、流通环节中的安全问题最为严重和频繁。在生产环节，个别药品存在生产工艺上的差异，存在质量标准不符合规定的情形；在流通环节，运输和储存条件不合格可能加速产品变质。也有部分消费者认为药品研发、使用环节中的安全问题不可忽视。在研发环节，药物不良反应可能未被发现，埋下安全隐患；在使用环节，消费者自行购药并使用，可能会违背药品的用法用量，出现治疗效果不明显或者毒性反应等。

从问题产生的原因来看，绝大多数原因归结于人为因素。在对药品安全问题影响因素的调查中，选择人为因素的消费者占95.1%，选择认知因素的占53.5%，选择环境因素的占24.3%。在消费者看来，引发药品安全问题的"头号杀手"归咎于人为因素，包括未遵从标准规范、生产条件落后、要素投入不当、标识包装不当等情况在内。紧随其后的是认知因素，由于医务从业人员、消费者等认识不足可能造成药品安全问题。最后是环境因素，空气、水、土壤等自然条件也可能造成药品安全问题。上述因素既包括主观原因，也包括客观原因。

从问题产生的深层次原因来看，政府监管不力成为消费者的首选。在对药品安全问题主要原因的调查中，经过加权计算，选择政府监管不力的综合得分为3.36分，生产经营企业违法行为的综合得分为2.86分，医疗机构滥用药物的综合得分为1.72分，而消费者用药知识缺乏的综合得分仅为0.8分。可见，在消费者的认知中，政府监管不力和监管体系不健全是目前中国药品安全存在最大的问题，而企业违法行为却位居第二。这和我们实际中的责任划分是有悖的。在药品市场上，企业才是第一责任人，药品质量不是靠监管出来的，而是以企业管理为基础，企业自律和政府监管相结合。但长期以来的"强政府"模式既使得企业弱化了自身的管理职责，更使得公众养成了

第一章 问题缘起：我国网络药品市场发展背景及困境

"有事找政府"的路径依赖。

从责任承担主体来看，政府在药品安全责任中扮演重要角色。在对药品安全问题责任主体的调查中，经过加权计算，认为政府应该主要负责的综合得分为2.98分，生产经营企业的综合得分为2.96分，医疗机构/人员的综合得分为1.7分，而消费者个人的综合得分仅为0.44分。消费者普遍认为，政府理应成为药品安全的责任主体，在药品安全社会治理体系中扮演最为关键和重要的角色，紧随其后的是生产经营企业的责任，而处于药品使用终端的消费者个人却不认为自己应当承担多少责任。

从未来改进方向来看，事前审批、事中监管亟需加强。在对药品安全问题改进方向的调查中，经过加权计算，选择严格限制行业准入的综合得分为3.29分，加大抽检力度的综合得分为2.68分，加大惩处力度的综合得分为2.26分，公开工作情况的综合得分为1.17分。结果显示，消费者对于政府的期望是：注重事前审批，严格限制行业准入，将不具备资质的企业和产品拒之于门外；同时强化事中监管，通过加大抽检力度等措施，及时发现市场上的不合格产品和药品安全事件，并予以处置。

（三）消费者对我国网络药品安全监管提出更高诉求

消费者对网络药品安全监管的认知可以从购药意愿、影响购药因素、购药满意度、改进方向等几个角度来进行评价（见表1.11和图1.9）。

表1.11　　　　　消费者对我国网络药品交易的认知度

项目	分项	结果			
购药意愿	信息渠道	选项	医师咨询	药店销售建议	亲友推荐	网络
		比例	75.6%	61.5%	43.6%	23.1%
	购药渠道	选项	医院	药店	网络	
		比例	70.5%	92.3%	32.1%	

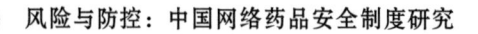

续表

项目	分项	结果			
购药因素	网购原因	选项	省时便捷	商品齐全	物美价廉	物流方便
		比例	78%	30.5%	50.9%	47.5%
	网购因素	选项	药品疗效	药品品牌	药品价格	配送速度
		比例	61%	66.1%	59.3%	52.5%
	网购种类	选项	感冒药	消炎药	皮肤用药	肠胃用药
		得分	50.9%	35.6%	42.4%	28.8%
	网购平台	选项	第三方平台	企业自建平台	交友平台	
		得分	91.5%	10.2%	3.4%	
改进方向	网购担忧	选项	不熟悉了解	习惯去医院	药品安全	无医生指导
		得分	15.4%	33.3%	47.4%	41.0%
	网购期待	选项	处方药网售	处方药网售+药师服务	医保支付	
		得分	30.8%	55.1%	85.9%	

从购药意愿来看，网络购药虽然占比不高，但影响正在迅速扩大。从信息渠道来看，多数消费者倾向于专业人士的意见，通过医师咨询（占比75.6%）或者药店销售人员建议（占比61.5%）了解所要购买的药品。从购药渠道来看，实体药店因其数量多、分布广、方便快捷等具有明显优势，成为绝大多数消费者的首选（占比92.3%），而网络购药这一渠道的比例仅为32.1%。在信息渠道和购药渠道的双重影响下，受访者中有75.6%的人群曾有过在网上购药的经历，同时仍有24.4%的人群尚未在网上购买过药物。

从影响购药的因素来看，品牌和疗效成为消费者的首要考虑因素。在提及选择网上购药的原因时，排名前四的原因依次为：省时便捷、物美价廉、物流方便、商品齐全。可见，网购的便捷性和可选择性为医药电商提供了赋能。在提及购药时考虑的因素时，排名前五的因素依次为：药品品牌、药品疗效、药品价格、配送速度、药师服务。可见，相较于其他因素，品牌和疗效是消费者购药的首要选择。

第一章 问题缘起：我国网络药品市场发展背景及困境

从网购药品的种类来看，主要集中在感冒药、消炎药、肠胃用药、皮肤用药、眼睛用药等种类。从网购药品的平台来看，绝大多数消费者选择京东、天猫等第三方电商平台（占比91.5%），也有10.2%的消费者选择好药师、药药好等企业自建平台，甚至3.4%的消费者选择QQ、微信等交友平台，而非合规的交易平台。

从购药满意度来看，网络售药在配送时效、药品品质、药品价格等方面具有明显优势，但也存在一些短板。根据受访者对购药平台和商家的打分，经过加权计算，得知消费者网上购药的整体满意度为3.91分（满分5分）。其中，评分由高到低分别为：配送时效（4.1分）、药品品质（4.08分）、药品价格（3.97分）、品类丰富（3.92分）、软件使用（3.92分）、售后服务（3.76分）、药师服务（3.59分）。可见，网络平台在配送时效、药品品质、药品价格以及品类丰富等方面具有比较优势，成为与实体药店竞争的重要法宝。与此同时，售后服务和药师服务是网上购药的短板，难以有效满足消费者的用药需求（见图1.10）。

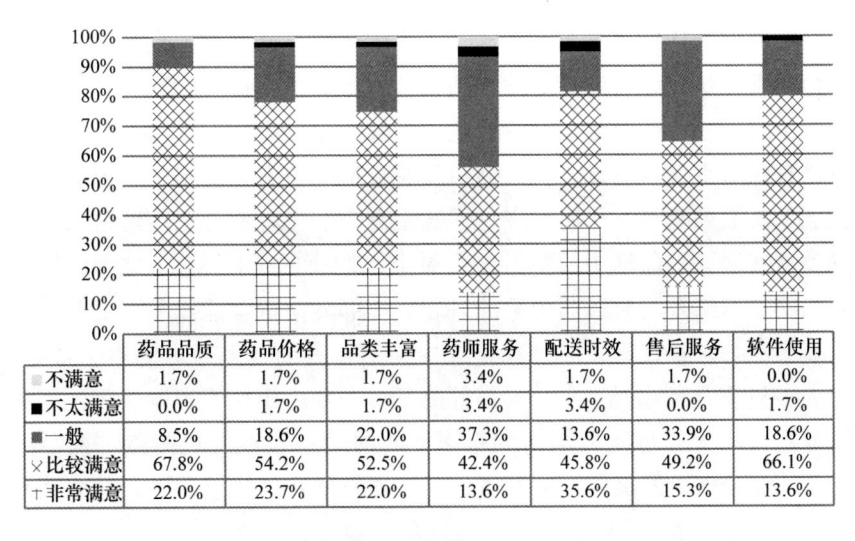

	药品品质	药品价格	品类丰富	药师服务	配送时效	售后服务	软件使用
不满意	1.7%	1.7%	1.7%	3.4%	1.7%	1.7%	0.0%
不太满意	0.0%	1.7%	1.7%	3.4%	3.4%	0.0%	1.7%
一般	8.5%	18.6%	22.0%	37.3%	13.6%	33.9%	18.6%
比较满意	67.8%	54.2%	52.5%	42.4%	45.8%	49.2%	66.1%
非常满意	22.0%	23.7%	22.0%	13.6%	35.6%	15.3%	13.6%

图1.10 消费者对我国网络药品交易的满意度

从网售的改进方向来看，处方药允许网售和医保网上支付成为改进的方向。针对没有网上购药经历的消费者，调查发现，多数消费者表达了对网上购药的担心，比如对药品安全性的担心（占比47.4%），无医生指导、不知如何购买（占比41%），习惯在医院看病配药（占比33.3%），不熟悉、不了解如何网上购药（15.4%），以及物流较慢（10.3%），等等。同时，针对网上购药未来的改进方向，由于调研时处方药网售尚未开放，近八成的消费者认为如果处方药允许网售，愿意购买，其中有五成的消费者需要药师的帮助；也有近八成的消费者认为如果网上购药能用医保支付，将影响到自己的购买意愿，其中有六成的消费者认为此举将直接影响到自己的购买意愿。这些都是网上购药未来仍需努力的方向。

总体而言，消费者对于网络药品安全的认知与实际状况存在一定差异。尽管国家对药品安全保障采取了一系列措施，并取得了有目共睹的成绩，但从纵向比较来看，消费者对药品安全问题越来越重视，诉求也越来越高；从横向比较来看，消费者对进口药品的信任度要高于国产药品。同时，消费者对于我国药品安全监管的认知也与实际状况存在一定差异。目前我国已建立起相对完整的药品安全监管体系，从药品研发、生产、流通到使用等各个环节实现了全覆盖，但从调查中发现，相当一部分消费者认为政府监管不力和监管体系不健全是目前中国药品安全存在的最大问题，药品生产经营企业的责任次之，而消费者自身并不认为自己有什么责任。对比当下，新冠肺炎疫情感染者重复用药、超剂量用药、超次数用药等情形时有发生，甚至有个别患者不合理用药造成肝衰竭，这在侧面也印证了消费者需要做个人健康的责任人。[①] 此外，随着互联网技术的发展和医药电商的兴起，一部分消费者选择了网上购药这一新渠道。调查发现，品牌和疗效成为消费者的首要考虑因素。其中，绝大多数消费者选择京东、天猫等第三方平台。相较于实体药店，售后服务和药师服务是网上购药的短板，而网络平台在配送时效、药品品质、药品价格以及品类丰富等方面具有比较优势。对于未来，处方药允

---

① 陕西省卫健委：《感染新冠乱用药致肝衰竭》，http：//sxwjw.shaanxi.gov.cn/sy/ztzl/fyfkzt/fkzs/202212/t20221220_ 2269383.html，2022年12月20日。

许网售和医保实现覆盖成为网上购药的改进方向。

第三节　国内外相关研究综述

一　国内相关研究

20世纪90年代，我国才开始关注药品安全监管并加以探讨。国内相关研究无论是在社会学、经济学、管理学还是法学领域，均没有较大进展。有关我国药品安全监管的研究最早可以追溯到中国社会科学院研究员余晖，早在1997年他便开启了对中国药品监管的制度性分析。近年来，陆续有学者发表与之相关的文章和著作，但总体而言相关研究不够丰富，内容不够完善，研究方法和角度比较单一。目前主要集中在以下几方面。

（一）关于药品安全的研究

关于药品安全的定义，有学者基于文献综述的角度，归纳总结出药品安全的范畴主要包括药品监管、药品保障、药品研发、药品生产、药品流通、药品使用、药品不良反应/事件，等等。[1] 有学者基于供应链的角度，认为药品安全是包括药品研发、生产、流通、使用以及监管等环节在内的综合性安全，上述环节与药品研发机构、生产企业、批发企业、零售企业、医疗机构以及消费者等组成的供应链节点是一一对应的。[2] 也有学者基于对药品不良事件的分析，指出药品安全是指按照规定的用法、用量和症状使用药品以后，可能产生的不良反应的程度。[3] 此外，从质量标准的角度来看，药物不良反应、药物滥用、误用或用药错误、不合理联用、药品质量等都应纳入药品安全的范围。[4]

---

[1] 尚鹏辉、刘佳、夏憎憎等：《我国药品安全定义和范畴的系统综述和定性访谈》，《中国卫生政策研究》2009年第6期。

[2] 刘悦晴、史珍珍：《基于供应链管理的现代化食品药品安全监管体系研究》，《中国市场监管研究》2021年第11期。

[3] 耿东升：《对药品不良反应定义及其分类的商榷》，《西北药学杂志》2011年第1期。

[4] 杨廉平、姚强、张新平：《从质量标准的角度探析中国药品安全问题》，《中国社会医学杂志》2010年第3期。

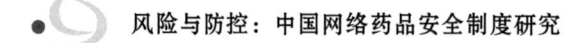

关于药品安全监管历程，有学者基于行政职能配置原理，研究了改革开放40年来药品监管历程，以及如何从摸索阶段逐渐走向完善。正如原国家食药监局局长邵明立所言，"无论体制怎么变，对于食品药品监管这项工作都是加强"。① 有学者基于新制度经济学分析方法，系统总结了我国药品安全监管制度的变迁之路，以及下一步如何动态调整。② 有学者基于多源流分析方法，指出当今中国仍处于经济体制和政治体制双重转轨的时期，企业命脉仍旧由政府控制，经济发展仍然归行政权力主导，"要建立一个监管型政府带有某种普遍意义的困惑"。③ 也有学者基于社会监管理论，认为当前我国药品安全状况总体稳定向好，但药害事件频发且高风险运行，并从市场环境、监管机构、政策工具和被监管者等不同角度分析当前药品安全存在的问题、成因和解决思路。④

关于药品安全监管现状，从宏观层面，一方面产业质量不够高、产业结构不够优成为制约我国药品行业发展的主要因素，⑤ 另一方面监管机构基于全能主义国家的惯性难以专注于药品质量安全监管。⑥ 从微观层面，不同学者从药品审批、药品检查等不同角度指出了药品安全问题的关键。有学者以药品审批为研究对象，对以药品监管部门为代表的强监管机构进行了系统考察，认为强监管机构容易发生权力扩张和权力异化，存在地方保护主义、法治保障不全、监管人员不专业等问题。⑦ 同

---

① 孔艳铭、郑善爱：《与时代同行——改革开放40年药品监管历程回顾》，《中国食品药品监管》2018年第12期。
② 曹阳、徐丽华：《中国药品安全监管制度变迁的路径选择》，《南京社会科学》2009年第1期。
③ 宋华琳：《政府规制改革的成因与动力——以晚近中国药品安全规制为中心的观察》，《管理世界》2008年第8期。
④ 胡颖廉：《转型期我国药品监管的理论框架和经验观察》，《经济研究参考》2012年第31期。
⑤ 刘鹏：《政企事利益共同体：中国药品安全管理体制变迁的历史逻辑》，《武汉大学学报》（哲学社会科学版）2011年第2期。
⑥ 宋华琳：《政府规制改革的成因与动力——以晚近中国药品安全规制为中心的观察》，《管理世界》2008年第8期。
⑦ 付冷冷：《强势监管机构的现实困境及其治理——以政府药品审批为对象的考察》，《辽宁行政学院学报》2008年第2期。

第一章　问题缘起：我国网络药品市场发展背景及困境

时，药品审评专家咨询制度是确保药品审批公正性和科学性的重要制度，应积极发挥专家在药品注册审评中的智囊团作用。① 也有学者以药品检查为考察对象，思考当前我国药品检查员建设中存在的问题，并提出采取远近结合、分步解决的模式，构建专业化、职业化的药品检查队伍。②

（二）关于网络药品安全的研究

关于网络药品风险问题，不少学者提出网络药品存在诸多风险点。在监管主体风险方面，有关药品网络交易的两大主体——网上药店和第三方平台之间的职责尚不明确，相关行业责任认定规范缺失，网络药品质量监管效率不高，可能导致药品安全事件。③ 在监管对象风险方面，一些不良商家利用互联网发布虚假信息，以假乱真、以次充好，严重扰乱市场秩序；④ 基于网络交易发生的药品储存和运输存在变质风险；同样，处于终端的消费者使用环节也存在不合理用药风险。⑤ 在监管环境风险方面，目前大医院的电子处方尚未开放，在处方审核方面难以确定处方的真实性和合法性；由于政策和地域存在差异，大多数网络药品零售系统无法与医保报销系统有效对接，在一定程度上影响消费者的购买意愿。⑥

关于网络药品监管制度，目前世界各国对待药品网络交易这一新兴事务的监管态度大相径庭。美国、荷兰、英国等持开放态度，尤其美国的开放程度最大；瑞典、德国、日本等国允许药品网售，但瑞典的经营权交由一家国有企业负责，德、日对待药品网售的态度逐渐走

---

① 李峰、吴晓明：《我国药品审评专家咨询制度的沿革与发展》，《中国新药杂志》2018年第18期。
② 房军、陈慧、元延芳等：《关于加强药品检查员队伍建设的思考》，《中国药学杂志》2019年第4期。
③ 薛原：《"互联网＋"背景下我国网络销售处方药研究》，《卫生经济研究》2020年第5期。
④ 赵超：《尽快完善"网上售药"》，《中国食品药品监管》2015年第3期。
⑤ 刘琳、谢来位：《"放管服"改革视域下处方药网络交易风险防范》，《中国行政管理》2021年第10期。
⑥ 邓梅洁、殷东涛、沈春明：《网售处方药的争议焦点与破解难点》，《中国卫生事业管理》2018年第6期。

向开放；相对保守的瑞士、西班牙、意大利等国则完全禁止药品网售。一些学者致力于研究西方国家网络药品监管制度，并从中总结提炼出对我国的借鉴和启示。目前国外网络药品监管的模式主要有：以美国为代表的"多元主义"、以英国为代表的"法团主义"、以德国为代表的"国家主义"三大模式。[①] 欧美国家监管实践启示，互联网平台在减少流通费用、降低经营成本方面具有明显优势，但如果缺乏相关法律法规约束，消费者在购药时会承担较大风险，甚至引起严重的不良后果。基于此，我国应健全药品网络交易法治体系，完善监管体制机制，推进政府与行业协会密切合作，做好人才队伍建设保障。[②]

与此同时，关于我国网络药品监管制度的本土化研究也在开展。网络药品监管问题归根结底是药品监管问题在网络上的表现。从理论的角度来看，"小生产"与"大市场"之间的矛盾、消费者存在群体焦虑和个体漠视、监管者对产业的嵌入和了解不深，构成网络药品安全问题的原因。[③] 从历史的角度来看，我国网络药品监管制度经历了禁止经营、试点经营、改革探索等四个阶段。[④] 从现实的角度来看，网络药品交易监管在立法、执法、司法等不同层面均存在现实困境，建议在立法层面采取适度监管原则，进一步松绑政策；在执法层面厘清监管职责，创新监管手段；在司法救济层面畅通侵权损害的救济机制，作出更有利于消费者的责任认定和损害赔偿设定。[⑤]

（三）关于网络药品风险管理的研究

关于网络药品风险管理的研究非常少见，大多数学者是从药品风

[①] 宋春峰：《国外如何监管互联网药品市场》，《中国防伪报道》2014年第2期。
[②] 王笛、赵靖：《国际互联网药品经营监管模式对比及思考》，《中国合理用药探索》2017年第1期。
[③] 胡颖廉：《监管和市场：我国药品安全的现状、挑战及对策》，《中国卫生政策研究》2013年第7期。
[④] 隋振宇、宋华琳、林长庆：《"互联网+"背景下完善我国网络药品经营监管的探索》，《中国药房》2019年第16期。
[⑤] 刘琳、靳文辉：《"互联网+"背景下药品网络交易治理的困境及其出路》，《改革》2019年第10期。

第一章　问题缘起：我国网络药品市场发展背景及困境

险管理的角度进行研究。从风险管理的国际经验来看，欧美国家在药品风险管理的内容、药品安全与药品风险的关系和药品风险因素等方面均有所建树，因而，风险管理理念的引入对促进我国药品全过程安全管理的规范化和标准化具有借鉴意义。而涉及具体的药害事件，美国的万络事件和中国的欣弗事件揭示出美、中两国有关药品安全风险管理的差异化，相较而言我国更倾向于采取行政性手段，强化药品行政监管。① 此外，德国②、日本③等国家的药品风险管理体系也为我国风险评价系统构建、信息公开机制建立、风险管理制度完善、药害救济制度健全提供了借鉴。

从风险管理的本土模式来看，有学者系统阐述了我国药品安全风险管理取得的成就、面临的问题，并提出了政策的改进，即完善上市后监管法律制度、建立各级监管部门之间的衔接机制、提升企业风险管理意识和接受监管意愿、完善政府监管效果评价机制等，建立贯穿药品整个生命周期的监管网络。④ 也有学者将药品风险管理代入政策工具视野，对我国药品规制政策的建章立制、标准设定、执法优化、奖惩机制等作了阐述，进而提出"混合型监管"模式，即全能型政府向监管型政府过渡的产物。⑤

从风险管理的制度层面来看，药品风险管理规范种类繁多，覆盖非临床研究（GLP）、临床试验（GCP）、生产（GMP）、经营（GSP）、使用（GUP）等诸多环节。当前，我国药品管理已进入法治化管理轨道，药品风险管理理念已全面贯彻于药品研发、生产、经

---

① 边博洋、常峰、邵蓉：《美国药品安全风险管理最终指南对我国药品安全风险管理的启示》，《中国药事》2007 年第 12 期。
② 赵婷婷、赵建中、马立权等：《德国药物警戒体系及对我国的启示》，《中国临床药理学杂志》2020 年第 16 期。
③ 徐徕、赵艳蛟、李璠等：《日本药品风险管理简介及启示》，《中国临床药理学杂志》2010 年第 10 期。
④ 张昊、武志昂：《制药企业药品上市后风险管理政府监管效果影响因素研究》，《中国药学杂志》2014 年第 23 期。
⑤ 刘鹏：《混合型监管：政策工具视野下的中国药品安全监管》，《公共管理学报》2007 年第 1 期。

营、使用等全过程。① 然而,即便是完善的监管制度也难以根除药品风险。长生生物疫苗事件启示我们,一方面,高效的风险沟通离不开公众对政府风险管理过程的信任。② 另一方面,行政问责制可以有效督促药监部门依法履职,确保公众健康。③

从风险管理的技术层面来看,政府一方面要建立药物风险管理平台,统一实行药物风险评估。④ 另一方面要建立专门的药品监管数据库,大力培养大数据技术人才,加强数据安全立法保障。⑤ 药品生产企业应加强风险管理力度,从品种开发到临床应用再到药品生产全过程做好质量管理。⑥ 药品经营企业也应注重采购、验收、运输、储存、销售等多个环节的风险管理,确保其经营的药品质量安全。⑦

二 国外相关研究

西方国家药品监管拥有百年历史,自 20 世纪初以来就开始对药品及其监管问题进行研究。关于药品安全规制的研究,主要分为两个阶段:20 世纪 70 年代以前,随着金融、通信、电力等行业繁荣发展,有关规制的研究主要是围绕经济性规制展开。庇谷等经济学家运用经济学工具对外部性及公共物品属性进行了研究,对产品质量安全、消费者保护等问题也作了论证。科斯、尼斯、艾瑞思等人通过数学建模及数理分析等手段,对上述问题开展实证分析并取得了一定成绩。

---

① 曾繁典:《我国药品风险管理与药物警戒实践》,《药物流行病学杂志》2013 年第 3 期。
② 黄懿慧、王啸、方慧妍等:《政府信任对公共健康风险管理的影响——基于长生生物疫苗事件的创设情境研究》,《公共管理学报》2019 年第 4 期。
③ 梁晨:《对转型时期我国药品监管体制的宏观思考》,《中国卫生政策研究》2015 年第 4 期。
④ 王新洲、张俊、史克勇等:《国家基本药物(化药部分)风险管理平台的建立》,《药物流行病学杂志》2012 年第 3 期。
⑤ 孙必婷、翁开源:《大数据在药品安全监管中的应用研究》,《卫生经济研究》2020 年第 11 期。
⑥ 鲍锡杰、顾丽丽:《药品生产风险管理中面临的问题分析及控制举措》,《北方药学》2015 年第 11 期。
⑦ 韩丽丽:《药品流通环节质量风险管理》,《世界最新医学信息文摘》2016 年第 12 期。

第一章 问题缘起:我国网络药品市场发展背景及困境

1960年,沙利度胺(俗称"反应停")事件的发生震惊世界,引起了各国政府加强药品安全的监管,并将监管范围逐渐从经济性规制扩大到社会性规制。继而,学界也开始较为系统地开展社会性规制的研究。到了21世纪,各国普遍开始探讨上市后药品安全监管,更加注重公共利益和公平正义等监管目标。总的来说,国外关于药品安全监管的研究主要集中在以下几个方面。

(一)关于药品安全的研究

关于药品安全的定义,狭义上的药品安全是指"开药或配药的医疗保健提供者经过特定的培训和认证,认为药物具有安全使用要素的情形"。[①] 广义上的药品安全是指"如果某种药品既对普通人有益,且风险在可接受的范围内,即可认定该药品是安全的"。[②] 因此,药品风险管理的目标是实现利益最大化和风险最小化,理应贯穿研发阶段利益/风险评估、上市前风险评估、批准上市、药品使用、上市后监测的全过程。进一步,有学者在参照美国FDA药品安全监管机构设置的基础上指出,药品安全体系应当由风险管理、不良反应监测及用药错误三个部分组成。[③]

不同监管机构对药品安全监管作了界定,世界卫生组织将药品安全监管定义为风险管理、用药差错和药品不良反应监测;欧盟将药品安全监管视作避免在药物治疗期间引发意外伤害和不良反应的一系列举措;美国FDA则用风险来定义药品安全,即对于特定疾病和症状的人群而言利益大于可预见性风险。这其中,作为世界上监管成效最为显著的药品监管机构,美国FDA的社会性规制经验为其他国家提供了经验。对此,丹尼尔·史普博在《管制与市场》一书中曾有论述:"药品市场上主要的管制性互动发生在FDA和生产商之间,生产

[①] J. Barnes, "Drug Safety", *Nature Reviews Drug Discovery*, No. 6, 2007, p. 937.

[②] B. Jung, "The Risk of Action by the Drug Enforcement Administration Against Physicians Prescribing Opioids for Pain", *Pain Medicine*, No. 4, 2006, pp. 353 – 357.

[③] Institute of Medicine, *Challenges for the FDA: The Future of Drug Safety, Workshop Summary*, Washington (DC): National Academies Press, 2007, pp. 31 – 36.

商负责生产药品并向FDA备案，FDA通过抽检等手段直接对生产商进行管制，而医药同业公会和消费者集团只能通过FDA施加相对较小的影响"。① 简言之，产业集团与FDA之间是一种利益博弈关系，这种关系决定了药品安全监管的模式和成效。②

（二）关于网络药品安全的研究

关于网络药品安全监管，理论界借助不同的研究工具，提出了相关监管模型和政策建议。在风险管理原则方面，预防原则被学界普遍认可并运用于药品安全问题研究，尤其是结合药品风险管理的特征，在科学不确定性的情形下能够发挥有效指导产业政策制定的作用。③ 在风险管理机制方面，有学者对风险最小化机制的实施效果进行了探索，借鉴当前的最佳做法，建立包括患者和HCP（预期最终用户）在内的药物安全警戒及风险评估系统。④ 在风险管理决策方面，有学者分析了决策小组在FDA监管咨询委员会下的独特作用，他们基于有效性、公平性和效率的标准审查药物安全和风险管理咨询委员会的工作绩效，以确保药品安全。⑤ 也有学者认为，基于网络来源的患者报告变得越来越重要，建议制定基于网络的药物安全指南，涵盖行业、患者、监管机构、学术团体和医生等利益相关者。⑥

而在网络药品安全实践中，相关技术的革新和平台的建立为维护网络药品安全起到了积极作用。欧盟等地区使用计算机数据挖掘

---

① Daniel F. Spubler, *Regulation and Markets*, Cambridge: The Mit Press, 1989, pp. 634–673.

② Termin P., *Taking Your Medicine: Drug Regulation in the United States*, Cambridge: Harvard University Press, 1980, p. 274.

③ M. J. Smith, A. Komparic, A. Thompson, "Deploying the Precautionary Principle to Protect Vulnerable Populations in Canadian Post-Market Drug Surveillance", *Canadian Journal of Bioethics*, No. 1, 2020, pp. 110–118.

④ Mouchantaf, R., Auth, D., Moride, Y. et al., "Risk Management for the 21st Century: Current Status and Future Needs", *Drug Safety*, No. 44, 2021, pp. 409–419.

⑤ J. Kinnear, N. Wilson, A. O. Dwyer, "Evaluating team decision-making as an emergent phenomenon", *Postgraduate Medical Journal*, No. 94, 2018, pp. 216–219.

⑥ Banerjee, Anjan, K., "Web-Based Patient-Reported Outcomes in Drug Safety and Risk Management: Challenges and Opportunities?", *Drug Safety*, No. 35, 2012, pp. 437–446.

第一章 问题缘起：我国网络药品市场发展背景及困境

技术对来自医疗从业者和消费者的药物不良反应报告进行分析，以监测药物安全信号，并探索使用电子病历和电子健康记录作为信号检测的额外来源。① 加拿大结合药房处方数据库、生命统计数据和各医院就诊数据，建立并启动药物效应观察研究网络机制，并推动改进药物不良反应监测工作。② 与此同时，中国的四级药物警戒网络（国家、省、市、县级）也为网络药品安全监管贡献了中国智慧。在此基础上，一个全面监管体系的立法框架有利于确保药品使用的安全性和有效性。③

（三）关于网络药品风险管理的研究

关于网络药品风险管理方法，学者们或基于模型假设，或基于数据统计，或基于案例分析，提出了各自的见解。有学者基于模型假设，探讨了贝叶斯方法在药物安全分析和网络分析中的运用，并提出药物信息协会的改进策略。④ 有学者基于数据统计，对医疗保障数据库的数据进行观察和统计，建立起数据质量、方法开发和绩效评估等指标，研究医疗产品的安全性和有效性；⑤ 或者对药物不良反应的电子报告和处理数据进行分析，指出医疗专业人员对于药物警戒实践中可用数据的性质和正确使用至关重要。⑥ 更有学者基

---

① Trifiro, G., "What is the Additional Value of Electronic Medical Records for Drug Safety Signal Detection? The Experience of Eu-ADR Project", *Clinical Therapeutics*, No. 8, 2013, pp. 130 - 131.

② Eggertson, L., "New Network Created to Assess Drug Safety", *Canadian Medical Association Journal*, No. 18, 2011, pp. 1293 - 1294.

③ Zhang L., Wong L., He Y., et al., "Pharmacovigilance in China: Current Situation, Successes and Challenges", *Drug Safety*, No. 10, 2014, pp. 765 - 770.

④ Ohlssen D., Price K. L., Xia H. A., et al., "Guidance on the Implementation and Reporting of a Drug Safety Bayesian Network Meta-analysis", *Pharmaceutical Statistics*, No. 1, 2014, pp. 55 - 70.

⑤ Ryan P., "Statistical Challenges in Systematic Evidence Generation through Analysis of Observational Healthcare Data Networks", *Statistical Methods in Medical Research*, No. 1, 2013, pp. 3 - 6.

⑥ Ohe K., "MID-NET: Medical Information Database Network Project to Utilize Electronic Healthcare Data for Drug Safety", *Transactions of Japanese Society for Medical & Biological Engineering*, No. 4, 2017, pp. 159 - 164.

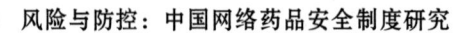

于案例分析，运用药理学、药物警戒和信息学等多学科工具，以提高药品安全性为目标，对医学文献中有关药品安全和风险评估的案例进行汇总研究。①

关于网络药品风险管理技术，信息技术的更新换代为网络药品监管提供了强有力的技术支撑。例如，RFID（电子标签技术）可用于医药电商管理，该技术可以很好地运用于物流管理、安全管理、防伪技术和移动跟踪等多个环节，保障药品安全。② EPC（电子代码技术）在药品领域内的使用，尤其是在药品供应链管理中将尽可能地减少假冒伪劣药品的流通，提供很好的技术保护手段。③ 随着搜索引擎和社交软件的兴起，以 Twitter 为代表的社交软件也参与网络药品交易中来，如何建立网络药品监管机制并实现自动识别药品不良事件成为一种新的监管思路。④

关于网络药品风险管理实践，各国网络药品监管实践中都纷纷引入了风险管理理念，并切实有效地提高了网络药品的安全防护。美国FDA 在药品安全政策中贯彻风险管理理念，使用"黑箱警告""医生信函"等相关风险管理工具，以实现 RMI（药品风险最小化）原则。⑤ 欧盟也出台了类似的药品风险管理计划，这对药物安全性的监

---

① Bartlomiej Ochyra, Maciej Szewczyk, Adam Przybyłkowski, "The drug safety information in domestic medical literature", Current Issues in Pharmacy and Medical Sciences, No. 3, 2022, pp. 111 – 115.

② Parida, M., et al., "Application of RFID Technology for In-House Drug Management System", International Conference on Network-based Information Systems, IEEE Computer Society, No. 9, 2012, pp. 577 – 581.

③ Edmund W. Schuster, David L. Brock, Stuart J. Allen, Global RFID: The Value of the EPCglobal Network for Supply Chain Management, Heidelberg: Springer Berlin, 2007, pp. 71 – 107.

④ Pierce, C. E., Bouri, K., Pamer, C. et al., "Evaluation of Facebook and Twitter Monitoring to Detect Safety Signals for Medical Products: An Analysis of Recent FDA Safety Alerts", Drug Safety, No. 4, 2017, pp. 317 – 331.

⑤ Nkeng, L., Cloutier, A. M., Craig, C. et al., "Impact of Regulatory Guidances and Drug Regulation on Risk Minimization Interventions in Drug Safety: A Systematic Review", Drug Safety, No. 7, 2012, pp. 535 – 546.

测及药物警戒活动的开展提出了要求,具体可以分为 SPC(面向专业人士的信息)以及 PIL(面向患者的信息)。①

三 研究现状述评

网络药品安全监管相较而言是一个崭新的社会性规制问题,涉及经济学、社会学、法学、管理学等交叉学科。总体而言,国内外关于网络药品安全的研究都谈不上丰富,理论研究相对薄弱,实证研究大多停留在问题表面。

国外针对某个具体药害事件或者某项具体监管政策的研究较多,但对药害事件深层次原因的挖掘、监管体制机制运行的内在不足等问题缺乏深入探讨。主要有以下趋势:一是对网络药品安全问题的研究从单个案例趋向于系统经验,从感性认识趋向于理性认识;二是对网络药品安全监管的研究从宏观视角趋向于微观视角,从总体研究趋向于局部研究;三是对网络药品安全监管的经济学分析呈加强的趋势,伴随着可供借鉴的药品安全事件和数据的增加,经济学工具为系统研判药品安全风险、总结药品监管经验提供了可能。

与之相比,国内研究仍处于起步期,理论研究尚未深入探讨,实证研究更是少之又少。主要有以下趋势:一是着重对国外监管理论及实践的介绍和评论,对我国网络药品安全监管理论的完善及相关制度的构建缺乏实质性的借鉴意义;二是着重经济性规制方面的研究,比如运用进入机制、价格机制等调节药品市场,而缺乏药品质量监管等社会性规制方面的研究;三是着重从内部视角研究监管机构组织以及职权配置等,较少从外部视角分析政府以外的其他主体,特别是有关政府、市场、社会之间的互动关系方面的研究极为少见。

因而,笔者将网络药品安全与风险治理理念相结合,试图从构建网络药品安全治理体制、法治、机制等角度出发,研究政府、市场、

---

① Edwards, B., Chakraborty, S., "Risk Communication and the Pharmaceutical Industry: What is the Reality?", *Drug Safety*, No. 11, 2012, pp. 1027–1040.

社会之间的互动关系，并以此揭示防范药品安全、保障药品安全对于保护经济秩序、稳定社会秩序以及维护国家安全的重要性。

第四节 研究目的和主要思路

一 研究目的

本课题的研究目的在于将经济学的外部性理论、管理学的公共治理理论、社会学的风险社会理论与法学的公平效率理论等有机结合起来，研究网络药品安全风险治理的必要性和可行性。通过分析我国网络药品安全监管体制、法治和机制的发展变迁和现状，结合美国、英国、德国、日本等西方发达国家的监管经验，对未来我国网络药品安全风险治理体系进行重构，健全跨部门、跨区域协同管理的风险治理体制，完善公平和效率相匹配的风险治理法治，以及建立覆盖事前、事中和事后的全过程风险治理机制，立足新发展阶段，贯彻"以人民健康为中心"的新发展理念，构建药品监管事业和医药产业高质量发展共同促进的新发展格局。

二 主要思路

网络药品安全监管理念是构建药品安全监管制度的前提和基础。市场失灵为政府监管药品安全创造了条件，政府失灵又为厘清政府监管界限、重塑市场主体奠定了基础，而风险社会理论的引入将视线放在药品全生命周期和政府全过程监管的维度上。我国药品安全监管正处于从大一统、集中性监管向有限型、服务型监管转型阶段，市场、社会力量对公共事务的参与度逐步加强，因而，新树立的政府监管理念应更多地考虑政府监管效能的提升，政府失灵的可问责性、对公共利益的价值追求，以及政企社之间的协作性。

网络药品安全监管制度的静态框架要从监管模式、方法和风格等角度来梳理。由于药品的特殊性及药品产业的双重属性，药品安全监管更多体现的是社会性规制，兼顾经济性规制的内容。以往计划时代留下的政府主导型监管模式，决定了政府既要保证药品的安全性和可及性，还要管控药品价格和市场供应。随着市场经济的发展，药品市场的繁荣使得政府在产业调整、价格管控等方面减少干预、逐步退出，但在关系药品安全性、有效性等事项上，政府仍要高度发挥主导作用，强化监管，这也符合国际上对社会性规制的主流思想。在此过程中，传统的政府单一管制风格已不太适应发展趋势，引入信用、信息等更具柔性的管制手段有利于"弹性政府"[①]的建立，政府更能在对未来多样性的预期及其风险的认知基础上作出相应的规避和预防。

网络药品安全监管制度的动态运行有赖于各类风险管理机制的有机整合和协同运行。药品市场瞬息万变，政府监管不应是一成不变的，而应体现为一个动态的、连续的过程。政府对于监管法律制度的理解是否到位，执行和适用过程是否合理合法，对市场主体的干预是否恰当，对消费者的保护是否有效正当，才是监管的最终归宿和实质问题。因此，不仅要在实体法上建立健全监管法律制度以规定政府监管的合法性边界和权限，还要通过激励性监管机制、公众参与机制、监管绩效评估机制和问责机制等一系列运行机制来确保政府监管的合理性，更好地规范、调整、约束监管权的行使。

第五节 创新之处和主要不足

一 创新之处

一是注重"正反"结合，既关注网络药品交易在提高效率、降低成本等方面的积极作用，也关注其潜在的风险。作为医药流通的重要渠道，网络药品交易在提高流通效率、促进资源整合、降低交易成本、加强信息沟通等方面具有独特的积极作用。然而，药品本身具有

---

① 靳文辉：《弹性政府：风险社会治理中的政府模式》，《中国行政管理》2012年第6期。

内在风险，是源于药品设计而存在的客观风险，即正常服用药物可能导致不良反应。同时，药品还具有人为风险，药品的制造、储存、运输等过程可能产生药品质量问题，不合理用药和错误用药也可能引发药品使用问题。当"互联网＋"与药品结合起来，传统的药品风险可能通过互联网进一步扩散，如假冒伪劣药品在网络上流通的风险，基于网上售药产生的药品储存和运输风险，等等。与此同时，网络风险与药品风险的叠加也会诞生新的风险。如医生在网上问诊过程中由于缺乏足够的信息了解病情而发生的误诊风险，药师在药品调配中由于缺乏统一的处方平台而发生的调配风险，消费者因缺乏网上药师服务而发生的不合理用药风险，等等。因而，正确认识上述风险点并采取有效的防控措施，是本书的创新之处。

二是注重"内外"结合，既关注医药电商产业自身发展，又关注网络药品风险在其他领域的蔓延。医药电商产业发展有着一定的规律，受制于监管政策、上下游产业及行业壁垒等诸多因素的影响，历经起步期、发展期、求索期、展望期，始终处于谨小慎微、步履维艰的局面。随着近年来医药电商政策逐渐明朗，药品市场结构转型升级，网络药品交易已然成为药品流通中的重要一环。新冠疫情暴发极大地释放了消费者的健康需求，网络药品交易为加强群众健康管理、有效抵御疫情起到了积极作用。同时，我们还应当看到，当前国内疫情呈局部零星散发状态，国际疫情不断出现新变种，公共卫生风险存在向社会、经济、政治等领域蔓延的可能。因而，有效利用"互联网＋"医药这一工具，全力以赴共同抵御疫情重大挑战，全力保障人民群众生命安全和身体健康，是本书的创新之处。

三是注重"宏微"结合，既关注宏观医药产业与监管事业的历史变迁，又关注中观利益主体的相互关系，还关注微观治理体制机制的作用机理。从宏观角度来看，网络药品交易离不开转轨期中国经济体制的发展背景，医药产业结构不断升级，医药流通渠道不断革新，为医药电商奠定了良好基础。从中观角度来看，网络药品交易涉及政

第一章 问题缘起：我国网络药品市场发展背景及困境

府、药品生产企业、批发企业、零售企业、网上药店、网络平台、药师和消费者等不同利益主体，政府须妥善处理好各主体之间的利益平衡，设定清晰的权利义务边界，明确相应的法律责任。从微观角度来看，网络药品交易既离不开药监、卫生、医保、邮政、工信、公安等多部门之间的协同管理和跨区、跨市、跨省等跨区域之间的协同管理，又离不开以《药品管理法》为首的一系列法律法规，更需要多种管理机制、监督机制、运行机制等共同作用。因而，从宏观和微观的不同角度把握网络药品交易的多元利益诉求，是本书的创新之处。

四是注重"防控"结合，构建集识别、研判、决策和防控为一体的全过程、系统性、动态化风险管理体系。基于风险治理理念，网络药品交易风险治理要抓好几个阶段：在事前，要做好风险预警，通过严格网络经营主体准入条件、健全网络诊疗行为规范等，把好网络市场的入口关；在事中，通过健全不良反应监测体系、建立药品全过程追溯制度、加强第三方物流管理和网上用药指导服务等，严格控制风险；在事后，通过完善网络投诉举报制度、健全召回管理制度、健全重大药品安全事件应急管理体系等，妥善处置风险；同时建立全过程风险交流机制，构建多元主体、共同协作的风险治理体系。因而，从事前、事中、事后等各个阶段做好风险防控，构建覆盖全过程的风险管理体系，是本书的创新之处。

二 主要不足

一是理论工具运用不够。从理论基础来看，课题研究综合运用了经济学、管理学、社会学、法学等多学科知识，从不同角度论证了网络药品监管的必要性、可行性问题。然而，在理论工具的选择上，存在重传统理论、轻前沿理论的问题。相关研究主要依托传统的、被奉为经典的理论工具，如乌尔里希·贝克的风险治理理论、奥斯特罗姆的多中心理论，对更为前沿性的理论运用不够。同时，在研究方法的运用中，存在重定性研究、轻定量研究的问题。定量研究部分仅对政府监管数据、典型案例分析、消费者问卷调查等作了相关研究，大多数内容仍然依靠现有文献作出定性的推论。

二是调查研究留有缺憾。受新冠肺炎疫情影响，原计划的调查研究并未完全实现。课题组成员先后到北京、上海、广东、湖北、湖南、陕西、四川、重庆等地开展实地调查、现场采访和问卷调查，获取了东、中、西部地区的代表性数据，但仍有个别省市尤其是欠发达地区的数据只能依托网上问卷调查和电话访问的方式获得，数据存在一定偏差。在跨省流动受限制的时期，课题组成员到重庆涪陵、万州、黔江、巴南、大渡口等20余个区县开展调研，与监管人员、医务人员、企业代表和消费者代表开展了面对面访谈，但受政策不明朗以及个人因素的制约，访谈的深度和广度仍留有空间。

三是对产业发展形势的把握不够全面。从监管的角度来看，监管者有必要对产业发展保持清醒的认识。然而实践中，监管者对产业的认识存在偏差，这既有监管人员不足、监管协同不足、监管标准不科学等内在因素，也有产业发展存在自身缺陷、消费者需求难以满足等外在因素。课题组针对消费者开展了大量的问卷调查，对消费者的认知有了基本判断，但由于医药企业的样本数量和企业代表的访谈深度有限，对产业发展的研判仍然不足。

四是对策的针对性、有效性有待检验。公共管理研究总是通过政府部门的实践活动才能得到发展。基于理论研究的基础，课题组从体制、法治、机制等不同角度，提出了网络药品安全治理的政策建议。但相关建议的推广、落实有待检验。

第 二 章

治理基石：网络药品安全治理的理论建构

一个制度的理论基础和实践基础构成其必不可少的两个层面。[①]前者为制度的构建打下基础、刻画蓝图；后者为制度的形成提供实践、汲取经验。两者相结合为制度的确立提供了合法性、合理性的基础，网络药品安全监管制度亦是如此。改革开放以来，我国经济体制已从计划经济过渡到市场经济，政治体制正从全能型政府向有限性政府转型，尤其是党的十九大以来，改革与法治建设并行为市场机制更加活跃、政府有进有退释放了强烈的信号。党的十九届五中全会提出"推动有效市场和有为政府更好结合"，对于如何更好地处理政府和市场的关系、促进二者的良性互动奠定了基础。而在党的二十大报告中，"高质量发展"出现的频率多达 13 次，成为现代产业发展的前进方向和坚定目标。结合网络药品监管实际，要推动医药电商领域高质量发展，必须进一步推进和实施网络药品监管制度改革，其突破口就在理论先行，建立理论框架，形成理论支撑。

要构建网络药品安全治理理论，需要逐一思考几个问题：其一，网络药品安全问题产生的根源是什么？其二，网络药品安全问题表现的形式有哪些？其三，解决网络药品安全问题的思路是什么？其四，

---

① 刘霞：《公共危机治理：理论建构与战略重点》，《中国行政管理》2012 年第 3 期。

解决网络药品安全问题需要采取哪些途径？为了回答上述问题，笔者运用经济学、法学、社会学及管理学等多学科工具，针对不同主体、不同利益、不同价值观开展探讨，探索与我国网络药品发展水平相适应的治理模式。第一，网络药品本身存在负外部性和负内部性，网络药品市场有演变为柠檬市场和公地悲剧的可能，为政府干预留有一定的空间；第二，网络药品风险表现为药品固有风险、网络风险和社会风险的叠加，既要处理好药品固有风险引发的不良反应，也要规制不合格药品进入网络市场以及合格药品发生变质等情形，更要警惕上述风险借由互联网进行放大，演变为公共安全问题；第三，网络药品监管具有极强的经济法属性，为了更好地解决个体营利性和社会公益性之间的矛盾，监管制度的设计须体现出对自由效率的保护、对公平正义的追求、对社会整体利益的保障；第四，网络药品监管需要克服市场失灵、政府失灵和社会失灵，官僚制、新公共管理理论、治理理论均为解决上述失灵问题提供了不同的借鉴，而多中心治理理论为多元社会主体共同参与社会治理，以达到公共利益最大化提供了一种理论思考。

第一节　治理根源：负外部性和负内部性并存

网络药品安全问题产生的根源在于网络药品的特殊属性。基于网络药品市场存在负外部性和负内部性的叠加，网络药品市场亟需政府加强监管，消除市场自发形成的负面效应。

一　网络药品市场存在负外部性

早在 20 世纪初，马歇尔和庇古等人就提出了外部性的概念。"外部经济"的概念最早源于马歇尔 1890 年出版的巨著《经济学原理》，在其中他对外部经济和内部经济加以区分。他指出，"任何一种货物的生产规模扩大可以归因为：工业经济的发展和企业资源效率的安

第二章 治理基石：网络药品安全治理的理论建构

排，前者被称为外部经济，后者则为内部经济。"① 庇古在其著作《福利经济学》中创造性地提出了"社会净边际成本"和"私人净边际成本"的概念，进而将外部经济区分为负外部性（外部负效应）和正外部性（外部正效应）。在他看来，"负外部性是指私人净边际成本大于社会净边际成本的情况，国家可以采取征税的方式来处理（庇古税）；正外部性是指私人净边际成本小于社会净边际成本的情况，则可以采取补贴的措施（庇古补贴）。"② 此后的学者大都针对金融行业和自然垄断行业的经济性规制提出了诸多论述，大部分学者要求加强政府规制，也有少数人主张自由放任（如哈耶克）。到了科斯这里，他对交易费用和产权安排作了深入细致的研究，进而提出了著名的"科斯定理"——"当交易费用为零的时候，不论产权的初始状态如何，当事人都可以通过谈判作出效益最大化的安排；当交易费用不为零的时候，不同的初始产权界定决定了不同效率的资源配置，此时更好的解决方案是成本/收益权衡。"③

可见，外部性（外部效应）主要指的是一定经济主体的经济行为对外部经济造成的影响。如果该经济行为对其他经济主体造成了积极影响且他人无须承担成本，即为正外部性（外部正效应）；如果该经济行为对其他经济主体造成了消极影响且无人愿意为之承担成本，即为负外部性（外部负效应）。将外部性理论运用到网络药品安全领域，不难发现，药品也存在正外部性和负外部性两种情况。第一种情况是合格销售者对消费者和不合格销售者带来的正外部性。当市场规模较大的制药商通过合规生产，为网络市场提供安全有效的药品时，消费者通过信号传递，使得社会公众对网络销售者产生信任，并在购买过程中可能误买不

---

① ［美］斯蒂格利茨：《经济学》（上册）（第2版），梁小民、黄险峰译，中国人民大学出版社1997年版，第138页。
② ［美］夏普、雷吉斯特、格里米斯：《社会问题经济学》（第13版），郭庆旺、应惟伟译，中国人民大学出版社2000年版，第336页。
③ R. H. Coase, "The problem of social cost", *Journal of Law and Economics*, No. 3, 1960, pp. 1–44.

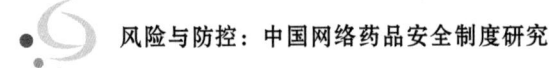

合格销售者的假冒伪劣药品或者变质药品，从而导致不合格销售者的生产效益有所提升，形成了不合格销售者的正外部性。第二种情况是不合格销售者对消费者和合格销售者带来的负外部性。当消费者购买并使用不合格销售者销售的药品后，发现疗效不佳，甚至贻误病情，致使生命安全和身体健康受损时，再次通过信号传递，对同类药品失去信任，"用脚投票"，这对整个网络药品市场都是巨大打击，尤其是对无辜牵连的合格销售者来说形成负外部性且无人为之承担责任。而第二种情况往往是导致网络药品问题产生的根源。

二 网络药品市场存在负内部性

与外部性相对应的是内部性的概念。作为美国著名的经济学家，丹尼尔·史普博是最早提出内部性概念的学者，他在著作《管制与市场》中首次提出内部性的概念，并指出，"基于信息不对称和交易成本的存在，交易参与方不能完全分配交易所产生的成本和收益（内部性问题），解决的方案就是政府管制的介入。"之后，中南财经政法大学程启智教授将内部性产生的原因理解为产权的不充分界定。在他看来，无论是外部性还是内部性，都是由于产权界定不充分而导致成本和收益的外溢，两者的区别在于受益方和受损方的不同。前者是指交易主体对交易之外的第三方造成利益受益或受损，后者是指双方交易中具有信息优势的一方对另一方造成利益受益或受损。① 对此，我们可以总结到，现实社会中由于交易成本必然存在（不可能为零），那么产权就不可能完全界定清楚，"必然有一部分留置于公共领域，而作为交易中的信息优势方必然会对另一方造成侵害"。从某种意义上来讲，政府管制介入的根本目的是降低产权界定的成本，以消除内部性问题。进一步，内部性问题同样可以分为负内部性和正内部性。当信息优势方给信息劣势方带来某种损失，如药品质量问题，即为负内

---

① 程启智：《内部性与外部性及其政府管制的产权分析》，《管理世界》2002年第12期。

第二章 治理基石：网络药品安全治理的理论建构

部性；当信息优势方给信息劣势方带来某种收益，如员工培训，即为正外部性。

实际上，内部性问题产生的原因可以归结为信息不对称和逆向选择的存在。诺贝尔经济学奖得主斯蒂格利茨提出信息不对称理论，认为市场中的卖方比买方更具备信息优势，处于相对有利的位置，而买方缺乏对商品全部信息的充分了解则处于不利的位置。在网络药品市场上，网络药品经营者相对于消费者来说明显处于信息优势一方，由于交易成本的存在（药品专业信息较强），必然有大量的收益外溢到公共领域，此时如果缺乏足够的约束，信息优势方必然会对消费者的权益造成侵害。比如网络药品经营者通过虚假广告向消费者销售低质劣质药品，或者为了获得高额利润推荐新药、贵药、进口药等。乔治·阿克洛夫提出的逆向选择理论，用形象生动的举例还原了在信息不对称的前提下劣质品利用价格优势驱逐优质品的现象，并指出最终的结果就是市场上只剩下劣质品（"柠檬市场"）。[①] 此时政府规制的正当性和必然性呼之欲出。

在网络药品交易领域，从事网络零售的网上药店须取得"两证"才能经营，而这些认证的存在对企业来说是一笔不小的开支，计入药价成本。而规避这种认证则会带来成本和价格的下降，以及消费者的价格认同，那些付出了认证成本的企业则面临违规企业对其市场空间的挤压。进一步，已经通过认证的企业也会相继采取违规生产（如减少药品的有效成分等）以获得市场份额，最终的结果就是柠檬市场的形成：市场上充斥着低质劣质药品，消费者不得不为之而买单。可见，无论是事前、事中，还是事后的信息不对称，都折射出市场行为外部监督的缺位。当交易成本过高导致市场无法解决内部性问题之时，政府规制有必要作为市场机制的补充积极发挥作用。

[①] ［美］乔治·阿克洛夫：《柠檬市场：质量的不确定性和市场机制》，《经济导刊》2001年第6期。

第二节　治理对象：药品、网络和社会风险叠加

网络药品安全问题的表现形式十分复杂。网络药品本身存在固有风险、网络风险和社会风险相互叠加的特征，使得消费者面临的健康风险随之放大，如何有效防范和化解风险成为监管者面临的难题。

一　网络药品存在固有风险

德国社会学家乌尔里希·贝克于1986年发表了社会学著作《风险社会》，并指出"人类历史上任何时期的任何社会形态都可以理解为一种风险社会，因为任何有意识的生命形态都能够意识到疾病和死亡的风险。"① 的确，风险是与人类共存的，只是在近现代以来人类才转变成为风险的缔造者，风险的结构和特征便发生了新的变化，由此形成现代意义上的风险和风险社会。这主要表现为两个方面：一是风险的"人化"，二是风险的"制度化"。风险的"人化"表现为人为风险超越自然风险占据主导地位，这源于人类科技的飞速发展和人类活动的快速扩张，进而使得风险社会结构有了新的演变：人类行为对自然界造成的风险逐渐增大，同时人类社会本身集聚的风险也在增大。风险的"制度化"表现为规避、抵御风险的制度演变为"制度化"风险，这又源于制度本身并不是万能的，进而使得原本设计用于规避、抵御风险的制度在具体的运行过程中可能产生另一种风险，即运作失灵的风险。结合贝克的观点，我们可以作如下理解。

首先，药品本身就具有天然风险。世界卫生组织对药品安全的定义为："通过对药品进行全过程监管以消除药品使用的内在隐患和外在威胁的状态。"② 世界卫生组织进一步将药品安全细分为 Quality

---

① ［德］乌尔里希·贝克：《风险社会》，何博闻译，译林出版社2004年版，第8—10页。
② 尚鹏辉、刘佳、夏愔愔等：《我国药品安全定义和范畴的系统综述和定性访谈》，《中国卫生政策研究》2009年第6期。

第二章 治理基石：网络药品安全治理的理论建构

（数量安全）及 Safety（质量安全）。Quality 主要是指一国医药产业为消费者提供的药品数量和品种，即药品的可及性和可负担性；Safety 主要是指上述药品已知的毒副作用、设计缺陷、生产缺陷、不合理用药以及其他未知风险可能对人类造成的健康损害，即药品的质量安全。中国卫生部对药品安全的定义为："对药品从研发、生产、交易、使用各个环节实行监管，包括质量是否符合标准、不良反应是否可接受、临床使用有无用药错误以及药品的可及性四个方面。"结合上述定义，不难发现，药品本身就具有天然风险。由于药品上市前临床研究存在病例少、研究时间短、科学水平有限等局限性，即使被正式批准上市的药品并不意味着百分之百的安全，仍然存在一定已知或未知的毒副作用。药品安全是和风险相对应的概念。究其本质，判断一类药品是否安全，取决于药品的收益和潜在的风险，如果药品带来的收益大于潜在的风险，可以认为这个药品是安全的、可接受的；反之，如果用药的收益小于潜在的风险，那么药品的安全性则微乎其微。

其次，传统药品交易存在人为风险。西方学者普遍将药品监管视作现代工业社会中风险监管的典型案例，可以真实反映科技、产业和政府之间错综复杂的利益关系和你来我往的博弈过程。随着科技发展和社会进步，获得更有质量、更加安全的药品成为人民群众日益增长的需求，药品监管成为我国政府监管、社会管理的重要领域，亟需通过建立与之相适应的法律法规体系以治理药品市场失灵。并且，与环境保护、生产安全等其他社会性监管领域不同，药品安全牵涉到最广大人民群众的生命安全和身体健康，与公众利益、社会利益息息相关。在传统药品交易领域，药品从研发、生产、批发、零售，一直到消费者手中，都存在各个环节的风险点。在药品研发环节，可能由于现有技术手段对药品的毒副作用认识不足导致药品风险；在药品生产环节，从药品原材料采购、加工生产到包装说明等环节都可能发生药品风险；在药品流通环节，药品经批发商、零售商流向医疗机构或者零售药店，整个供应链环节都可能发生假冒伪劣药品的流入或者合格药品发生变质;在药品使用环节,医生可能对患者的病情把握不够导致药品开具错误,患者自行购药后服用也可能发生滥用和错用。可见,整个药品供应链环节都存在风险。

二 网络药品交易存在网络风险

除了传统意义上的药品风险,互联网为药品交易赋予了更多的商业模式,也不可避免地带来新的风险和传统风险的放大。按照乌尔里希·贝克的观点,现代风险更多地表现为人为性而非自然性。传统意义上的风险来自自然界的力量,现代意义上的风险则伴随人类文明的进步和科学技术的发展而诞生,归根结底就是人为因素造成各种各样的社会性风险。互联网技术的产生和发展亦会带来技术层面和监管层面的风险。

首先,网络药品交易存在技术层面的风险。第一,密钥管理及加密技术不完善。作为一个开放式的网络系统,互联网的密钥管理及加密技术始终处于不断更新和完善的过程,黑客可能通过系统漏洞发起攻击,窃取相关商业秘密和个人信息。第二,TCP/IP协议的安全性较差。目前互联网采用的传输协议是TCP/IP协议,这种协议为了确保信息沟通畅通、高效,相关信息的加密程度不高,安全性不强,在传输过程中容易被黑客窥探和截取。第三,病毒容易扩散。互联网时代下的计算机病毒可通过网络快速扩散与传染。一旦某个程序被病毒感染,则整台计算机甚至整个网络系统都会受到该病毒的威胁,危害性极大。第四,个人信息容易泄露。各类网络运营商和平台建有用户及消费者的信息数据库,包含姓名、年龄、身份证号、联系方式等大量个人信息,以及消费者的个人健康、购药记录等敏感信息。一些不法分子通过购买、盗用个人信息,对潜在用户进行网络诈骗、广告推送等,成为了互联网产业的一大"公害"。如江苏无锡曾发生一起诈骗案,某平台利用非法购买的信息先了解被害人的情况,然后冒充专家、医生回访被害人并趁机"单独配药",将不到百元的药包以2000元至3000元的高价售出。目前涉案人员已被检察机关提起公诉。①

其次,网络药品交易存在监管层面的风险。在前端的网络问诊环节,存在诊断错误风险。尽管网络问诊具有方便、快捷的独特优势,但无法替代面对面问诊的"望闻问切",医生可能对患者的病情难以把握造成用药错误,或者基于自利动机重复开药、过度开药。在中端的网络交易环节,存在药品质量风险。越来越多的企业在政策逐渐明朗的前提下,或自建平台或与第三方平台合作从事网络售药,网上药店和网上药品的"双增长"导致监管机构应接不暇,问题药品可能在网络上蔓延甚至泛滥开来。在末端的药品使用环节,存在用药错误风险。药品不同于一般商品,所谓"是药三分毒",具有一定毒副作用和较多禁忌。但网上药店的兴起在为消费者提供购买便利的同时却忽视了用药指导的重要性,一些缺乏专业知识和辨别能力的消费者"犹如网购一件衣服"随意购药、用药,尤其是在当前的疫情发展形势下,极有可能在经营者诱导下发生重复用药、过度用药等不合理用药行为,进而对身体造成损害甚至危及生命健康。

三 网络药品交易存在社会风险

乌尔里希·贝克在《风险社会:迈向一种新的现代性》一书中指出,"现代风险是现代化的产物"。首先,现代风险更多地表现为一种社会风险而不是个体风险。传统意义上的风险主要是人类的冒险行为为自身带来的个体风险,现代风险在危害规模、范围和影响力上远远超过个体风险的范畴,具有巨大的社会影响力。例如"万络事件"②

---

① 石君乔、汪冒才:《冒充医生问诊,廉价药包鼓了谁的腰包》,《检察日报》2022年12月20日第8版。

② 2004年,FDA对外公布大剂量服用万络用以消炎止痛的患者罹患心肌梗塞和心脏猝死的危险增加了3倍,可能引起超过2.7万起心脏病发作和心脏猝死。随后,美国默克制药宣布在全球范围内主动回收万络。参见杨悦、魏晶《由"万络"事件看建立药品安全风险分担机制》,《中国药事》2008年第10期。

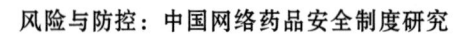

的影响力是全球性的,"己烯雌酚事件"① 的影响力是跨代际的,"反应停事件"② 既是全球性的也是跨代际的。其次,现代风险更多地表现为人为性而非自然性。传统意义上的风险主要是自然界的力量造成的,而现代风险伴随着科技水平的发展和人类社会的进步而诞生,归根结底就是人为因素造成的各种各样的社会性风险。再者,现代风险具有难以预防性。传统意义上的自然风险如地震、火山、海啸等虽然破坏力量大但有规律可循,人类可以通过各种手段预知并及时采取措施规避风险、降低损害。但现代风险囿于科技发展和认知水平等因素,更加难以预防,且采取措施时已为时晚矣。此外,现代风险难以转移和分担。作为风险转移的经典工具之一,保险是现代社会工业化进程中的产物,为创造机会、鼓励投资、规避风险提供了有效保障。但不是所有的社会风险都适用于保险,譬如一些危害难以预料、概率难以计算且一旦发生又难以赔付的风险类型。

目前,中国仍处于急剧的社会转型时期,从计划经济转向市场经济,从传统社会转向现代社会。两个转型的背后意味着风险的紧密相随。一方面,社会整体利益结构迎来了大幅度调整,一些群体利益的增加,意味着另一些群体利益的减少。另一方面,社会经济领域的秩序规则尚未建立健全。在规则的真空地带,不可避免会出现一部分人的越轨行为,形成社会失范现象。在网络药品安全领域,首先是存在药品质量问题引发的社会风险。一些商家缺乏企业社会责任感,违背社会伦理,为追求一己私欲而生产销售假冒伪劣药品,进而引发公共

---

① 己烯雌酚是一种广泛用于治疗先兆流产的药物。20世纪60年代,经过流行病学调查发现,部分少女罹患阴道癌与患者母亲妊娠期间服用己烯雌酚有因果关系,截至1972年,美国各地共收到91例8—25岁阴道癌患者的报告。参见孙钰《药物警戒的起源、发展与展望》,《药物流行病学杂志》2010年第8期。

② 沙利度胺(反应停)于1956年首先在西德上市,因能用于治疗妊娠反应,迅速风靡于欧洲、亚洲、北美、澳洲等17个国家。经过流行病调查发现,一些上下肢特别短,形似海豹的畸形儿童与患者母亲怀孕期间服用沙利度胺有关。该药在全世界范围内引起畸形1万余人,仅在西德就有6000—8000例。参见章伟光、张仕林、郭栋等《关注手性药物:从"反应停事件"说起》,《大学化学》2019年第9期。

安全问题。以长生生物疫苗事件为例，疫苗生产记录造假、效价检测不合格，25万余支问题疫苗流向市场。[①] 疫苗事件不仅仅对疫苗行业造成巨大影响，也对政府公信力和社会稳定带来一定的冲击。其次是网络药品市场供需失衡引发的社会风险。一方面，网络药品产业受现有法律和政策的制约仍处于探索阶段，在促进药品流通、降低药品价格、减少信息不对称等方面发挥的积极作用还不够。另一方面，随着健康中国战略的推进，消费者的健康意识日益增强，健康需求逐渐增多，尤其是新冠疫情暴发以来极大地刺激了消费者的用药需求。一边是谨慎发展，一边是需求过旺，网络药品市场存在明显的供需失衡。而这样的失衡也映射出社会公众在面临疾病、公共卫生等方面的社会风险，尤其是全球重大公共卫生危机时难以有效应对。

第三节　治理思路：凸显社会整体利益

网络药品安全监管须厘清监管思路。在法学视域内，药品安全失衡表现为不同经济主体之间权利与义务的不对等。无论是政府与生产经营者之间，还是消费者与生产经营者之间，抑或是生产经营者内部之间，都存在利益调整的空间。这就需要公私法性质兼具的经济法的介入，经济法要解决的基本问题就是"个体营利性和社会公益性之间的矛盾"。

一　网络药品治理体现对自由效率的保护

自由是市场的本性。维护市场主体的自由竞争秩序是法律首要的、根本的任务。但是法律上的自由并不是随心所欲的，而是有约束的自由。因而，在平等的市场主体之间，我们既要从个体出发，确认市场主体的基本权利，以保障市场主体的自由竞争权利；又要从社会

[①] 齐中熙、赵文君：《国家药监局介绍疫苗监管等有关情况》，《经济日报》2018年7月26日第4版。

整体利益出发，限制个体滥用自由，以防对竞争权利的不正当使用，避免发生市场失灵和市场垄断。而在政府与市场主体之间，由于政府权力极易扩张和膨胀，在保护市场秩序的同时损害市场效率，侵害市场主体的自由权利。因而，法律不仅要赋予政府一定干预市场的权力，更要防止政府失灵。可见，无论是政府干预市场，还是市场对政府权力限制的要求，都是为了维护市场自由竞争秩序和经济效益。

实践中，东、西方国家截然不同的社会变革也印证了对自由效率的理解和保护途径不同。从自由资本主义时期到垄断资本主义时期，为了规避垄断带来的市场失灵和负外部性问题，国家干预理论逐渐兴起和发展，以"罗斯福新政"为代表的西方国家建立起了国家宏观调控制度，到了20世纪60年代，国家全面干预主义引发了经济停滞和通货膨胀并存的"滞胀"现象，以曼昆、克鲁格曼和斯蒂格利茨等人为代表的新凯恩斯主义学派进而提出了"适度干预"原则。与之相反的是，过去中国的计划经济体制全面否认市场的基础性作用，强调"全能型"政府的建设，政企不分、政府角色错位的结果是社会生产力的严重束缚和国民经济体系的失衡。改革开放以后，社会主义市场经济体制的建立为解决政府失灵提供了可能，国家对市场的调控由全面干预转为适度干预。

在网络药品安全领域，政府和企业这对主体的权利义务关系表现为：药品生产经营企业有追求经济效益的权利，并对其生产经营的药品质量负责；药品监管部门有依法对药品生产经营等事项进行监督和检查的权利，并负有维护市场秩序的义务。其中，政府的市场规制权作用的前提和基础是市场秩序失灵的领域，而在市场规律能够充分发挥能动作用的领域仍然要给予尊重和保障。因此，网络药品监管的经济法属性，决定了既要借助国家公权力介入药品市场进行利益平衡和协调，运用经济法的矫正功能，矫正市场的不良倾向，又要坚持适度干预的原则，厘清政府权力边界，为市场发挥基础作用保驾护航。

二 网络药品治理体现对公平正义的追求

自由是人类的追求，公平亦是我们的向往。自由竞争发展到一定阶段必然会产生不正当竞争和垄断，进而损害市场公平。因而，法律的作用在于通过限制市场主体的自由竞争权利，进而维护市场公平。在网络药品市场上，药品企业和网络消费者之间的关系是平等主体之间基于买卖合同形成的民事法律关系，主要通过民法来调整。药品企业享有追求经济效益的权利，并负有确保药品质量安全的义务；消费者享有获得高质量药品的权利，并负有给付对价的义务。简言之，平等交易主体之间的经济往来，适用民法中的合同制度，享有平等的权利义务。

然而，网络药品市场上的买卖双方看似平等实则不平等，两者在经济实力、信息获得及专门知识掌握等方面存在较大差异，导致交易地位和能力悬殊。网络经营者属于明显的信息优势方，具有较强的机会主义动机，一旦发生药害事件，作为弱势一方的消费者根本无力与之抗衡。即便是基于侵权行为或者合同行为受害人得到一定程度的补偿，符合形式正义的要求，但囿于传统侵权法和合同法的天然缺陷，消费者和网络经营者之间的利益博弈依然是失衡的，资源配置依然是不公正的。此时，如果法律的天平往消费者一方稍微倾斜，通过法律规定加大消费者的权益保护，加重生产经营者的行为责任，有助于使双方之间的利益博弈和资源配置达到一个更优的均衡点，确保结果公平和实质公平。

正如法国空想共产主义者德萨米所言："人和人之间可以存在能力上的不平等，但不能存在权力上的不平等。"① 基于民法和经济法的共同考量，有关药品网络交易的制度理应作出更有利于消费者的设计，比如网络平台和网上药店对其经营的药品负有更多的注意义务和

---

① ［法］泰·德萨米：《公有法典》，黄建华、姜亚洲译，商务印书馆1982年版，第289、319页。

更重的行为责任;消费者则享有更大的权利保护和更宽的救济途径。只有严格规范生产经营者的责任和义务,才能够有效纠正其机会主义倾向,对消费者利益进行特殊保护,使之改善弱势地位并实现结果上的实质公平。应当注意的是,实质公平并不等于弱势群体利益最大化,其侧重点在于强调不同主体不同对待,根据不同情势下的处境对弱势群体给予适当的保护。这就对政府的介入行为有了更高的要求,既要实现对弱者的倾斜性保护,又要顾及政府干预对市场的负外部性作用。因而,交易双方为了解决市场自身的秩序困境而寻求建立自治组织不失为更好的选择。比如通过消费者权益保护协会在市场秩序监督和个体利益救济等方面做出更有效率、更加公平的安排。

三 网络药品治理体现对社会利益的保护

对社会整体利益的追求被视为经济法的基石。社会契约论认为,人人都是独立、平等和自由的。为了弥补自然社会中的人类力量的不足,人们通过签订契约自愿放弃部分权利并让渡给某个共同体(政府)来执行,体现全体人民的共同意志和共同利益要求。在此基础上,政治生活中的委托代理关系就产生了,人民才是政治权力的所有者和委托人,政府只是代理人和受托人。同时,为了避免发生权力寻租等现象,人民有权利也有必要对其代理人实行监督,以确保政府认真履行受托责任。

在经济法的视域内,利益可以分为个人利益、公共利益和社会利益。在边沁看来,个人利益是最重要、最基础的利益,社会利益可以视作无数个人利益的总和;但庞德认为,社会利益才是最为关键、最为重要的利益,是整个人类社会文明中基于正常的生产生活提出的具有普遍性的主张和愿望。① 因此,社会利益的存在不仅仅是个体利益的叠加,更是对个人利己主义的限制和约束。站在利益法学的角度,

---

① R. Pound, *Jurisprudence*, Vol. 3, St. Paul, Minn: West Publishing Co., 1959, p.373.

第二章 治理基石：网络药品安全治理的理论建构

笔者同意德国法学家耶林的看法，即"法律的目的是平衡个人利益和社会利益，调节利己主义和利他主义，从而建立起个人和社会的伙伴关系。"① 当个人利益的实现威胁到社会整体利益时，法律的天平应向后者予以倾斜，因为社会整体利益代表着更高层次的利益需求。而法律的这种倾斜恰好体现了经济法的社会本位原则，从社会整体利益出发，致力于调节个人利益和社会利益的关系。

因此，追求和保护社会整体利益离不开法律监管制度体系的构建和完善。首先，政府是社会整体利益的代言人。国家之所以诞生是建立在全社会的共同需要上的，而政府作为社会整体利益的代言人是最为合适的。在药品网络交易中，监管部门理应承担起规范药品流通秩序、监督药品质量安全、维护全社会用药安全的重任。其次，社会整体利益的维护也离不开行业协会、媒体、消费者等多元主体。如何通过科学有效的制度设计，充分发挥多元主体在药品网络交易中的积极作用，共同促进药品行业健康可持续发展，也是政府亟需关注的课题。最后，政府和社会之间还存在一层监督和被监督的关系。政府组织本身也是一个利益共同体，如存在集体利益、部门利益、地方利益等。那么政府在肩负维护社会整体利益的同时，不可避免地存在自身利益的追求。因而，有必要妥善设计好政府在药品网络交易中的责任机制，以及其他利益主体的监督机制，以确保政府将维护社会整体利益作为首要目标。

第四节 治理框架：纵横交错、多元协作

网络药品安全监管须组建完善的组织结构、选择合适的监管工具。基于网络药品交易存在市场失灵、政府失灵和社会失灵的叠加，官僚制、新公共管理、治理理论为构建网络药品监管制度提供了理论依据。

---

① ［德］鲁道夫·冯·耶林：《为权利而斗争》，郑永流译，法律出版社2007年版，第8页。

一 官僚制为网络药品治理搭建了纵向框架

20 世纪初,德国学者马克斯·韦伯提出"官僚制"理论,正是产生于工业化过程中,迫切需要建立一种稳定、高效且严密的管理制度体系。韦伯的制度设计表现出以下特征:一是专门化,官僚制主张分工明确,所有工作都可以进行分解,每个人都被分配到一定的工作,享有相应的权限,承担相应的责任,做到各司其职;二是等级化,官僚制的组织结构类似于一个金字塔形,自上而下赋予相应的权力,形成层层指挥、上下对应的等级制度;三是规则化,官僚制强调规则制度的健全和完善,需要通过一整套规则制度来规范组织及成员的行为,以确保按规则运行和实现组织目标;四是非人格化,官僚组织中的成员不能凭感情办事,只能作为理性人理智地照章办事,以达成行动的一致性和目标的统一性。官僚制模式因其与工业社会发展的需求相适应,被西方许多国家奉为经典。同样,我国由于处于体制转轨期,各种制度规范尚未建立健全,官僚制为"全能型政府"的建设几乎提供了范本。尽管此后的公共选择理论、交易费用理论和委托代理理论均不同程度对官僚制进行了修正和突破,但官僚制迄今为止仍然是"最有效、最流行和最成功的组织工具"。[①]

官僚制为解决药品监管问题提供了一套基础性框架:从"金字塔"的顶层做好制度设计,通过逐级传递到"金字塔"的底层,形成自上而下的一套监管机构设置和权限配置。一方面,官僚制的等级化使得大量的决策权限和资源汇集于上层,由上层做好制度设计和资源配置;另一方面,官僚制的专门化又使得监管机构及其成员更具独立性,可以更好应对药品监管这一专门监管职责。此外,严密的规章制度和细致的责任分工可以更大限度地覆盖药品监管的全过程。但是,随着工业社会的快速发展,官僚制逐渐呈现出一种"效率悖论",

---

① 陈果:《走出官僚制困境》,《社会科学研究》2008 年第 1 期。

第二章 治理基石：网络药品安全治理的理论建构

即从纯技术的角度上能够有效提高组织效率，但过于严格的等级划分会带来组织规模的膨胀，并且过于刚性的规章制度会导致对外界环境缺乏适应。当前的大部制改革为了打破官僚制政府部门间的自我封闭状态，强调部门协调与合作，促进资源共享和功能整合，其实也是放在官僚制理论的视野下开展的。

二 新公共管理注重网络药品治理横向整合

20世纪90年代，美国盖伊·彼得斯教授提出新公共管理理念，积极将企业管理和现代经济学的理念引入公共管理的范畴，强调政府的授权和分权，主张政府应定位于"掌舵"而不是"划桨"。这与西方国家进入后工业革命时代，知识经济、信息技术的革新为政府管理带来变革契机的背景相吻合。此时的官僚制呈现政府权力边界无限制扩张，形式主义、官僚主义倾向明显，专业分工导致协调性缺乏，工作效率不断降低等劣势。而新公共管理理念下的各种观点则为解决上述难题提出了治理之道。彼得斯将这些观点总结为：市场模式、弹性模式、参与模式和解制模式。市场模式能有效化解垄断所形成的负面结果；弹性模式强调政府的应变能力，有利于打破僵化、固定的制度设计；参与模式提倡的灵活性、创造性可以抵御层级化带来的等级森严；解制模式主张对政府工作效率的提升，致力于解决传统组织功能失调的问题。新公共管理理论的突出贡献在于：既缩小了政府公共权力的作用范围，又打破了原有的层级制的金字塔体系，并且从对程序和规则的强调转向对绩效和结果的关注。

在网络药品安全领域，尽管我国已建立起了一整套官僚制管理模式，但新公共管理理论为我们提供了另一种"扁平化—整合型"的组织结构，即主张减少纵向层级，整合横向职能部门并强调相互协作的一种组织结构形式。这与当前大部制改革所提倡的公共部门精简、决策执行分离、绩效目标控制等目标不谋而合。2018年，国家药品监督管理总局并入新成立的国家市场监督管理总局，原分散在发改委、人社部、卫计委、民政部等涉及医保基金管理的职能并入新成立的国家医保局。从药品监管的机构设置来看,扁平化组织结构为工商、质监、食药监"三合一"提供了良好借鉴;从事权划分来看,中央负责药品安全决策,地方负责执行,这种决策和执行相分离的机制能避免决策部门受执行利益的干扰和国家利益部门化;从绩效管理来看,新公共管理理论坚持以目标管理和绩效考核为中心,摒弃过去对规则的墨守成规、一成不变,有力推动地方政府机构落实属地责任,提高药品监管服务的效率和质量。

三 治理理论追求网络药品治理的多中心和软性管理

有关政府和市场的关系一直是学界争论不休的话题,而治理理论的引入则对问题的解决提供了新的思路。20世纪90年代以来,随着民间组织、慈善机构、志愿团体等社会自治力量的不断壮大,学界开始反思政府与市场、政府与社会的关系,治理理论在这一背景下诞生。联合国全球治理委员会将其定义为"治理是或公或私的个人和机构管理公共事务的诸多方式的总和。"① 治理制度既包括全体成员必须遵从的正式制度规则,也包括各利益主体认可的各种非正式制度安排。在此背景下,制度分析学派的奥斯特罗姆夫妇提出了多中心治理理论,将社会作为"第三个中心"引入国家和市场的二元关系范畴,共同参与公共事务的管理。他们认为,在公共事务的管理过程中并非只有政府一个主体,而是由个人、企业、社会团体、行业协会以及政府在内的决策中心,在一定的利益协调机制下以多种形式共同行使主体权力。② 该理论可以进一步分解为:治理主体的多中心、治理方式的软化,以及治理目标的多元化。一方面,在公共治理过程中公共产

---

① 全球治理委员会:《我们的全球伙伴关系》,香港:牛津大学出版社(中国)1995年版,第23页。
② [美] 埃莉诺·奥斯特罗姆:《公共事务的治理之道:集体行动制度的演进》,余逊达、陈旭东译,上海三联书店2000年版,第69页。

品和服务供给方趋于多元化，彼此之间形成一种竞争机制，以便于公共产品和服务需求方在不同主体之间进行自由选择，这一过程也有利于公共利益的实现和公共意愿的表达。另一方面，单纯的政府管制和市场化都不能满足公共治理的要求。政府在公共产品和服务的供给上既缺乏动力，也缺乏效率。市场化在提高生产效率、加大市场供给方面具有天然优势，但难以满足公平的要求。政府和市场的共治才是弥补各自缺陷的有效途径。

在网络药品安全领域，以"多中心"和"软性管理"为特征的治理理论启发我们在治理主体、方式和目标上开展变革。在治理主体上，药监部门不再是药品安全治理的唯一主体，包括医药企业、行业协会、消费者、媒体、专家等在内的广泛主体都可以参与到药品安全治理过程中来，政府与市场、社会的关系不再是对立的，而是相互合作、相辅相成的。在治理方式上，药品的供需平衡不再是单靠政府的宏观调控或者市场的价值规律来调节，而是基于信息技术创新基础之上的治理网络建设，形成民主协商、沟通协作、互帮互助的软性管理。在治理目标上，药品安全治理的目标不再是以牺牲一部分人的利益来换得另一部分人的利益，各个主体之间的关系并非"非输即赢"的零和博弈关系，而应转为追求社会的可持续协调发展和人类的共同进步，即社会整体利益的最优化。

第三章

他山之石：发达国家网络药品监管的实践模式

目前世界各国在医药电商产业和网络药品监管方面的态度不尽一致。荷兰、英国等国家持开放态度，德国、日本等国家相对保守，而西班牙、意大利、瑞士等国仍处于完全禁止状态。国外网络药品监管模式主要有三大模式：即以美国为代表的"多元主义"，以英国为代表的"法团主义"和以德国、日本为代表的"国家主义"。多元主义模式主张政府、市场、社会之间的互动，如美国FDA、各州药房理事会、药房委员会各司其职，FDA主要负责网上药店的行为监管；药房理事会负责行政许可审批；而作为行业协会的药房委员会则开展相关认证工作。开放的政策、繁荣的市场、消费者的充分信任，共同造就了美国医药电商的蓬勃发展，网售药品占比高达43%。法团主义模式强调政府与行业之间保持长期良好的互动关系，英国网络药品交易除了政府监管以外，其最大的药品行业协会——英国皇家医药学会还承担了大量的监督管理和服务工作。但英国的网售药品占比仅为1%，这一方面源于政府和媒体对于新兴事物的导向态度不明，媒体对于网上药店充斥着各种负面新闻，给民众一种网上假药泛滥的印象；另一方面源于遍地开花的实体药店，50%的英国人500米内有一家药店，[①]

[①] 张叶编译：《后发先至的英国网上药店》，《中国药店》2013年第2期。

第三章 他山之石：发达国家网络药品监管的实践模式

使得远程购药缺乏动因。国家主义模式强调的是政府主导，德国医药电商发展建立在强大的社会保险制度基础上，不属于医保报销范围的相关药品和医疗服务均不准通过网络提供，这便从根本上杜绝了假冒伪劣产品在网络上流通的可能。此外，药害赔偿基金和药店监察制度的设立也为网络消费者获得救助提供了一定保障。与之相似的是，日本在医药电商领域推行强监管，相当长一段时间不允许网上售药，2013年新的《日本药事法》执行后，原仅限于药店销售的非处方药也允许网售，但同时制定了严苛的限制条款。目前德国和日本的网售药品占比分别为8%和10%。

反观我国药品终端市场，医疗机构占比高达70%，这和我们传统的"以药养医"体制不无关系；同时，网售药品占比仅为14%，也是源于我国医药电商刚刚起步，"蛋糕好看不好吃"（见图3.1）。上述发达国家网络药品监管实践，为健全和完善我国网络药品监管制度提供了有益借鉴。在体制层面，亟需在机构设置和权限配置上赋予地方政府更高的自主权和灵活性，打通上下级政府间的"最后一公里"；

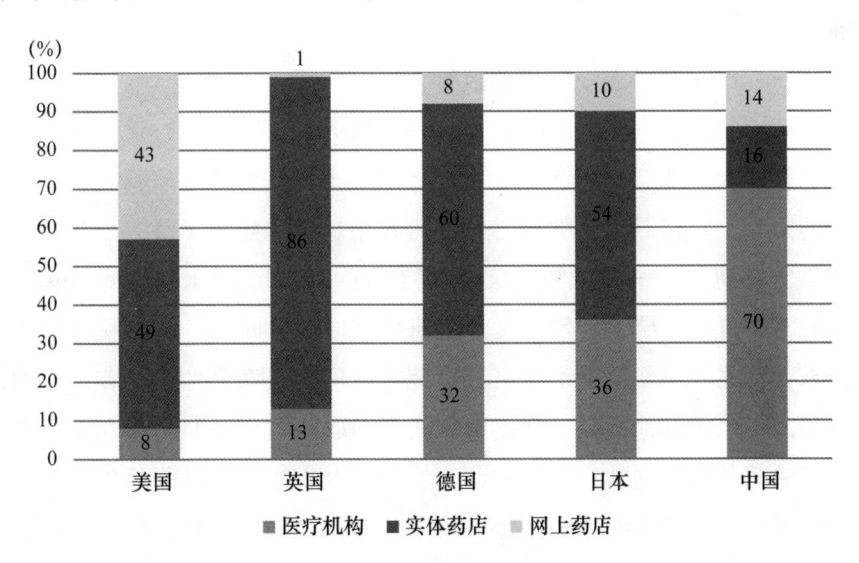

国家	医疗机构	实体药店	网上药店
美国	8	49	43
英国	13	86	1
德国	32	60	8
日本	36	54	10
中国	70	16	14

图3.1 各国药品流通渠道占比

数据来源：国家药监局南方所。

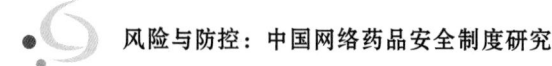

在法治层面，亟须贯彻落实习近平总书记"四个最严"讲话精神以及全面实现风险立法；在机制层面，我国正处于国家主义模式向多元主义模式转型，"放管服"改革和"共建共治共享"理念都为厘清政府、市场和社会的关系提供了可能。

第一节　奉行多元主义的美国模式

美国近代药品监管制度伊始于19世纪末的工业革命和商业时代。工业技术的快速发展颠覆了传统的药物生产模式和技术，药品迅速成长为美国当时最为重要的工业部门之一。而商业时代的来临完全改变了传统的商品流通模式，药品流通渠道呈现多样化、复杂化的特征。无论是产业界还是消费者都希望能够出现一种新的治理方式，这就为多元主义的药品监管模式提供了社会需求。更为重要的是，美国始终对药品网络销售持开放态度，其开放尺度和监管水平为世界各国都提供了很好的借鉴。

一　FDA集中统一领导的监管体制

美国药品监管体制的特点在于由行政部门集中统一行使药品安全监管权（见图3.2）。[①] 美国是世界上第一个尝试对药品实行社会性规制的国家。在药品监管的百年发展历程中，美国建立了统一、独立的药品监管机构——美国食品药品管理局（Food and Drug Administration，FDA），开启了近代意义上的药品全面监管时期。自殖民地时期以来，美国各州州府及下设区县等地方政府负责药品监管工作，当时的药品可以像其他商品一样自由买卖。而联邦政府只是负责制定一些零星的药品监管法律，如1848年的《药品进口法》对药品进口方面作出限定，1902年的《生物控制法》对疫苗和血清的使用作出规定。

[①] FDA,"What We Do?",https：//www.fda.gov/about-fda/what-we-do,2018-03-28.

第三章 他山之石：发达国家网络药品监管的实践模式

然而，到了19世纪末期，工业革命和商业时代的到来促进了药品生产技术的进步和流通模式的革新，也造成了一系列药品安全事故的发生，因此，对联邦政府加强药品监管的呼声日益高涨。从1849年开始，美国专利局设立了一个农业部门，在该部门设立了一个化学实验室。1862年美国农业部成立时，专利局的农业部被转移到新的部门，以后演变为化学部、化学局。1927年，化学局演变为食品、药物和杀虫剂管理局。1930年，这个名字缩写为美国食品和药物管理局。

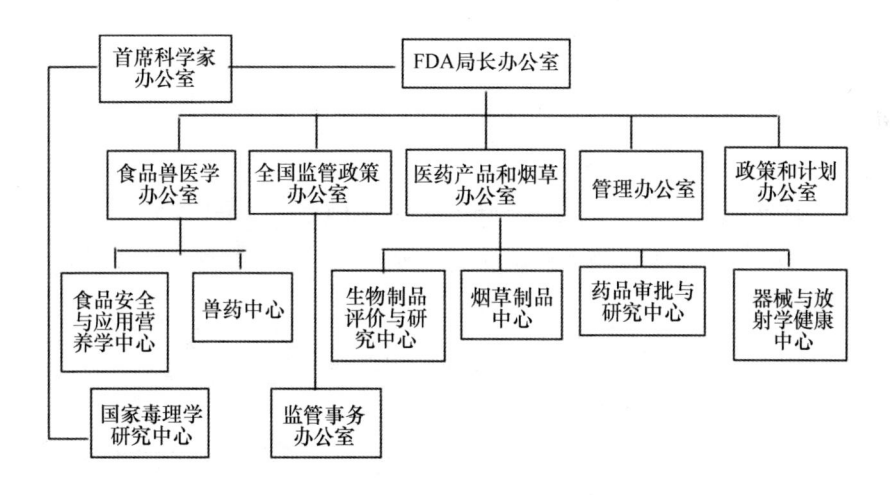

图 3.2　美国药品监管体制

美国负责网络药品交易的政府主管部门是国家食品药品监督管理局（FDA），设在卫生与人类服务部。其职责非常明确：第一，确保人用药品、兽用药品、生物制品、医疗器械、食品、化妆品及放射性物品的安全；第二，鼓励和促进技术创新，使药品和食品更加安全、有效和可负担；第三，帮助社会公众提高在科学信息方面的可获得性，以便更好地认识和使用药品和食品；第四，促进公共健康事业顺利发展。具体到网络药品交易，FDA负责监管网上药店是否存在销售假冒伪劣药品、未经批准的新药或者违规销售处方药等行为。一旦发现有违规行为，FDA可以通过发cyber信函，对涉嫌违规的网站予以警告并采取限制措施,也可以直接对网上销售假冒伪劣药品等行为予以罚款、关停等,并移交司法部门追究刑事责任。同时,FDA 还可以通过官网、媒体合作等方式,教育消费者如何识别网上药店、安全提示和欺诈警示、常见的购买问题和维权等。

在事项划分上,网上药店的许可和准入由各州药房理事会负责,须遵守所在州制定的法律和规范。由于 FDA 并未制定统一的药品审批和监管标准,那么各州药房理事会根据各自的法律和规范负责本辖区内的药房(包括网上药店)的前置审批。而有关网上药品广告宣传由联邦贸易委员会负责;有关管制性药物的网络销售由缉毒局下属的麻醉药物和危险药物管理局负责。由于美国奉行多元化监管模式,行业自律机制在网络药品监管中发挥了积极作用,例如药房委员会联合会要求网上药店进行"网上药房开业认证网站"(VIPPS)二级自愿认证;联邦医保与联邦医助服务中心协助缉毒局进行管制药物的网络销售监管。

二 全过程风险治理的监管法制

美国药品监管法制的特点在于将风险管理引入药品安全全过程(见表 3.1)。[①] 美国药品监管制度经历了从事后型到事前型再到全过程风险监管阶段的演变,其监管重点也经历了从强调事后处罚、到重视事前审批,再到对整个药品产业链的关注和全覆盖的变化。

美国现行药品安全监管制度的框架可以追溯到 1906 年罗斯福签署通过的《纯食品药品法案》(Pure Food and Drug Act),此时的美国正处于自由经济时期,市场上充斥着大量的假冒伪劣药品,而信奉"守夜人"式政府的联邦政府尚未创建专门的药品监管机构。罗斯福推动此项法案的顺利通过,代表着美国历史上第一个以保护消费者利益为主要宗旨的监管法案的诞生,也标志着美国政府建立集权管理体

[①] 王鑫、甄橙:《美国药品监管法规百年历程及对中国的启示》,《中国新药杂志》2016 年第 8 期。

第三章　他山之石：发达国家网络药品监管的实践模式

制的开端。该法案中，对药品监管术语、药品违法行为的界定、联邦机构的监管职责和地位都作了明确规定。更具意义的是，根据该法案所建立起来的政府集权管理体制相较于19世纪的行业自律和社区管理有着本质区别，成为了美国建立起现代型监管国家的重要标志之一。然而，由于自由放任主义在当时主流意识形态中的盛行，产业界对政府表现出暂时的妥协，消费者权益保护运动日渐式微，该法案更多地表现为对事后监管的关注，即对医药产业链条中的中下游环节进行监管。

表3.1　　　　　　　　　美国药品监管制度

	事后型监管	事前型监管	全过程监管
起止时间	1906—1937年	1938—1987年	1988年至今
代表性法案	1906年纯食品药品法案	1938年联邦食品、药品和化妆品法案、1962年修正案	1988年食品药品管理法、1997年食品和药品管理局现代化法、2007年修正案、2008年网上药店消费者保护法
主要特征	强调对产业中下游环节的被动应对	重点放在对产业上游环节的介入与管理	对产业链条中的整个环节实施全过程介入；侧重网上药店资质审批和消费者保护
政策工具	经济性奖惩	特许制度和标准设定	信息跟踪和提供

1937年，美国暴发了一场重大的药品不良反应事件——"万能磺胺"灾难。有105名儿童因二甘醇成分有毒而罹患肾衰竭死亡，另有248名幸存者也遭受不同程度的身体和心理健康损害。经过检验，磺胺本身没有毒，而是用于溶解磺胺的二甘醇有毒。① 鉴于此，1938年美国国会不得不出台了更为严厉的监管法律——《联邦食品、药品与化妆品法案》（Federal Food, Drug and Cosmetic Act），这

---

① 蔡晧东：《1937年磺胺酏剂（含二甘醇）事件及其重演》，《药物不良反应杂志》2006年第3期。

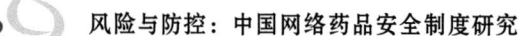

部法律具有里程碑式的意义，为解决药品上市前的质量问题，要求政府将药品研发、药品生产等上游环节纳入监管范畴，奉行事前型风险监管。随着第二次世界大战的结束，美国医药产业日益繁荣起来。一些不法厂商利用公众对医药知识的欠缺，在对药物安全性缺乏实质性论证的情况下，将一些疗效和副作用不明的药品迅速推入市场。1961年暴发了另一场重大药品不良反应事件，多名孕妇由于服用了一种用于缓解妊娠呕吐症状的药物（俗称"反应停"），世界各地约有1.2万多名畸形婴儿诞生，状如海豹、手脚粗短。为此，美国国会通过《柯弗瓦—哈里斯药品修正案》（Kefauver-Harris Drug Amendment），以此加强FDA的监管权限，并对制药商加重责任。可见，《联邦食品、药品与化妆品法案》致力于事后型风险管理转向事前型风险管理，《柯弗瓦—哈里斯药品修正案》则有了更进一步的变革和发展，将原来的被动性监管转化为主动性监管，监管目标也随之而调整为有效性和安全性兼具。由此，FDA监管体制基本成型。

1988年，FDA进行了重新改组，新出台的《食品药品管理法》（Food and Drug Administration Act of 1988）对FDA的相关职能和权力进行了削减。然而，2004年"万络"事件的发生不仅仅以美国默克公司决定自愿召回一种治疗疼痛和关节炎的药物为结束，更是拉开了FDA全方位加强药品风险管理的序幕。FDA发布了有关药品风险管理的指南，涵盖上市前、上市后以及企业自身管理的不同角度，制定了风险评估方案、药物警戒规范、药物流行病学评估、风险最小化方案等内容。其中，RiskMAP（风险最小化方案）是从企业角度制定的，以确保药品质量安全和疗效的情况下，尽可能地降低药品已知风险。至此，美国药品监管体制已跳出原有的单纯的事前型监管或者是事后型监管的范畴，转而迈向一个全新的阶段——"全过程监管"。

由于美国在医药电商领域秉持不干预或最小干预的态度，几乎所

第三章　他山之石：发达国家网络药品监管的实践模式

有的药品都可以在互联网上进行销售。作为一种止痛药，阿片类药品在互联网上随处可见。2001年，一位名叫瑞恩·海特的男生通过网络购买并服用了过量的阿片类药品导致死亡。后调查发现，包括谷歌等在内的互联网平台未承担相应的审核责任，放任部分网上药店不凭处方销售处方药，最终被处以5亿美元罚款。[1] 为加强网络药品监管，美国先后颁布了《互联网药店消费者保护法》（Internet Pharmacy Consumer Protection Act）、《瑞恩·海特消费者保护法》（Ryan Haight Online Pharmacy Consumer Protection Act of 2008），进一步明晰了药品网络交易的管辖权限以及有关处方药网售的相关规定等。上述法律法规表现出对市场机制的重视和政府干预的限制，并且偏向于通过制定专门的消费者保护条款来抑制市场主体的自由权利。

根据《食品药品管理法》，FDA负责药品研发、生产和流通的监管，实体药店和网上药店的监管由各州药房委员会负责。随着网上药店的兴起，FDA也被赋予了一部分监管网上药店的权力。FDA仅在发生下列情况时行使监管权，如销售、代理或进口假冒药品、假标签药品或者未经批准上市的新药；药品的违法宣传；未按医师处方调配或者无处方进行销售处方药，等等。根据《互联网药店消费者保护法》，网上药店须在网站首页的显著位置标注出药店名称、联系电话及营业地址、州药房委员会批准的资质证明、从事药事服务的执业药师证书等。根据《瑞恩·海特消费者保护法》，网上销售处方药须由患者提交有效的处方证明，并且该处方须经"有着适当医疗关系"的医师开具。这意味着处方的开具和提交以前，患者和医师之间至少有一次面对面诊疗和病情评估。该法案还规定，如果网络经营者违反规定，未按要求核实处方即进行处方药销售的话，可能面临长达20年的监禁和高达250万美元的罚款。

---

[1] 肖平辉：《美国在阿片危机背景下对"网络流氓药店"的监管》，中国食品药品网，http://www.cnpharm.com/c/2021-01-04/770589.shtml，2021年1月4日。

三 政府、行业和社会共同参与的监管机制

美国药品监管机制的特点在于政府、行业和社会共同参与药品安全治理,形成多元主义模式。① 美国网上药店的许可分为强制许可和自愿认证,分别由州药房理事会(State Board of Pharmacy,监管部门)和药房委员会(National Association of Boards of Pharmacy,行业协会)负责。一是在强制许可方面,州药房理事会进行审查、许可。凡是要求进行网上销售的药房须提交相关材料至药房委员会,国家药房委员会根据本州相关法律法规和标准进行审核,并予以许可。但是由于各州之间的规定和尺度不一,对网上药店的要求和监管也并不一致。二是在自愿认证方面,药房委员会对网上药店进行统一认证,即 VIPPS 行业性认证(Verified Internet Pharmacy Practice Sites)。具体包括五个级别:第一个级别对应的药店仅限于在本区域内开展普通药品线下零售;第二个级别除普通药品以外,可销售带菌类免疫复方药品;第三个级别可在网络上开展带菌类免疫复方药以及无菌类复方药的零售;第四个级别主要是未取得无菌类复方药零售许可的药店;第五个级别等级最高,可以在线上和线下同时销售放射性药物和核药物。各州药房委员会根据申请资料决定是否发放认证执照。经过评估、核实和现场检查等程序后,合格的网上药店将被予以 VIPPS 认证许可,并允许在其网站上显示 VIPPS 标识。消费者随时可登录美国药房委员会网站对网上药店资质予以核实,确保网上购药的安全性。除 VIPPS 认证,NABP 对网上药店的全过程监管还体现在:确认患者身份、保密个人信息、提供用药指导、评估用药情况、实行药品召回、处理问题药品等方方面面的监管。

此外,药师在网络药品交易中也起到了重要作用。在医药分离的制度下,药师拥有独立审核、调配甚至修改医师处方的权利。患者通

---

① 高弘杨:《美国处方药网售的缘起与今生》,《中国药店》2018 年第 7 期。

过网上药店提交处方后，药师在审核过程中发现有药品种类、剂量等用药不合理的地方，有权要求医师修改处方。同时，为了防止药物滥用，经患者允许，药师可以对处方进行药物经济学评价，对处方中相对昂贵的专利药替换为药效相近且价格便宜的仿制药。

可见，美国州药房委员会和行业协会的共同认证，可谓是统一标准、双重把关，既为网上药店的准入门槛进行了严格把关，又为各个州网上药店的销售行为进行了统一管理。而药师作为医药专业人士，其加入对保障网上药品的科学性、安全性和有效性起到了积极的作用，体现了多元主义模式下政府、行业协会和社会力量共同参与网络药品交易治理的机制优势。

第二节 主张法团主义的英国模式

不同于美国的多元主义监管格局，英国的药品安全监管模式更倾向于法团主义结构，对药品网络销售持开放态度。各药品利益相关者中，除政府以外，不少医药行业协会、中介组织充分发挥作用，共同参与药品安全监管的博弈和决策。

一 MHRA 与行业协会共管的监管体制

英国药品监管体制的特点在于行政部门和行业协会共同行使药品安全监管权（见图 3.3）。① 在英国，药品与健康产品管理局（Medicines and Healthcare Products Regulatory Agency，MHRA）负责统管药品、药店（含网上药店）的监管职责。其监管目标是保障药品、药械及血液制品的安全性、有效性。2003 年以前，药品和药械分属于不同的监管部门，前者归属于药品管理局（Medicines Control Agency，MCA）；后者归属于医疗器械管理局（Medical Devices Agency，

---

① MHRA, "About us", https：//www.gov.uk/government/organisations/medicines-and-healthcare-products-regulatory-agency/about, 2019-12-19.

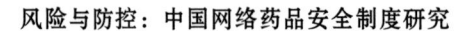

MDA)。2003 年，上述两个部门合二为一，成立了全新的机构——MHRA，并设在卫生部下面。

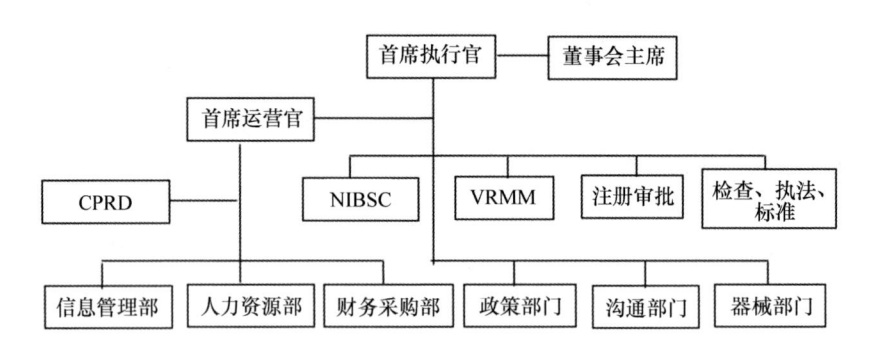

图 3.3 英国药品监管体制

从英国药品监管机构沿革来看，最先由卫生部下设的药品司负责人用药品。英国药品监管局（MCA）于 1989 年创立，1999 年从英国国家统计局承接了全科医疗研究数据库（General Practice Research Database，GPRD）。2003 年，MCA 并入新组建的 MHRA，其监管范围也从原来的药品扩展到药品和药械。2012 年，原有的 GPRD 更名为临床规范研究数据关联服务机构（Clinical Practice Research Datalink，CPRD），内容也扩充到临床研究的相关数据。2013 年，国家生物制品检定所（National Institute for Biological Standards and Control，NIBSC）纳入了 MHRA 机构，其下属机构均使用同一标识。

MHRA 还组建和维持了大批专家咨询机构的运转，就药品和医疗器械的管理向部长们提供公正的建议。这些咨询委员会主要包括：MHRA 数据库研究独立科学咨询委员会（Independent Scientific Advisory Committee for MHRA Database Research）、医药工业联络小组（Medicines Industry Liaison Group）、顺势疗法产品注册咨询委员会（Advisory Board on the Registration of Homeopathic Products）、中草药咨询委员会（Herbal Medicines Advisory Committee）、血液咨询委员会（Blood Consultative Committee）、设备专家咨询委员会（Devices Expert Advisory Committee)、审查小组（The Review Panel）、创新办公室（Innovation Office）等。

在英国，网络药品监管由 MHRA 和行业协会共同负责。根据英国《药品法》等相关法律法规，MHRA 负责监管药品供应、药品信息、药品储存和运输等各个环节。MHRA 有权对网上药店的药品供应、宣传和销售行为进行监督，同时对从事假冒伪劣药品经营的网上药店和平台予以查处，确保消费者和公共卫生安全。作为英国最大的医药行业协会，英国皇家医药学会（The Royal Pharmaceutical Society，RPS）也担负起网上药店的监管责任。该学会制定了一系列有关药品网售的标准指南、行为规范，负责审核网上药店的申请许可，并积极推行"网上药店标识计划"（Internet Pharmacy Logo，IPL），这一计划类似于美国的 VIPPS 计划，旨在规范并引导网上药店的销售行为及执业药师的药事服务。此外，相关职能部门和协会也针对网络药品交易各司其职。例如：网上药品广告由广告标准局（Advertising Standards Authority，ASA）负责审核，非处方药广告审核由所有权协会（Proprietary Association of Great Britain，PAGB）主要负责，处方药广告审核由医药工业协会（Association of the British Pharmaceutical Industry，ABPI）主要负责。

二 柔性立法的监管法制

英国药品监管法制的特点在于立法偏柔性，倾向于自由放任的监管原则（见表3.2）。[①] 一直以来，英国奉行"小政府、大市场"的理念，将政府置于"守夜人"的角色，充分信任市场机制的自我调节作用。这对于经济发展繁荣和市场推陈出新起到了很好的促进作用。与之相适应的是，英国药品监管法制表现出较为明显的"柔性立法"特点，总体上对药品交易市场秉持自由放任的态度，药品市场监管更多

---

① 鄢广：《英国药品和医疗器械监管局法律监管情况概述及启示》，《中国药房》2020年第3期。

依靠医药企业和行业的自我监督,有关药品监管的一系列制度设计更多的是行业和政府妥协的产物。

表 3.2　　　　　　　　　　英国药品监管制度

	近代药品监管	现代药品监管	新时期药品监管
起止时间	1540—1908 年	1909—1972 年	1973 年至今
代表性法案	1860 年掺假法、1868 年药房法	1968 年英国药品法	2009 年新健康法案、2006 年网上药店服务专业标准指南
主要特征	打击药品掺假问题	建立药品临床试验管理和不良反应制度	覆盖药品生产、流通、储存和运输等过程;强调网上药店的专业标准和药学服务
政策工具	药品监督员自下而上推动	行业协会发挥重要作用	政府和行业共同治理

工业革命以前,英国医药工业发展水平和速度有限,有关药品方面的监督和管制十分有限,仅仅体现在一些简单的罚款或刑罚等规定。彼时的工会曾下设医药机构,对药店检查、违规销售、不公平竞争等行为作出限制。1540 年,英国皇家医药学会被授权对药店开展监督检查,以查处"有缺陷的药品"。伴随城市化进程的推进,医药工业发展有了较大进步,人民生活水平也有了较大提高,反过来又推动了医药卫生方面的需求持续上升。而由于英国政府一直以来奉行自由放任的政策,加之药品监管手段和水平跟不上医药产业发展的步伐,发生了越来越多的药物掺假案。随后,英国在药品方面开展了一系列立法改革,形成了 1860 年的《掺假法》(Adulteration Act of Food and Drink 1860)和 1868 年的《药房法》(Pharmacy Act of 1868)。在《掺假法》中,政府对"掺假药"的概念进行界定,并要求地方政府必须依法选聘药品监督员并承担药品掺假问题的监督检查工作。在《药房法》中,不仅明确了医药从业人员的专业性,还将药品掺假问题的管理规范进一步细化。1875 年,《食品和药品销售法》(the Sales of Food & Drugs Act,SFDA)的出台对药品标准进行统一规定,并对医

第三章 他山之石：发达国家网络药品监管的实践模式

药工业的职业伦理作了细致要求。此时的法案更多的是依靠地方聘请的药品监督员自下而上推动执行，中央一级政府缺乏强有力的管理机构和权限，往往只是被动、消极回应地方监督员查找的问题。

1960年，"反应停"事件也席卷了英国，大概产生了400例"反应停"致残的受害者。这一事件直接促成了英国药品安全委员会的成立，要求制药商提交药品毒理试验数据和临床试验报告，以此作为判断药品是否允许进入临床阶段的依据，在此基础上还建立了药品不良反应登记制度。与此同时，英国医药工业协会也成立了研究组，负责对新药的毒理性及临床试验问题开展研究。1968年，《英国药品法》（Medicines Act，MA）的出台成为英国药品法规发展历程中的一个重要的里程碑，对药品管理的各个方面内容和程序作了详尽、完整、系统规定。此后，1971年《药物滥用法》（Misuse of Drugs Act，MDA）的出台，为滥用药物咨询委员会的成立、管制药物及其分类、管制药物的生产、供应和进出口作出严格限制。

1973年英国加入欧共体，从此其药品监管工作必须遵循欧洲议会及其理事会制定的与药品有关的法令和法规，同时建立起适合本国国情的监管法律制度。作为欧盟成员国，英国的药品监管法制要遵循欧盟理事会及欧洲药品管理局（EMA）的有关规定。在药品生产领域，以欧洲议会和理事会第2001/83/EC号法令及《英国药品法》（1968）为基本法律制度。在药品流通和使用领域，以《英国药品法》（1968）、《药物滥用法》（1971）、《新健康法案》（2009）为基本法律制度。2020年1月，欧盟正式批准英国脱离欧盟，相关药品监管法制也发生了变化。一方面，MHRA不再作为欧盟体系的一部分；另一方面，药品上市许可也分为国家药品审评（仅限于在本国上市）、欧洲委员会集中审评（可在欧盟市场上市）、非集中程序（在多个成员国上市）、互认程序（基于成员国之间的协议）等多种程序。

为加强网络药品监管，《英国药品法》对于网上药品销售、供应和广告作了一些原则性的规定。同时，《药房法》（2010）（Pharmacy

Act of 2010）以及《药师与药学技术员法》（The Pharmacists and Pharmacy Technicians Order of 2007）对药师服务作了明确的指引和规范，要求药师须合法用药，规定处方药网上销售须凭借合法处方。此外，相关指南也进一步细化了网络药品交易的监督管理。例如：《网上药店服务专业标准指南》（Professional Standards and Guidance for Internet Pharmacy Services）由皇家医药学会颁布，旨在规范网上药品信息发布、药品广告宣传、药品物流配送等相关行为；《注册药店远程（含网上）药学服务指南》旨在规范网上药店的执业药师资质和行为标准；《药品销售供应专业标准指南》《关于处方调配和递送服务规定的补充指南》旨在规范药品尤其是处方药的网络销售行为，明确处方药的销售须经药师确认其合法性和有效性，网上药店须具备处方药合法销售和供给的保障系统。

三 政社合作的监管机制

英国药品监管机制的特点在于政府和社会密切合作，形成法团主义模式。[①] 在监管模式的选择上，英国政府一向信奉"管得最少的政府才是最好的政府"，更多的是依靠民间监管与官方监管相互促进，以维系药品安全。MHRA 主要负责英国上市的药品和药械的监管。在药品网络交易方面，MHRA 也承担了网上药店的监管职责，既允许合法的网上药店进行网上咨询和销售活动，也对不合规销售行为保留起诉追责的权利。此外，药品控制局（the Medicines Control Agency）和公平贸易局（Office of Fair Trading）也负责对虚假宣传的药品和网站进行清理。

更为重要的是，在政府监管以外的地方还活跃着相当一批民间行业协会。英国的各行各业均已建立起机构健全、制度完善、具有相当实力的行业组织，大多数以公司制为模式、以会员制为基础，在产业

---

① 孟令全、王淑玲、周莹等：《英国网上药店法律规制的研究及对我国的启示》，《中国药事》2013 年第 3 期。

链中持续平稳运行。它们既可以为产业制定行业标准，又可以为政府提供相关咨询意见，甚至承接部分政府职能。同样的，在医药领域内，无论是药品研发、生产、流通还是使用，各个领域各个环节都有相应的行业协会和中介组织的存在。例如：皇家药师管理委员会、药品制药工业协会、药品批发商管理委员会等行业协会，既要为医药企业提供诸如科技投入、市场开发、产品认证、质量监管、员工培训等专业领域服务，也要为政府承接部分管理职责，为政策制定建言献策。这其中，英国最大的医药行业协会——皇家医药学会就承担了对网上药店的入驻许可审核，以及网上药店和药师的日常监管，同时还要查处未经注册的网上药店。在此基础上，该学会还制定并推行了有关网上药店标识的 IPL 计划，为自愿认证的网上药店进行质量认证，类似于药品经营 GSP 认证，目的在于提升网上药店的知名度。

第三节 强调国家主义的德国模式

德国药品监管组织结构完整、法律制度完善、运行机制健全，具有典型的国家主义特征。国家在药品网络交易中承担"绝对主力"，同时依靠完善的法律制度和健全的运行机制对药品安全领域进行调控，以达到维护国家利益的目标。

一 BfArM 主导的监管体制

德国药品监管体制的特点在于政府主导，政府承担了药品安全监管的主要职责（见图 3.4）。[①] 今天，德国药品监督管理职责主要由联邦药物与医疗器械管理局（Bundesinstitutfür Arzneimittel und Medizinprodukte，BfArM）负责，其设在卫生部下面，承担了绝大多数人用药品和药械的监管职能，大约占德国已被批准上市药物的 85%。按照

---

① BfArM, "Organization", https：//www.bfarm.de/EN/BfArM/Organisation/_node.html, 2016-02-12.

《德国药品法》的要求，BfArM 的主要职责涵盖药品上市许可审批以及上市后监管，并承担与欧洲药品许可、监管相关的重要任务。同时，BfArM 建立了一套药物警戒系统，以监测患者服用获得上市许可药物时可能发生的副作用。BfArM 的组成机构包括：许可部门（通过许可程序负责审查医药产品的健康效益）；药物警戒部门（收集并评估药物不良反应的报告）；医疗器械部门（收集并评估医疗器械可能的风险）；麻醉品管理部门（对麻醉品及其原材料进行监管）；研究部门（强化监管科学）；以及国际事务部门（加强德国和欧洲及国际各级组织之间协同）。

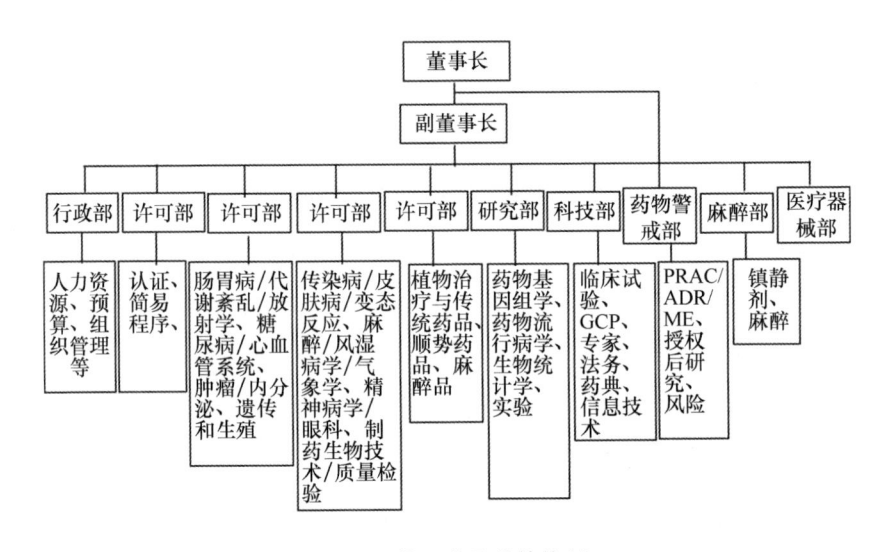

图 3.4 德国药品监管体制

而联邦疫苗与生物医学研究所（Paul-Ehrlich-Institute，PEI）也隶属于卫生部，主要负责监管生物医药和兽用免疫药品。该研究所致力于评估和监测疫苗、血清、抗体、造血干细胞等人用生物药品和兽用免疫药品在上市许可之前、期间和之后的利益/风险平衡研究，包括临床试验许可、实验药品检验、药品上市许可、批签发药品、不良反应评估，等等。PEI 的组成机构包括：药品与医疗器械安全部（负责

第三章 他山之石：发达国家网络药品监管的实践模式

药物警戒）、微生物学部（负责监管微生物相关疫苗）、病毒学部（负责监管病毒类疫苗）、免疫学部（负责监管抗体、抗血清等免疫类产品）、兽药部（负责监管兽药）、变态反应部（负责监管特异性免疫治疗和体内诊断产品）、医学生物技术部（负责监管基因疗法、体细胞疗法等先进疗法药品）、血液学与输血制品部（负责监管血液制品）等业务部门。上述 BfArM 和 PEI 两个部门都隶属于德国联邦卫生部，但具有相对独立的地位。

从纵向来看，德国联邦政府和州政府共同实行联合监管。联邦卫生部及下属 BfArM 统管全国范围内的药品和药械的生产和流通；16 个州的药品监管部门负责本区域内的具体药品监管工作，这些机构设在各州卫生部门下，虽不直接受联邦政府的领导，但也要遵循联邦政府通过的相关药品监管法律法规，包括监督药品（包括网上药品）的研发、生产和经营，监管对象包括实验室、临床试验机构、药厂、药店等。从横向来看，相对于美、英两国，德国行业协会的监管力量相对较弱，主要依靠德国政府部门监管。但当监管涉及专业性较强的内容时，药品监管部门会聘请相应领域的专家参与，有关抽检的产品也会委托联邦研究所或州一级的相关研究机构进行检验。

德国对于网络药品交易相对比较保守，自 2004 年以来才开始实行网上销售。目前，负责网络药品交易的监管机构主要为联邦药物与医疗器械管理局（BfArM），并接受卫生部的直接管理。同时，各州的药品监管部门是具体行使药品监管的部门，虽不受联邦政府的直接领导，但也要执行联邦政府制定的相关法律法规。此外，行业协会和社会公众也在一定程度上参与网上药店监管，比如德国药剂师协会定期向监管部门提供有关制假售假的网站名单；社会公众在购买网上药品时被要求负有"注意义务"，间接发挥了公众的监督作用。

二 责任立法的监管法制

德国药品监管法制的特点在于强调责任立法，通过强化责任主体

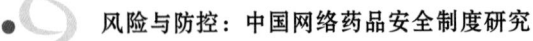

责任来约束药品交易违规行为（见表3.3）。① 作为欧盟成员国之一，按照协定，德国药品监管法律制度的制修订均须在欧盟的药事管理法律框架范围内进行。欧盟第2001/83/EC号法令和《德国药品法》（Arzneimittelgesetz，AMG）共同构建成德国药品监管的基本法律框架。由于联邦制国家下属各州享有独立的立法权，德国各州政府可以就药品监管事项制定适用于本区域的法案，但不得超出欧盟第2001/83/EC号法令和《德国药品法》的范畴。

表3.3　　　　　　　　　　德国药品监管制度

	过失侵权责任时期	严格责任时期	绝对责任时期
起止时间	1915—1975年	1976—1977年	1978年至今
代表性法案	1961年德国药品法	1976年药物伤害法	1978年德国药品法、2002年损害赔偿法
主要特征	要求制药商承担过失侵权责任	要求制药商无论是否过错均承担侵权责任	排除药品风险作为抗辩理由；规定网络消费者的注意义务，设置药害赔偿基金
政策工具	赔偿制度	赔偿+处罚	赔偿+处罚+医保覆盖

"康特甘灾难"是德国引入药品特殊许可程序的关键。② 1957年，一种名为"康特甘"的镇定剂上市，直到4年后，这种含有活性物质沙利度胺的药物被发现引起新生儿出生缺陷才被撤回。据估计，当年由于康特甘致残的新生儿在5000—10000人之间，成为德国医药史上最具灾难性的丑闻。在当时，市场上销售的药品只需注册即可，这一案件清楚地表明当时的药品安全条例是远远不够的。1960年的"反应停"事件对联邦德国也产生了根本性影响，大约有100万人服用过"反应停"，甚至某些州根本不需要医生处方就能随意购买该药，导致1.2万名婴儿呈"海豹肢畸形"。由于1961年开始实行的《德国药品

---

① 叶正明：《简析〈德国药品法〉》，《湖南行政学院学报》2009年第6期。
② 杨佩昌：《德国企业如何面对事故责任》，《企业管理》2017年第3期。

法》并未涉及有缺陷药品致人损害的民事责任问题，所以法院只能援引《德国民法典》的过失侵权责任制度作出有关损害赔偿的判决。但"反应停"的上市流通是经由政府审批通过的，制药商在主观上并不存在过失，因此受害人难以通过过失责任归责制度得以赔偿。就此，德国开始探索在药品责任领域内的专门立法。

1973年以来，德国开始提出药品损害赔偿制度的立法草案。经过多次讨论和修订，德国于1976年颁布了一部专门法案——《药物伤害法》，明确要求生产有缺陷药品的生厂商须承担严格责任，这也成为欧洲历史上第一部药品责任方面的专门立法。即制药商无论是否具有过错，只要其提供的药品对受害人造成损害，则须承担赔偿责任。制药商可以提出有效的免责抗辩事由，作为不承担严格责任的依据。1978年，新版《德国药品法》的正式实施，引入了对药品质量、功效和安全性证明有严格要求的许可证制度，同时对药品损害赔偿按绝对责任制度归责，对赔偿金额上限作出规定，并在赔偿方式上要求制药商强制投保和建立基金予以赔偿。此外，还颁布了关于在用药物进行临床试验期间改进保护的规定，并增加了制药公司的责任。2002年，《新损害赔偿法》再次推动了药品责任领域的变革。主要变革有：一是药品使用者对药品制造商和监管部门享有知情权；二是实行举证责任倒置；三是在因果关系证明上更有益于受害者。

今天的《德国药品法》不仅涵盖药事行政管理，更兼具药物损害赔偿、行政处罚于一体的责任立法制度。这其中，最具鲜明特色的就是对药品缺陷的界定、药品损害赔偿及责任保险制度。在药品缺陷定义方面，药品缺陷可以分为研发缺陷、生产缺陷和指示缺陷。在归责规则方面，明确规定药品经营企业对受害人负有绝对责任（absolute liability），无论其是否具有过错均须承担侵权责任。在抗辩事由方面，将药品发展风险排除在责任免除事由之外，即制药商不得以科技条件受限为由将无法识别的缺陷作为抗辩理由。在赔偿范围方面，对造成死亡的损害赔偿范围认定为丧葬费、未遂的医疗费用、因死亡减少的

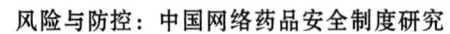

收入及患病期间的经济损失，对造成人身伤害的损害赔偿范围认定为治疗费用及其减少的收入和其他经济损失。在赔偿请求权时效方面，由于药品毒副作用往往需要一定时间累积才能表现出来，采用延长请求权时效的办法可以更好地保护受害者的合法权益。在责任保险和赔偿制度方面，德国的药品责任保险属于强制性保险，制药商必须购买产品责任险，确保在发生损害赔偿之时由保险基金代为支付；同时针对重大药害事件设立了专门的基金赔偿制度，必要时由基金对受害人给予一定的赔偿和救济。

为加强网络药品监管，《德国药品法》明确规定了网络消费者的"注意义务"，医疗参保者有义务关注并查询网络售药的真假。一方面，政府对网上药店的从业资质和质量标准作出了严格限定，消费者可通过消费者协会、医保公司等查询网上药店及其所售药品的真伪；另一方面，凡消费者未履行注意义务被不法分子欺诈，其购买的假冒伪劣药品不被医保公司接受。此外，针对药害事件的发生，德国政府还通过药剂师协会对所有实体、网上药店行为进行规范，并设立了相应的药店监察制度和药害赔偿金基金。如果德国药剂师协会以及药品监管机构发现问题，可通过安全报告机制进行上报，以便采取进一步的措施。涉事药房也将受到严厉处罚，甚至被取消药品销售资格，后果严重者还将承担刑事责任。法律上的严格规定和监管措施的到位，使得德国网购药品的安全性获得了极大保障。

三 联合监管的监管机制

德国药品监管机制的特点在于多部门共同合作、联合监管，其他主体参与力度较小，形成国家主义模式。[①] 从监管模式来看，德国药品监管表现出政府集中统一监管的典型特征。在政府内部分工上，联邦政府和各州州府各司其职、各负其责，对药品和药械等开展联合监

---

① 陈相龙：《德国和英国药品监督管理工作概况及对我国的启示》，《医药导报》2016年第6期。

第三章 他山之石：发达国家网络药品监管的实践模式

管；联邦卫生部、BfArM、PEI统管药品、药械、生物医药、疫苗等生产和流通情况；各州药品监管部门负责具体的药品监管工作。

关于网络药品销售主体，德国政府自2004年才开始允许网上售药。根据《德国药品法》第43条第1款，规定除了药房以外其他主体均不得在互联网上进行药品销售。同时规定网上药店在从事网络售药前须取得前置许可，且具备在网上订单形成后48小时内送达药品的能力。关于网络药品销售认证，德国对于网上药店的认证非常严格，凡是销售药品的电商，必须通过TUV和SSL认证。申请企业须持文件到相关部门进行登记注册，通过TUV认证说明该企业符合国际质量体系标准ISO的认证；通过SSL认证说明消费者数据经过SSL加密。关于网络药品销售范围，普通电商不能从事药品销售，只有药房才能够在网上进行药品销售。并且，所有网售药品都必须是德国市场上允许销售的，价格与实体店等同。而关于处方药网络销售，德国政府允许网上药店通过互联网对个人消费者销售处方药，但规定消费者必须提供医师签发的处方并邮寄给从事网上销售的药店，并须经过药剂师的咨询和调配。此外，药剂师的药学咨询服务也是网上药店必须提供的保障条件。

与此同时，尽管国家主义模式下德国其他医药主体参与性不强，但行业协会在药剂师管理方面也发挥了一定作用。在德国，所有从事网络药品交易的执业人员都必须获得药剂师资格认证并加入德国医药协会下属的药剂师协会。加盟网上药店的药剂师须在药剂师协会注册后方能开展网售药品服务。同时，药剂师协会也要承担对网上药店的监管作用，一旦发现有违法违规行为则需要立即报告政府监管部门。而药店监察制度、药害赔偿基金的设立，为规范网上药店经营行为、维护消费者合法权益提供了保障机制。

此外，由于相关规定明确一旦消费者在未履行自身注意义务的前提下购买到假冒伪劣药品，将不被医保公司接受。这样的限定下，消费者个人、消费者协会以及医保公司也扮演了监督的角色。

第四节 坚持政府主义的日本模式

日本建立了一个强大的药品监管系统，药事法规体系建立较早也相对完善，由此形成的监管风格与德国的国家主义模式类似，强调政府主导，主张全民利益。尤其是在网络药品监管方面表现得较为保守和稳妥，但随着 2013 年新《日本药事法》开始执行，药品网络销售逐渐放宽。

一 厚生劳动省主导的监管体制

日本药品监管体制的特点在于政府主导，与德国类似，政府承担了药品安全监管的主要职责（见图 3.5）。① 按照《日本药事法》，日本的药事管理层次分为中央级、都道府县级和市町村级三级。中央政府负责制定法律法规和行政审批，地方政府负责贯彻执行法律制度。在中央层面，作为负责医药卫生和社会保障的主要部门，厚生劳动省（Ministry of Health，Labour and Welfare，MHLW）共设有 14 个局。"厚生"本意为满足人民生活，因而该机构主要负责国民健康、药品和食品安全、医疗保险、医疗服务提供、劳动就业、社会保险和社会保障、弱势群体社会救助等职责。其前身包括两个机构：厚生省于 1938 年创建，主要包括当时的内务省社会局、卫生局等部门；劳动省于 1947 年创建，由中央劳动委员会演变而来。2001 年，根据日本政府改组方案，上述两个机构合并后，共同组建了厚生劳动省。此外，有关药品监管的工作也得到了相关机构的支持。比如，国立药品食品卫生研究所于 1997 年成立了药品药械审查中心，专司审评审批业务；医药生活卫生局于 2004 年成立了药品药械综合管理机构，共同负责新药临床研究和审批、药品上市许可、药品上市后监测等业务。

---

① MHLW，https：//www.mhlw.go.jp/stf/seisakunitsuite/bunya/kenkou_iryou/index.html，2022-12-20.

第三章 他山之石：发达国家网络药品监管的实践模式

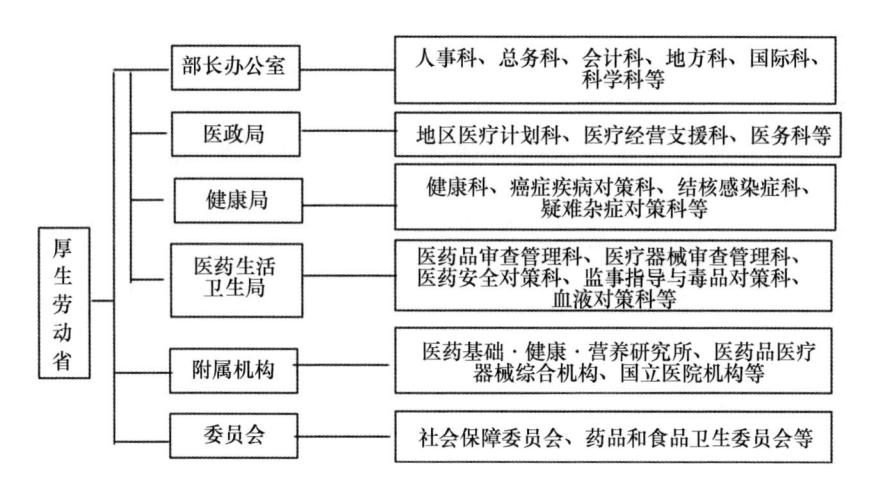

```
         ┌─ 部长办公室 ──── 人事科、总务科、会计科、地方科、国际科、
         │                  科学科等
         │
         ├─ 医政局 ──────── 地区医疗计划科、医疗经营支援科、医务科等
         │
厚生     ├─ 健康局 ──────── 健康科、癌症疾病对策科、结核感染症科、
劳动省   │                  疑难杂症对策科等
         │
         ├─ 医药生活        医药品审查管理科、医疗器械审查管理科、
         │  卫生局 ──────── 医药安全对策科、监事指导与毒品对策科、
         │                  血液对策科等
         │
         ├─ 附属机构 ────── 医药基础·健康·营养研究所、医药品医疗
         │                  器械综合机构、国立医院机构等
         │
         └─ 委员会 ──────── 社会保障委员会、药品和食品卫生委员会等
```

图 3.5　日本药品监管体制

日本厚生劳动省下设 14 个局，其中主管药品、药械、化妆品、再生医疗制品、血液制品、兴奋剂、毒品等产品的职能机构当属医药生活卫生局。其前身为厚生省医药安全局，2001 年原厚生省和原劳动省合并时更名为医药食品局。日本是全球老年化程度最严重的国家之一，为延长国民寿命、提高生活质量，2015 年，厚生劳动省进行内部改组，原来的食品安全部改为生活卫生与食品安全部，医药食品局改为医药生活卫生局，负责新药临床试验、审评审批、上市后监测等社会性监管职责，医政局负责研发推广、生产销售、药品定价等经济性监管职责。

现在的医药生活卫生局内设总务科（下辖医药品副作用受害对策室）、医药品审查管理科（下辖化学物质安全对策室）、医疗器械审查管理科、监事指导与毒品对策科、血液对策科、医药安全对策科等 11 个处室。其中，总务科负责各类综合性的事务，包括药剂师管理、与其他业务监管部门的对接事务等，其下辖的医药品副作用受害对策室专门从事药品不良反应的相关救济工作。医药品审查管理科主管医药品基准，制造销售许可证，生产指导监督，上市后再审查及孤儿药管制等工作，其下设的化学物质安全对策室负责对有损人体健康的有害物质的管制。与医药品审查管理科相对应的医疗器械审查管理科主管医疗器械、体外诊断试剂、再生医疗制品的基准制定，制造销售许可证，生产指导监督，上市后再审查等工作。监事指导与毒品对策科包括两个方面的工作，一是对药品的广告宣传进行监督指导，二是对毒品和兴奋剂等开展管制工作。血液对策科针对血液制品进行管制。而医药安全对策科负责对医药品的安全性开展规划、立案、调查和监督。

此外，前述医药生活卫生局下属的独立法人——药品药械综合管理机构其前身是医药品不良反应救济基金组织，可以针对医药品不良反应和药害事件迅速展开救济，以及实施有助于提高医药品及医疗器械质量、有效性和安全性的各类审查、安全对策制定。20世纪60年代，日本发生了令人震惊的SMON（斯蒙）事件。[①] 成千上万的人群发生剧烈腹痛以及视神经障碍和运动麻痹等症状，日本药监部门一度认为是一种传染病，直到1970年才查处是服用喹诺仿——一种肠道感染药物所致。因此事造成的死亡人数约400人。与此同时，"反应停"事件也给日本带来了重大危机，为此，1979年《日本药事法》予以修订，医药品不良反应受害救济基金组织得以成立。2004年按照日本政府改组方案，该组织合并于药品药械综合管理机构。

在地方层面，各地厚生局、都道府县劳动局从事具体的药品监管工作。其中，地方厚生局设有7个、各都道府县共设劳动局47个。地方政府承担了药品生产许可、药品经营许可等上市前监督，以及药品生产检查、药品经营检查等上市后监督。

此外，日本药品监管体系还有一类极为重要的群体——药品检查员。按照规定，日本药品检查员须由具有医师执照、药师执照，或者具有相关药事服务从业经验一年以上的人员担任，负责对药品生产、

---

① Jeanne Lenzer：《一款止泻药在日本引发的灾难》，《环球科学》2018年第1期。

经营过程开展监督检查工作。

二 严格立法的监管法制

日本药品监管法制的特点在于强调严格立法,通过较为严苛的法律制度来约束药品交易违规行为(见表3.4)。① 在日本,药品安全监管法律制度主要分为三类:由日本议会批准通过的法律、由日本政府内阁批准通过的政令、由厚生省大臣批准通过的省令。其中,对药品市场来说至关重要的法律制度当属《日本药事法》(Pharmaceutical Affairs Law of 1960,PAL)及其法律施行令(1961年)。

表3.4　　　　　　　　　　日本药品监管制度

	萌芽时期	成熟时期	完善时期
起止时间	1847—1960年	1960—2000年	2000年至今
代表性法案	1925年药剂师法	1960年日本药事法	2013年修订版日本药事法
主要特征	严格规定医师和药剂师的职责	建立起一套药品风险管理制度体系	按照药品危险程度进行分类监管;2013年起放松网络售药管制
政策工具	严格管理	引入风险管理	按照风险分类管理

20世纪中叶,日本发生了数千人罹患亚急性脊髓视神经炎的"斯蒙事件"。1960年,《日本药事法》经由日本议会批准通过,共设置了17章的内容,对医药品、医疗器械、化妆品、再生医疗制品等进行了有效规制。1961年,日本政府内阁批准通过了《药事法施行令》。该政令分为14章,以保障《日本药事法》的有效实施。1967年,日本建立了全国性药品监测系统(National Drug Monitoring System,NDMS),并确立药物不良反应报告制度。1971年,日本立法要求制药企业须报告其生产的全部药品的不良反应病例报告。1972年,

---

① [日]宗像守:《日本新药品销售法的启示》,《中国药店》2015年第3期。

日本加入世界卫生组织的国际药物监测合作计划。1979年,《日本药事法》明确规定成立"药品上市后监测制度"(Post Marketing Surveillance, PMS),成为世界上首个将药品上市后监测法制化的国家。该项制度包括三个方面的内容:不良反应报告、再审查和再评价。其中,不良反应报告制度又可以分为4个层面:药物不良反应监测制度、药房监测制度、企业报告制度、世界卫生组织国际药物监测制度。再审查制度是针对新药上市一段时间后,要求重新确认该药物的安全性及有效性。再评价制度则是针对所有上市后药品开展的重新评价,以评估药品的安全性及有效性。1991年,日本公布了较为成熟的《药品上市后监测实施标准》(Good Post Marketing Surveillance Practice, GPMSP),促使制药商设置独立的上市后监测部门,且须制定企业的上市后监测业务实施计划。1997年,《日本药事法》进行了修订,同年开始实施新的GPMSP。这一阶段,日本基本建立起了一套有关药品监管的法律制度体系。

2002—2003年,《日本药事法》再次进行了两次修订。新增了有关药品进口的制度如PMDA对制造所的生产质量规范、与海外API生产商的质量规范协定、药物活性成分文件登录制度、外国制造所认定制度等。2009年,基于风险管理理念,新修订的《日本药事法》对药品销售进行分类管理:第一类是毒副作用及风险较大的药品,在销售时须由药剂师当面告知风险;第二类药品风险次之,经营者获得相关资质认证即可销售;第三类是风险较小的保健品,销售者可在获得资质认可的基础上采取直销的手段。

2013年,《日本药事法》再次进行修订,试图进一步加强对医药品和医疗器械使用方面的安全监管。更为重要的是,新修订的法案对网络售药彻底松绑。尽管《日本药事法》从未明确禁止网上销售非处方药,但是卫生部门的条例里要求买药时,买方和卖方必须"面对面"完成交易。这在事实上杜绝了网上售药的可能。但随着现实中网络售药的迅速发展,安倍政府将放宽网上药店限制作为发展医药产业、推动经济发展的重要举措，并通过新的法案，允许所有一般非处方药都可以在网络上进行销售。同时，为了更好地规范和整顿市场，按照药物毒副作用设置了一类"需要指导销售的药品"，即烈性药品和刚从处方药转为非处方药的药品，消费者购买此类药品原则上非使用者本人不能对其销售。此外，法案在风险提示、证照公示、记录保存等方面还作出了相应规定。

三　整体监管的监管机制

日本药品监管机制的特点在于整体监管，由厚生劳动省对药品、医疗器械、血液产品、食品等实行整体监管，亦属于国家主义模式。日本药品监管机制呈现以下几个特点：

一是整体监管。在横向事权划分上，日本厚生劳动省几乎覆盖了与药品有关的所有相近的职能职责，既包括进入、退出、价格、广告等经济性规制职能，也包括质量、审批、监测、检查等社会性规制职能，体现了典型的"整体性监管"特征。正因为药品监管部门集各种职能于一体，几乎涵盖了药品生命的全周期，也在一定意义上实现了研发、生产、经营、使用的全过程监管，有利于确保包括网上药店在内的药品的安全性及有效性。

二是集中监管。日本药品监管与其他西方国家的一个区别在于"集中监管"。日本厚生劳动省统管药品监管的主要工作，有效避免了"多头管理"的困境。按照《日本药事法》的规定，药品监管可分为从中央级、都道府县级（相当于省级）和市町村级（相当于县级）3个层次。从纵向权力划分来看，厚生劳动省负责相关法律法规的制定、技术标准的设定、药品审评审批等工作，地方厚生局及卫生部门负责药品生产许可、药品经营许可，以及药品网络交易等监督检查工作的具体实施。

三是弱委员会制度。在日本，咨询委员会的职能仅限于提供咨询，对当局的政策制定和实施不产生明显的制约作用。在药品安全领域，医药生活卫生局更多的是倚重 PMDA 的技术审评，并据此修改和完善法律法规制度。而咨询委员会的咨询意见仅仅作为参考，并不纳入制度修订和实施的结果运用。

第五节 发达国家网络药品监管的经验启示

美国、英国、德国、日本作为发达国家代表，已构建起较为健全的药品监管制度和成熟的监管体系，并在实践中不断发展完善。通过检索发达国家药品监管部门的门户网站、公开文献、数据库以及相关著述，可以整理出各国网络药品产业的发展概况、网络药品交易的发展态势，以及网络药品监管的主要做法，这对健全和完善我国网络药品监管制度提供了有益借鉴。

一 监管体制比较及启示

从各国药品安全监管机构的纵向设置来看，主要可以分为：单轨制和双轨制两类（见表3.5）。前者是指只在中央政府一级设立统一的药品监管机构，地方政府不设立相应机构；后者则是在中央政府和地方政府各设有一套相互对应的药品监管机构体系。实行单轨制体系的国家主要是英国、日本等单一制国家，药品监管权主要由中央政府专属行使，即便是地方政府享有自治权力，药品监管权仍然作为公共服务的内容之一由中央政府和地方政府共同行使。当然，为了解决"山高皇帝远"的问题，也可以在重要城市设立相应的机构作为中央一级药监部门的办公室。如英国在韦林加登、约克分别设立了药品检查办公室。而实行双轨制的国家主要是美国、德国等联邦制国家。这些国家既有中央一级药监部门，也有地方药监部门，两者之间形成一定的协同机制。在美国，FDA 的监管事务办公室下设了大区办公室，与各州的药监部门开展联合执法行动；在德国，联合监管发生在联邦政府和各州的药监部门之间，尽管各州的药监部门不直接受联邦政府

第三章 他山之石：发达国家网络药品监管的实践模式

领导，但需要执行后者制定的法律法规。

表3.5 国外药品监管机构纵向设置

模式	主要特征	代表国家
单轨制	只在中央政府一级设立统一的药品监管机构，地方政府不设立相应机构	英国、日本
双轨制	在中央政府和地方政府各设有一套相互对应的监管机构体系	美国、德国

各国中央政府和地方政府在纵向事权划分上有所不同（见表3.6）。具体来看，属于中央一级政府药监机构主要负责人用药品、兽用药品、医疗器械、血液制品、疫苗等产品的上市许可、技术审评、上市后质量监管及不良反应监测等事项；而属于地方一级政府药监机构的职能职责需要区分为两种情况：通常来说，单一制国家中的药品监管过于集中在中央一级，并不作为地方自治权的内容，所以地方政府的药品监管权力非常有限，仅限于基本的资质许可和简单的检查抽查。而联邦制国家中各州州府通常也设有一套与联邦政府相对应的监管机构，因此，药品生产许可、经营许可、不良反应监测、上市后监督检查、药房管理、药师管理等都可以纳入地方政府的职权范畴。并且，地方政府相较于中央政府的集中性监管而言，更具分散性和灵活性。

表3.6 国外药品监管机构纵向事权划分

国家	中央	地方
美国	药品、兽药、医疗器械、化妆品等产品的上市许可和上市后质量监管	药品生产许可和销售许可；药房和药师的管理
欧盟	对申请上市的新药进行技术审评和监督管理	所在国药品审批互认程序和分散程序、EMA委派的监督检查和所在国的日常监督检查、所在国药品上市后疗效与安全性监控等工作

续表

国家	中央	地方
英国	药品和医疗器械的上市许可； 药品和医疗器械的临床试验的监管； 药品和医疗器械质量的监控； 编制药典； 药房和药师监管	在重要城市设药品检查办公室，负责实施售后监管，评估和批准在英国境内销售和供应药品，实施质量监控体系等
德国	受理药品注册申请，颁发药品上市许可证； 编写药典； 监测药品不良反应； 对血清、疫苗和试验性过敏源进行检测； 负责兽药的监管	颁发药品生产许可证（部分药品生产许可做出之前需要征询联邦有权部门的意见）； 药品进口许可证； 颁发药师开业许可； 对药厂进行定时视察监督； 对市场上的药品进行抽检； 监督药品临床试验和药品广告
日本	对新药和医疗器械的临床试用提供咨询意见，开展技术审评，对应用数据的可靠性进行调查等	药事监视员负责药品生产、进口、标识、广告或者销售的合理化。药事监视员有权根据需要开展现场检查，在发现有违法情形时有权发布采取一定行政措施的命令

  从药品监管机构的横向设置来看，还可以分为一元制和多元制两类（见表3.7）。实行一元制体系的主要有美国、日本等国家。在美国，FDA负责药品（包括网络药品）、食品、医疗器械、兽药等所有相关产品的监管。而实行多元制体系的国家有英国、德国等。英国的药品和医疗器械监管由药品与健康产品管理局负责，但药师和药房的监管则由皇家医药学会在负责；同样的，德国的药品和医疗器械监管是由联邦药物与医疗器械管理局负责，而血液制品交由联邦疫苗与生物研究所负责，与之相关的食品、兽药等则是联邦消费者健康保护与食品安全机构负责。

  而在横向事权划分上各国也是不尽相同（见表3.8）。具体来看，中央一级药监部门的监管范围基本上已经从传统的人用药品扩展到人用药品、兽用药品、医疗器械、血液制品、疫苗甚至化妆品等。从中

第三章 他山之石：发达国家网络药品监管的实践模式

不难发现，由于前述产品均属于健康产品的范畴，而且监管目标集中在产品的安全性、有效性和质量方面，因此由中央政府设置一个大而全的监管机构进行统一监管，而非不同的部门进行分段式监管，有利于更为科学、高效、快捷地处理系统性风险，减少信息不对称，避免政出多门、职责交叉、推诿敷衍等情况。而地方政府层面则负责本行政区域内一些资质认可或行为监管方面的工作，如药品生产许可、销售许可、药师执业资格许可等，或是对药品企业、药房等开展监督检查等"本土化"监管。

表 3.7　国外药品监管机构横向设置

模式	主要特征	代表国家
一元制	政府或者政府某个监管机构单一负责药品（包括网络药品）、食品、医疗器械、兽药等所有相关产品的监管	美国、日本
多元制	政府、行业协会、其他非政府组织共同负责药品及相关产品的监管	英国、德国

表 3.8　国外药品监管机构横向事权划分

国家	中央监管机构	监管范围
美国	食品药品管理局	药品、兽药、医疗器械、生化产品、化妆品和放射性物品
欧盟	欧洲药品管理局	人用和兽用专卖药品
英国	药品与健康产品管理局；皇家医药学会	药品、医疗器械、血液；药师、药房
德国	联邦药物与医疗器械管理局；联邦疫苗与生物医学研究所；联邦消费者保护与兽医学研究所	药品和医疗器械；血液产品；兽药
日本	厚生劳动省	药品、医疗器械、血液产品、食品

结合我国实际，我国工商、质监、食药监的"三局合一"在形式上实现了政府直属部门的合并重组，下一步内设职能机构是否能实现

合并，仍然是政府机构改革的关键。以过去两届大部制改革为例，所谓的大部制往往是综合管理职能的办公室进行合并，如办公室、财务、人事、信息等部门，而真正承担不同职责职能的业务部门很少进行重组，仍然呈现"两张皮"的现象，各种职能交叉、重叠或者监管空白、死角仍然存在，"合久必分，分久必合"的理念也是大有所在。① 按照新的机构改革方案，药品监管专门机构只设置到省一级，市县两级的药品监管职能由市场监管部门统一承担，那么合署办公的结果究竟如何将直接影响到大部制改革的成效。因此，要借助机构改革的东风，在组织机构设置上赋予地方政府更高的自主权和灵活性，真正打通上下级政府间的"最后一公里"。

在纵向事权划分上，历史上我国药品监管体制参考了美国的集中统一式监管体制，分工明确，权责并重。但随着经济社会的发展和产业调整的需要，我国大部制改革的推行变垂直监管为属地监管。目前我国药品监管体制已构建以中央政府负责统一管理、地方政府负责属地管理为基础的分级管理体制。在涉及网络药品监管方面，国家药品监督管理局承担了全国范围内的网络药品监管政策制定和监督实施；省级药品监督管理部门承担了省级范围内的网络药品交易管理和第三方平台管理；市、县两级从事药品管理的市场监督管理部门按照职责分工，各自负责本行政区域内的网络药品交易监管。但网络药品交易不局限一省、一市、一县，那么如何构建央地之间有效的沟通机制和反馈机制值得思考。

在横向事权划分上，各国药品监管机构的监管范围基本上已经从传统的人用药品扩展到人用药品、兽用药品、医疗器械、血液制品和疫苗等大健康产品的范畴。监管目的和内容主要集中在产品质量、安全性和有效性等方面。尽管市场监管部门的组建，在很大程度上实现了药品及相关产品的统一监管，但我国现有的监管组织体系安排依然

---

① 王伟：《十八大以来大部制改革深层问题及未来路径探析》，《中国行政管理》2016年第10期。

摆脱不了分段式的桎梏，药监、卫生、医保、工信、邮政、公安等不同政府部门各司其职，却又建立起各自的权力壁垒。今后的改革方向应该是根据政府间横向事权和职能，科学调整机构设置，合理配置执法力量，对健康产品进行统一市场监管。

二 监管法制比较及启示

从立法来看，各国立法均经历了形成、规范再到完善的过程，但不同国家的立法重点和目标却因本国具体情况不同而有所不同（见表3.9）。美国、英国等奉行"大市场、小政府"理念的国家表现出较为典型的"柔性立法"特点，其制定的法律法规具有较强的普适性、灵活性和可操作性。具体到药品监管领域，一是药品监管法制具有普适性。从药品研发、生产、经营到使用等各个环节或多或少都有一定的制度设计，基本上实现了药品生命全周期覆盖。二是药品监管法制具有灵活性。药品监管立法不断推陈出新，通过各种修正案、规范和指南对现有法律法规进行修补，极具灵活性，以适应新形势下的药品安全需求。三是药品监管法制具有可操作性。有关网络药品监管的法律条文很清晰，监管部门可以直接援引条文开展执法，其执法效果也为制度设计所考虑到。

表3.9　　　　　　　　国外网络药品监管法制比较

国家	特征	优点	缺点
美国	风险立法	强调药品安全风险的全覆盖，建立一整套风险管理机制	事前监测、研判、预警不足
英国	柔性立法	强调大市场、小政府	立法过于柔性，对产业约束不够
德国	责任立法	强调小市场、大政府，突出药害赔偿责任立法	立法过于严格，限制产业发展
日本	严格立法	强调小市场、大政府，突出上市后监测及惩罚立法	立法过于严格，限制产业发展

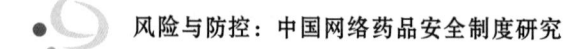

而德国等奉行"小市场、大政府"理念的国家在立法层面则有着典型的严格立法特征,显得较为严密、全面和可控性。这些国家在制度设计初始便将药品安全与医疗保险等相关制度配套考虑在内,如通过建立法定医疗保险基金制度实现全民保险,并规定凡未列入医保报销范围之内的一律不报销,进而对医师的过度治疗和国民的合理用药行为产生影响,以确保用药安全。又如在法定职责及违法责任承担方面作出严格规定,可谓严刑峻法。德国最早在药品责任领域内探索专门立法,为了最大限度地保护消费者权益,德国在药品损害赔偿认定方面适用绝对责任制度,并要求制药商强制投保和建立基金对消费者予以赔偿。

中华人民共和国成立以来在很长一段时间内奉行计划经济思想,政府在各种利益主体和利益关系之中起主导作用,统率药品产业投入产出及相关标准的全部。一方面,政府奉行公共利益至上可以无条件牺牲个人利益和局部利益,强调严格立法,一手包办了药品监管的所有标准和要求,对产业利益过于忽视,以牺牲制药产业的发展来换取人民健康权的实现;另一方面,政府的监管力量和技术手段跟不上产业发展的速度,引致产业在政策实施上的消极应付和投机取巧,加之消费者等社会力量长期处于旁观者角色,所谓的"严刑峻法"在实际执行中的效果却是大打折扣,药品安全事件层出不穷。可见,立法理念亟待转变。

一是坚决贯彻"四个最严"。2013年12月,习近平总书记在中央农村工作会议上讲话,第一次提出"最严谨的标准、最严格的监管、最严厉的处罚、最严肃的问责"。① 随后,他多次在重要场合强调药品安全的重要性,要坚持"四个最严"确保人民群众"舌尖上的安全"。在药品安全法治建设中,有必要将"四个最严"贯彻运用到法律的创制及修订中来,尤其是要效仿德国的做法,强化法律责任,

---

① 《中央农村工作会议在北京举行 习近平李克强作重要讲话》,《人民日报》2013年12月25日第1版。

第三章 他山之石：发达国家网络药品监管的实践模式

提高违法成本，无论是行政责任还是刑事责任的设定以及相关处罚条款，要体现最严厉的标准，以最大限度地遏制网络药品交易违法犯罪行为。同时，为有效应对网络药品交易的虚拟性，积极探索在药品损害赔偿责任领域内的立法，考虑引入药害基金救济制度或者保险制度，尽最大可能地维护消费者的合法权益。

二是全面实现风险立法。美国是最早开启药品领域风险治理的国家，其在药品全生命周期的风险管理制度值得我国药品监管立法借鉴。同时，欧盟、美国奉行的上市许可持有人制度在促进研发创新、优化资源配置、提高监管效能等方面的作用不容小觑。我国现有的上市许可与生产许可"捆绑制"管理机制尽管起到了严格监管的作用，但制度内生的不足导致监管力量过于集中事前审批，风险监管的全覆盖难以有效实现。因此，有必要引入风险立法的理念，在全面推开上市许可持有人制度的基础上，强调上市后监管和信息公开公示制度，做到真正的责、权、利相统一。

三 监管机制比较及启示

从监管机制来看，各国在执法模式、队伍建设、资源配置方面呈现形式各异的特点（见表3.10）。美国、英国、德国及日本分别成为多元主义、法团主义、国家主义的典型代表。在美国，多元主义表现为政府、市场、社会三方相互协作的理念深入人心。联邦政府按照国会授权行使药品监管权，同时将部分监管权让渡给第三方共享，如各州的药房理事会负责对药房和药师的资质及日常事务进行监管，消费者可以通过消费者集团提起诉讼、发起调解等方式参与药品监管。在英国，法团主义表现为政府与社会尤其是行业协会的长期良性互动。譬如：英国MHRA主要从药品生产许可、药品经营许可等行政许可，以及药品生产管理、药品经营管理等监督管理的层面开展工作；而有关网上药店的市场准入、药剂师的注册认证等工作交由英国最大的医药行业协会——皇家医药学会负责。而德国不同于英美等国，其国家主义特征十分显著。政府几乎包办了有关药品监管的一切监管事务和监管权限,建立了一整套完整、高效、严峻的药品监管体制机制,以维护至高无上的国家利益。并且,设置了专门的药害赔偿基金和强制保险制度,以最大可能地为弱势消费者群体提供保障。

表3.10　　　　　　　　国外网络药品监管机制比较

国家	特征	优点	缺点
美国	多元主义	强调政府、市场、社会多元合作,共同治理	事前监测、研判、预警不足
英国	法团主义	强调政府与社会良性互动	政府对行业协会过于依赖,易被俘获
德国	国家主义	强调国家利益至上	市场自我调节机制发挥受限,容易产生政府失灵
日本	政府主义	强调政府权力至上	市场自我调节机制发挥受限,容易产生政府失灵

这三种模式可谓各有优劣。以美国为代表的多元主义模式,其特色在于借助政府、市场和社会三种力量共同参与治理。无论是发生市场失灵、政府失灵还是社会失灵,都可以利用其他手段有效弥补,且监管成本相对较低。这种模式建立在医药产业充分发展、信用信息机制足够健全、市场调节机制有效发挥的基础之上。然而,一旦市场调节这只"看不见的手"严重失灵,而政府这只"看得见的手"却又伸得不够长,那么风险极可能迅速蔓延到产业链的其他环节,此时仅依靠事后的积极应对、快速查处、尽量弥补难以有效防范系统性风险的发生。

以英国为代表的法团主义特别强调国家与社会的良性互动,正因为这种良性互动关系带来了信息互通、信用共享,医药行业协会对于政策的理解和执行度较高,很少有抵触或变相抵触的行为,并且行业协会能够代表企业利益将相关诉求和理念传导至政府,对政府的立法和执行产生积极的影响。而劣势表现为这种紧密的政社关系极易转变

第三章 他山之石：发达国家网络药品监管的实践模式

为利益捆绑关系，监管部门对行业协会过于依赖，且极易被俘获，甚至其监管政策的形成和实施都会在行业协会的影响下有失偏颇。

而以德国、日本为代表的国家主义模式，优点体现在其严密的科层制行政管理制度和精细的监管法律制度设计能够最大限度地预防和应对风险。与多元主义模式不同的是，国家主义模式中政府的触角几乎延伸到了药品全生命周期的每个环节，尤其是通过严密的制度设计织起了一张强大的防护网，如建立药店巡查制度和黑名单制度以确保执法结果的有效运用，设立药害事故赔偿基金以防止突发性安全事件，等等。但缺点也非常明显，过多的政府介入或多或少会对市场的自我调节机制产生影响，以至于市场的孕育和发展始终受限，同时政府的高度集权也极易产生政府失灵，其破坏性可能高于市场失灵。

结合我国实际，中国一直以来奉行国家主义模式，政府在所有主体中居于主导地位，市场和社会力量对政府政策制定和实施的影响十分有限。然而，由此带来的弊端是政府一手包揽所有行业标准和管理，市场发育十分迟缓，市场机制的调节作用微乎其微；消费者、行业协会等力量过于分散，难以形成利益集团与政府和产业进行对抗；政府由于权力独享且缺乏外部监督，导致有利可图的地方重复监管、多头监管，没有利益或责大于利的地方存在推诿扯皮、监管真空。更为重要的是，网络药品问题有着复杂性、不确定性和目标多样化。一方面，网络药品监管涉及药监、卫生、医保、工信、邮政等多个部门，覆盖网上药店、第三方平台、执业医师、执业药师等不同对象，具有高度复杂性；另一方面，网络药品安全既表现为网络安全问题，也表现为药品安全问题，在疫情形势迅速变化的当下，更是与其他社会问题、经济问题、甚至政治问题相互交织，具有高度不确定性。此外，在目标追求方面，政府寻求保障安全和促进发展，企业寻求经济利益和市场口碑，消费者期望获得安全可靠的药品，各方主张之间存在张力。从目前流行的网络药品监管模式来看，以德国和日本为代表的国家主义模式正在向以美国为代表的多元主义模式过渡。

从内部视角来看,"放管服"改革致力于从简政放权、放管结合、优化服务等三个角度,以提升政府治理体系和治理能力的现代化水平,这也是党的十八大以来深化行政体制改革、转变政府职能的一项重大举措。中国政府的行政管理体制改革应当以"放管服"改革为契机,在网络药品安全领域建立试验性规制制度,① 尽可能简化网络药品审批许可制度,逐步放宽网络药品经营主体门槛,通过建立企业自律、行业自律机制和灵活高效的监管机制,使市场在资源配置中起决定性作用,在尊重市场主体地位的基础上让企业更为主动地承担相应的法律责任和社会责任。

从外部视角来看,"共建共治共享"理念的提出使得政府监管、企业自律、公众参与之间有机结合成为可能,对事关政府、市场、社会各方利益的药品监管立法产生一致性的影响,进而在监管法律制度的运行过程中能够共同接受相应的权利义务安排。② 正如习近平总书记在党的二十大报告上指出:"建设人人有责、人人尽责、人人享有的社会治理共同体",③ 网络药品安全的共建共治共享也离不开多元主体的共同参与。

---

① 靳文辉:《试验型规制制度的理论解释与规范适用》,《现代法学》2021 年第 3 期。
② 夏锦文:《共建共治共享的社会治理格局:理论构建与实践探索》,《江苏社会科学》2018 年第 3 期。
③ 《高举中国特色社会主义伟大旗帜 为全面建设社会主义现代化国家而团结奋斗》,《人民日报》2022 年 10 月 26 日第 1 版。

第 四 章

激荡变革：我国网络药品监管现状

自1998年我国第一家网上药店诞生以来，伴随着信息科技技术和互联网产业的飞跃，我国医药电商产业历经起步期、发展期、求索期、展望期，网络药品监管体制、法治和机制也在不断变化和调整。

在这一过程中，网络药品监管体制历经垂直管理、分类管理到分级管理、统一管理，监管权配置也是从相对独立和专业化朝着综合性与分权化的方向不断革新。纵向上的分级管理将药品监管的主要职责职能下放到地方，由地方政府承担起属地管理责任；而横向上的统一管理则将建立统一、竞争、开放、有序的现代医药市场作为新时期的监管目标。与此同时，网络药品的监管制度也经历了从全面禁止、谨慎试点、反复调整到迎来利好等不同阶段，相关法律法规从无到有，不断丰富和完善，与上下游的互联网诊疗和互联网医保等政策共同构成了较为完整的网络药品监管制度体系，为网络药品市场乃至互联网医药产业发展起到了引领和规范的作用。除此以外，网络药品监管机制也在不断的发展和调整，经历了重事前审批到重事中事后监管再到强调全过程监管的快速转化。在网络市场发展初期，为防范不合格药品进入流通环节，药品流通监管主要集中在事前审批许可上。随着"放管服"改革的推进以及优化营商环境等政策的提出，监管部门越来越强调风险管理、追溯管理和上市后监管，监管重心向事中事后监管转移。

进入新发展阶段以来，网络药品交易已成为药品流通渠道中不可或缺的一环。一方面，国内政策环境趋于更加包容审慎。从《药品管理法》的修订，到互联网诊疗相关法规密集出台，再到互联网医保提供政策支持，足以看到党中央、国务院推动医药电商产业高质量发展的坚定信心。另一方面，新冠疫情的发展催生了社会需求。疫情发生以来，医药电商产业进入高速增长期，为社会公众提供了"零接触""不聚集""一站式"购药的选择。当前，有必要在深入贯彻学习习近平总书记"四个最严"方针的基础上，逐渐形成药品风险全过程监管的体制法治机制，进一步夯实监管责任，健全监管规则，创新监管方式，最大限度地保护人民群众健康。

第一节　我国网络药品监管体制

我国网络药品监管体制包括纵向和横向层面。其中，纵向层面包括中央和地方之间的条条管理以及不同区域之间的块块管理，有垂直管理和分级管理之分；横向层面包括部门和部门之间、部门内部之间的管理，有分类管理和统一管理之分。当前，我国网络药品监管体制正在向分级管理和统一管理过渡。

一　监管体制从垂直、分类走向分级、统一

我国网络药品监管体制的制度变迁与经济建设所经历的特定的历史时期密切相关，与医药产业的由衰到兴、蓬勃发展密切相关，也与监管机构的设置和监管权的配置密切相关。

（一）纵向层面从垂直管理走向分级管理

自新中国成立以来，药品安全纵向监管体制历经"双头共管"到"三足鼎立"到垂直管理再到分级管理的阶段。具体包括：

一是"双头共管"阶段（1949—1978年）。新中国成立伊始，中央人民政府成立卫生部，统管有关药品科研、生产、经营和使用等工

第四章 激荡变革：我国网络药品监管现状

作。随着医药工业的迅速发展，卫生部的职责也作了相应扩张，在原有的药政管理基础上新增了制药工业、医药商业、中药材经营管理等职责。随后政府在医药领域的监管职能进一步扩大和细化，除了专门的药政和药检部门以外，还设置了制药工业和医药商业管理部门，奠定了我国药政部门和医药行业部门"双头共管"格局。计划经济时期药品监管体制的最大特点是"政企合一"。因为这一时期面临的主要矛盾是缺医少药，药品监管的首要目标是满足药品的可及性，因而负责质量安全的药政部门远不及负责市场调控的工商部门重要。同时，政府为了让公众以低廉的价格购买到基本药物，牢牢把控了药品生产经营活动，市场机制几乎没有发挥作用。

二是"三足鼎立"阶段（1978—1998年）。1978年，党的十一届三中全会召开以后，国家成立了医药管理总局，作为国务院直属机构，由卫生部代管，负责行使行政监督和行业管理双重职能，结束了条块分割的现状，形成了统一的医药监管体制。1982年，为了进一步搞活医药市场，国家医药管理总局更名为国家医药管理局，归口国家经济委员会管理，不再是国务院直属机构。1988年，国家医药管理局又调整为国务院直属机构。1994年，国家医药管理局又返回到国家经济贸易委员会。此时，医药监管实际上由原有的卫生部药政司、新设的国家医药管理局和国家中医药管理局共同负责，呈"三足鼎立"之势。改革开放初期药品监管体制的最大特点是"政企分离"。这一时期药品监管工作具有典型的转型色彩，政府职能明显落后于产业发展。政府的监管目标也是摇摆不定，既想发展市场经济又不愿放弃计划指令，既想搞活医药市场又不愿产业脱离干预。并且，此时监管机构的"三足鼎立"带来了职能交叉重复和监管效率低下。

三是垂直管理阶段（1998—2008年）。1998年堪称医药监管体制的变革年。1998年，九届人大一次会议通过了国务院机构改革方案，中国第一次建立起了独立于药品行业管理的药品安全监管机构——国家药品监督管理局，将原属医药管理局的药品质量安全监管、原属中

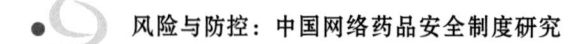

医药管理局的中医药质量安全监管和原属卫生部的药政工作一并纳入新机构承担。然而，由于省级及以下药品监管机构不统一，许多地方分属不同系统，出现政出多门、职能交叉的现象。有的地方甚至出现官商勾结、沆瀣一气，地方保护主义的盛行严重阻碍了药品安全监管工作，因而改革监管体制势在必行。2000年，国务院宣布药品监管体制调整为省级以下垂直管理，这是监管权纵向配置的一次大变革。自此，中国建立起了类似于美国FDA的省级以下药品垂直管理体制，有助于打破地方保护主义、加强执法监督力量、确保药品质量安全、建立医药统一市场。截至2001年底，全国省级及省以下垂直管理药品监督管理系统初步建成。

四是分级管理阶段（2008年至今）。2000年以来，"齐二药"[①]、"欣弗"[②]、"甲氨蝶呤"[③] 等特大药害事件相继发生。郑筱萸、张敬礼、曹文庄、郝和平等药监部门高官"前腐后继"，致使药监部门承受诸多非议，一度被媒体批评为权力高度集中的"独立王国"。药监部门也逐渐意识到了与产业的密切联系对监管政策造成的负面影响，将原有的"监、帮、促相结合"的工作理念转变为"科学监管"，逐步建立起与产业脱离利益关联、保持中立的监管风格。[④] 然而，2008

---

① 2006年，广州连续发生重症肝炎病人出现急性肾功能衰竭的症状。经国家食药监局调查发现，齐齐哈尔第二制药公司生产的亮菌甲素注射液需要溶剂丙二醇，但被替换为工业原料二甘醇。该事件导致13人死亡，部分人肾毒害。参见蔡彦敏《"齐二药"假药案民事审判之反思》，《法学评论》2010年第4期。

② 2006年，青海省西宁市部分患者使用安徽华源生产的"欣弗"注射液后，发生心悸胸闷、过敏性休克、肝肾功能损伤等临床症状，经国家食药监局调查发现，该注射液未按批准的工艺参数灭菌，影响灭菌效果。该事件造成全国报告病例93例，死亡11人。参见宋华琳《药品不良反应与政府监管制度改革——从安徽欣弗事件引发的思考》，《法学》2006年第9期。

③ 2007年，广西、上海等地医院报告一些白血病患儿使用上海华联生产的注射用甲氨蝶呤后，发生下肢疼痛、行走困难等症状。经国家食药监局调查发现，华联制药厂在生产过程中造成多个批次的药品被污染，严重损害人体的中枢神经系统。该事件造成全国共130余名患者受到严重的神经系统和行走功能损害。参见杨兴龙、高毓蔚、刘素刚等《药品群体不良（药害）事件民事赔偿法律探讨——从"甲氨蝶呤"药害事件引发的法律思考》，《灾害医学与救援》2012年第3期。

④ 邵明立：《树立和实践科学监管理念》，《管理世界》2006年第11期。

第四章 激荡变革：我国网络药品监管现状

年的十一届全国人大一次会议，将原属于国务院直属机构的药监部门降格为卫生部代管，监管职权及范围也作了相应调整。同年，国务院将有关药品、医疗器械的技术审评工作分给事业单位承担，并取消了省级以下垂直管理。至此，药品监管权的纵向垂直格局正式落幕。

可见，在纵向层面，药品监管体制从垂直管理走向分级管理。国家药品监督管理局的成立归根结底是医药领域社会主要矛盾的转变，旧时的缺医少药局面已得到根本扭转，现有的矛盾集中在药品质量安全和安全性、有效性的把控。回顾 20 世纪 90 年代以来，医药生产、流通领域中的各类药害事件层出不穷，国家不得不考虑设立专门的监管机构对药品领域实行专业监管。垂直管理体制在一定程度上加强了中央对地方的集权，对打击假冒伪劣药品和地方保护主义起到了积极作用。然而，中央的过度集权既会导致地方药监部门监管任务与力量的严重不匹配，更是滋生了药监系统高官贪污、腐败等情况，因而走向分级管理体制成为必然。随着药品监管权的纵向垂直格局落幕，药品监管的主要职责职能下放到地方，由地方政府承担起属地管理责任。各级地方政府须为本行政区域内的药品安全承担监管责任，这样的安排更符合权责利统一的要求，更能发挥地方的积极性和主动性。

（二）横向层面从分类管理走向统一管理

2013 年以前，有关药品及其相近产品的监管由不同的部门负责，属于分类管理模式。随着时间的推移，药品安全横向监管体制进入"食药合一"到"医药合一"到"四品一械"再到统一管理的阶段。

一是"食药合一"阶段（2003—2008 年）。2003 年，十届全国人大一次会议通过国务院机构改革方案，将药品监管职能与食品监管职能合并，组建成立国家食品药品监督管理局，仍然作为国务院直属机构。这是深化行政体制改革过程中，按照同一部门承担相同或相近职能的原则，将药品和食品等涉及人体健康安全的产品统一归口管理，也是监管权横向配置的一次新举措。2004—2005 年，国家食品药品监督管理局先后出台了《互联网药品信息服务管理办法》《互联网

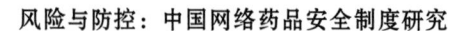

药品交易服务审批暂行规定》及相关文件,对网络上的药品信息服务和药品交易服务开始监管之旅。随着管辖范围的扩大,这一时期的监管任务变得更加艰巨。尽管药品监管改革取得显著成效,但在改革过程中仍暴露出不少问题。安徽阜阳12名婴儿因食用劣质奶粉致死的事件,[①] 令人对刚刚涉足食品领域的食品药品监督管理局产生质疑。而在这样的混乱中,原国家食品药品监督管理局局长郑筱萸因犯受贿罪被执行死刑。

二是"医药合一"阶段(2008—2013年)。2008年大部制改革中,药监系统也面临"被改革"。国家食品药品监督管理局重回卫生部代管,既有药监部门监管不力和官员"前腐后继"的因素,也有"大卫生部""大健康委员会"呼声日益高涨的因素。这样的合并尽管对药品监管是一种"降级",但从横向整合的角度来看,有利于更好地梳理卫生系统职能,避免职责交叉、推诿扯皮等现象。这一时期,卫生部组织制修订了一批药品法律法规,推进国家基本药物制度,健全重大药品安全事件制度。

三是"四品一械"阶段(2013—2018年)。随着市场经济进一步发展,药品质量安全的重要性日益凸显。2013年,十二届全国人大第一次会议通过国务院机构改革方案,重新组建了国家食品药品监督管理总局并作为国务院直属机构,不再隶属卫生部,有关食品和药品的监管职能一并移交新机构承担。这一时期,国家食品药品监督管理总局的监管范围可以用"四品一械"予以概括,即食品、药品、化妆品、保健品和医疗器械。由于药品的系统性风险表现得越发明显,药品安全问题已从单纯的技术问题上升为民生问题、社会问题甚至政治

---

① 2003年,安徽阜阳100多名婴儿陆续患上一种怪病,脸大如盘,四肢短小。经国家食药监局调查发现,不法分子用淀粉、蔗糖等价格低廉的食品原料替代乳粉,再用奶香精等添加剂进行调味,制造出劣质奶粉,长期食用劣质奶粉会导致婴幼儿营养不良、生长停滞、免疫力下降。该事件造成婴儿死亡12人,营养不良229人。参见国务院应急管理办公室《安徽阜阳劣质奶粉事件》,http://www.gov.cn/yjgl/2005-08/09/content_ 21396.htm,2005年8月9日。

问题。新成立的国家食品药品监督管理总局于2013年针对互联网第三方平台开展药品网上零售试点工作，但在三年后因网络药品交易安全难以保障予以暂停。

四是统一管理阶段（2018年至今）。2018年，按照横向整体监管的原则，新一届的机构改革方案大刀阔斧地实行了"三局合一"，即原属国家工商总局的市场监管职能、原属国家质监总局的质量监督职能，与原国家食品药品监督管理总局合并后，组建国家市场监督管理总局，作为国务院直属机构。同时为保障药品监管的独立性和专业性，下设国家药品监督管理局，主要负责药品、化妆品、医疗器械等监督管理。这标志着我国正式建立起了"统一、权威、高效"的药品监管新体制。这一背景下，网络药品迎来了黄金发展时期。机构和制度的同时变革，使得兼顾网络药品产业发展和保障群众用药安全成为可能。

可见，在横向层面，药品监管体制从分类管理走向统一管理。分类管理是基于药品的特殊性，成立专门的药品监管部门实行专门化管理，这在特定的历史时期为解决层出不穷的药品安全问题起到了积极作用。然而，与分类管理密不可分的就是"九龙治水"。随着食品药品监管职能的合并，以往职责交叉、推诿扯皮的现象得以扭转，大大提高了监管效能。而工商、质监、食药监"三合一"更是源自基层的改革探索，自下而上地推动了市场统一管理的成功实现。可见，建立统一、竞争、开放、有序的现代医药市场成为新时期的监管目标，因此，食品、药品及其他产品监管职能的整合，有利于改变政出多门、重复交叉的监管局面，由市场监督管理总局统一实施市场监管，让监管不留死角。

二 全面深化改革视野中的监管体制

2013年，党的十八届三中全会上提出了全面深化改革的指导思想，在这一背景下，大部制改革承载了行政机关全面深化改革的客观要求。"大部制"又称大部门体制，即"为推进政府事务综合管理与协调，按政府综合管理职能合并政府部门，组成超级大部的政府组织体制"。① 事实上，药品监管体制的变革可以折射出政府机构改革的缩影（见图4.1）。从新中国成立以来到1998年药品监督管理局的成立，标志着药品监督管理工作的重要性和专业性得到普遍认可。2008年中央及各地采取了一系列措施推行大部制改革，药品监管重归卫生部也是回应了"大卫生""大健康"的呼声；2013年国家食品药品监督管理总局的成立，实现了食品监管和药品监管的职能整合；2018年国家市场监督管理总局的成立，实现了更大范围内的相近产品监管的职能整合。2018年大部制改革中，以转变政府职能为宗旨的改革方案为医疗卫生领域带来了巨大的变化。在医药领域，国家市场监督管理总局的设立将工商、质监、食药监的职能"三合一"，为医药市场统一监管奠定了基础；在医疗领域，国家卫生健康委员会的设立整合了原有卫计委、医改办、老龄办的职能，为卫生健康领域统一监管指明了方向；而医保领域中，国家医疗保障局的"横空出世"实现了城镇职工、城镇居民和新农合"三合一"，将医疗卫生体制改革引向了医保主导的时代。

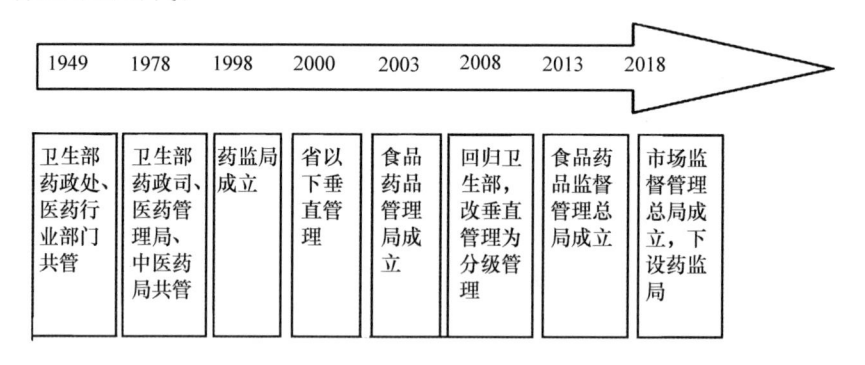

图4.1 我国药品安全监管机构改革历程

1949	1978	1998	2000	2003	2008	2013	2018
卫生部药政处、医药行业部门共管	卫生部药政司、医药管理局、中医药局共管	药监局成立	省以下垂直管理	食品药品管理局成立	回归卫生部，改垂直管理为分级管理	食品药品监督管理总局成立	市场监督管理总局成立，下设药监局

---

① 张康之：《走向服务型政府的"大部制"改革》，《中国行政管理》2013年第5期。

第四章 激荡变革：我国网络药品监管现状

在这一制度安排下，药品监管体制逐渐从垂直管理和分类管理走向了分级管理和统一管理（见图4.2）。即：纵向上，建立起以地方政府承担属地管理责任的分级管理体制，各级地方政府须对本行政区域内的药品安全包括网络药品安全负责。从网络药品交易监管实际来看，国家药品监督管理局负责全国范围内网络药品交易服务的监督管理；省级药品监督管理部门负责本行政区域内药品网络交易的监督管理，包括第三方平台、上市许可持有人、药品批发企业等活动；市、县级市场监督管理部门分别负责本行政区域内网络药品交易服务的监督管理，主要是药品零售企业的活动。这种"省级以上垂直管理、省级以下分级管理"的监管模式，能够在一定程度上解决上下一般粗的"权责同构"问题。

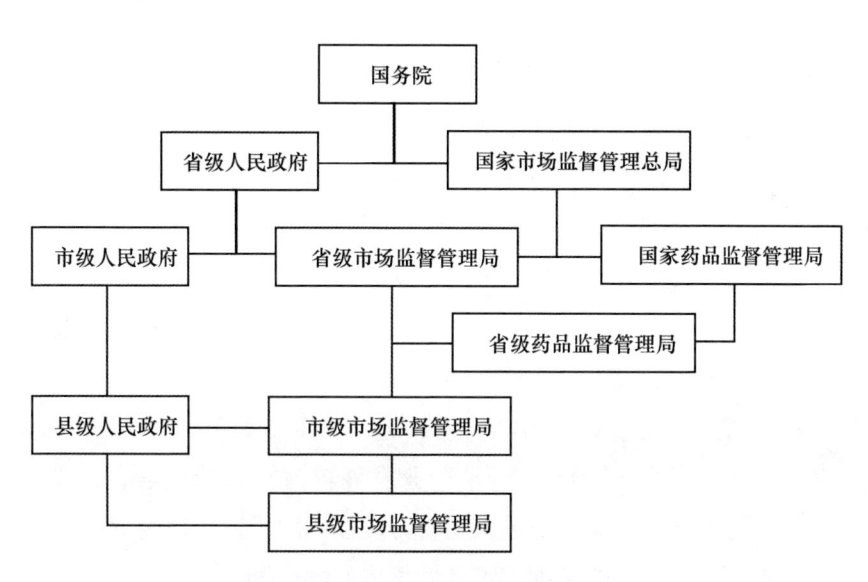

图4.2 我国药品安全监管机构体系

横向上，建立起以药品、食品及相关产品市场的统一监管体制，由市场监督管理部门整合各方面力量，统一决策，统一调度，统一管理。目前，在药品行业发展和产品政策制定上，纳入国家产业政策的调整范围，由国务院经济综合主管部门负责制定和执行；在与药品有关的质量监管、工商许可、标准制定、检测检疫等事项上，由市场监督管理部门统一进行宏观管理；在涉及药品监管的专业领域，省级以上政府专设药品监督管理部门，专司药品质量监管、上市许可、上市后监测，以及网络药品交易第三方平台监管等事项。这种"大市场、专药品"的监管模式，能够在一定程度上解决市场统一监管的综合性、协调性以及药品安全监管的专业性、特殊性的问题。

第二节　我国网络药品监管法治

我国网络药品监管法治包括法律和政策层面。其中，法律是由享有立法权的立法机关依照法定程序制定、修改并颁布的，包括法律、行政法规、地方性法规、部门规章等由国家强制力保证其实施的行为规范；政策则是国家政权机关、党政组织为了实现一定历史时期的任务而制定的行动准则，较之于法律更富有时效性和灵活性。当前，我国网络药品监管制度正在逐渐走向开放和包容。

一　监管法治从全面禁止走向逐渐开放

我国网络药品监管法治的制度变迁与网络药品产业发展息息相关。复盘行业发展历史，2000—2014年，随着互联网行业的迅速发展，网络药品受益于政策春风快速兴起，催生了如B2B、B2C、G2B等多种业态；2016—2018年，是行业发展较为受限的阶段，监管趋严、政策趋紧导致行业发展进入了较为缓慢的阶段；2018年以来，配套政策逐渐规范，行业又进入了良性发展的阶段。

（一）监管法律历经从无到有的过程

在法律层面，有关网络药品的监管法律经历了从无到有的发展历程。主要包括三个阶段。

一是行政法规管理阶段（1984年之前）。早在1950年，经政务院批准，卫生部颁布了我国药品管理的第一部行政法规《管理麻醉药

第四章 激荡变革：我国网络药品监管现状

品暂行条例》。1963 年，卫生部、化工部和商业部联合发布了《关于加强药政管理的若干规定》，作为药品管理的第一部综合性规章。但上述法规在"文革"期间遭到了严重破坏。党的十一届三中全会以来，我国药品安全立法工作恢复正常。1978 年，国务院颁布了《药政管理条例》，几乎囊括了有关药事管理的所有内容，也是后来《药品管理法》的雏形。彼时，改革开放刚刚起步，整个医药产业尚未摆脱计划经济的影子，折射到《药政管理条例》中找不到有关药品经营行为的规定，而是对药品供应行为专设一章；并且，有关药品生产企业、经营企业以及监管部门自身的责任体系严重缺乏，如何处罚违规行为，如何追究行政责任，均未有所体现。因此，该条例对于市场上的违规乱象及监管部门的"吃拿卡要"并未起到很好的遏制作用。这一阶段的药品监管法律以《药政管理条例》为代表，对药品生产、供应、使用及相关质量标准均作出了规范。但总体而言，法规比较粗糙，缺乏责任体系和可操作性，药品市场上粗制滥造的现象屡禁不止，药品监管部门的专业化和独立性仍有所欠缺。

二是法律法规建立阶段（1984—2012 年）。伴随着我国医药工业体系的初步建立，1980 年，我国第一部药品领域内的法律"药政法"的创制拉开序幕。到 1984 年，经过 7 次重大修改的《药品管理法》获得审议通过。该法以《药政管理条例》（1978）为蓝本，最大的亮点在于确立了药品生产企业许可制度、经营企业许可制度、新药许可制度、药品生产质量管理规范、药品标准、广告审批等基本管理规范，可谓我国药品管理专门化立法的一次伟大创举。依照该法律，卫生部先后制定并发布了一系列药事管理制度，如《麻醉药品管理办法》《药品生产质量管理规范》《进口药品管理办法》《药品广告管理办法》等。1998 年国家药品监督管理局的成立，宣告药品监管体制的深刻变革，从此药品监管进入了专门化、相对独立性的新时代。自成立起，国家药品监管局就启动了《药品管理法》的修订工作。经过 3 年的反复论证，2001 年《药品管理法（修订案）》审议通过，明确规定药品监管工作由药监部门负责,设立药品分类管理制度,对药品研发要求执行 GLP 和 GCP 管理规范,对药品生产经营增加认证制度。2002 年,国务院也配套制定了《药品管理法实施条例》,对《药品管理法》的部分章节和条款作了进一步的细化,使之变得更加清晰、明确和具有可操作性。该条例明确规定:"通过互联网进行交易的药品生产企业、经营企业、医疗机构及其交易的药品,必须符合《药品管理法》和本条例的规定",这为网络药品交易给予了立法确认。这一阶段的药品监管法律以《药品管理法》及其实施条例为代表,标志着我国药事管理工作进入法治化管理阶段,有关新药审评、生产质量规范、药品广告管理、进口药品管理等一系列制度陆续出台,并为网络药品交易留下了口子。然而,改革开放对医药行业释放了巨大的制度红利,产业的迅速转型和流通渠道的多元化,给处于转轨时期的药品监管部门带来了困惑。同时,主管部门自身的机构重叠、职能交叉影响到法律法规的贯彻执行效果,造成政出多门、政企不分等后果。

三是法律法规完善阶段(2012 年至今)。进入 21 世纪以来,中国医药市场一跃成为全球第二大医药市场。医药电商领域迎来了快速发展,相关法律法规随之而修改和完善。一方面,有关电子商务的法律法规不断丰富。2018 年,《电子商务法》的重磅出台对电子商务经营者、平台经营者等各方主体的权利、义务和责任进行了统一规定,成为一般商品网络交易的"圭臬"。为持续优化营商环境,2019 年国务院出台了《优化营商环境条例》,明确提出"对新技术、新产业、新业态、新模式等实行包容审慎监管",同时强调"对直接涉及公共安全和人民群众生命健康等特殊行业、重点领域,依法依规实行全覆盖的重点监管",充分体现了"法治是最好的营商环境"的重要指示精神。另一方面,有关药品监管的法律法规也在不断完善。《药品管理法》在 2013 年和 2015 年先后迎来了两次修正,用市场调节价取代了政府定价和政府指导价,将委托生产药品批准权限下放至省级药监部门,并删除了药品生产企业、经营企业工商登记注册条款。可见,这两次修正都属于小修小补。更大的动作体现在2019年的修订稿中，这是自颁布以来第二次系统性、结构性的修订，将药品领域改革成果和行之有效的做法上升为法律。新《药品管理法》第61条规定："药品上市许可持有人、药品经营企业通过网络销售药品，应当遵守本法药品经营的有关规定"，体现了立法对网售药品的包容性。同年，受长生生物疫苗事件等影响，国家出台了《疫苗管理法》，对疫苗研制、注册、生产和流通等全过程进行了严格规定，在符合《药品管理法》的一般要求基础上，提出了更为严格的准入条件、质量控制标准和违法责任。自党的十八大以来，我国药事领域立法进入不断发展完善的阶段。《药品管理法》历经两次修正和一次修订，成为统率药事领域的核心法律。药品研发、生产、经营、使用等各个环节的质量规范已然成型。医药电商的相关条款不断丰富起来。

可见，在法律层面，有关药事领域的立法从行政法规管理阶段到法律法规建立阶段再到法律法规完善阶段。代表性法律从《药政管理条例》演变为《药品管理法》及其实施条例。医药电商的相关条款从留有口子变得更为丰富和具体，"留足发展空间"和"实行全覆盖监管"并行成为网络药品交易必须遵循的法治精神。

（二）监管政策呈逐渐开放的态势

在政策层面，有关网络药品的监管政策总体上呈逐渐开放的态势，大致经历了从全面禁止到谨慎试点到反复调整再到迎来利好的四个阶段。

一是全面禁止阶段（2000年之前）。随着互联网技术的发展，医药电子商务的产生和发展成为必然。1998年，上海第一医药开办了中国第一家网上药店，由此拉开了医药电商产业发展与市场监管的序幕。1999年，原国家药品监督管理局在《处方药与非处方药流通管理暂行规定》中要求"暂不允许采用网上销售方式"。这一规定明确将网络药品交易的形式列为禁令，刚刚诞生的网上药店不得不迅速关闭，但"暂不允许"意味着闸门有开放的可能。

二是谨慎试点阶段（2000—2014年）。自2002年《药品管理法实施条例》为网络药品交易"正名"以来，国家有条件地开放非处方药网络交易，允许北京、上海、广州、福建四省市开展试点。2004、2005年国家食品药品监督管理局先后出台了《互联网药品信息服务管理办法》《互联网药品交易服务审批暂行规定》，肯定了药品连锁零售企业开展网络药品交易，但对于药品经营企业类型、药品销售范围都有严格限制。上述《管理办法》和《暂行规定》成为指导我国网络药品交易的基本规范。2013年，《互联网药品交易服务管理办法（初稿）》的起草，意味着当局有意将网络药品交易纳入监管，并在初稿中陈列了网售许可项目及正面清单。与此同时，整顿和规范网上售药秩序也成为这一时期药监部门的工作重点。国家食品药品监督管理总局针对网上非法售药行为开展了联合执法活动，有力打击了非法信息和非法行为在网络上的延伸；同时，通过开展"两打两建"行动，重拳出击打击违法生产和违法经营行为，强化网上药品监督管理。

三是政策调整阶段（2014—2018年）。一方面，国务院积极释放加快医药电子商务销售模式创新的政策信号。2015年7月，《关于积极推进"互联网+"行动的指导意见》规定，未来互联网应更加丰富，形成实体经济与网络经济互动的新发展格局。2016年，《健康中国2030规划纲要》明确对"互联网+医疗"的支持态度，首次将健康医疗产业提升至国家战略高度。2017年，国务院先后取消网络药品交易A、B、C证审批，改为备案制，进一步为网上药店入驻平台扫清了障碍。另一方面，监管部门对于网络药品交易一直不断探索。2013年，原国家食品药品监督管理总局先后批准河北、上海、广东等三省市开展第三方平台药品网上零售试点。但试点中却暴露出处方药销售监管难、药店和平台责任不清等诸多难题，2016年监管部紧急叫停试点。这一时期，国家开始探索网络药品的专门规定，2014年版的《互联网食品药品经营监督管理办法（征求意见稿）》拟开放处方药的网络销售,且允许通过第三方物流予以配送。但时隔不久,2017年、2018年的两版《网络药品经营监督管理办法(征求意见稿)》却明令禁止向个人消费者提供处方药网售。

四是政策利好阶段(2018年至今)。时至今日,网络药品交易的外部环境和内部条件均发生了变化。一方面,从外部环境来看,"互联网+医疗健康"成为全面推进健康中国建设国家战略的重要支柱。2018年,国务院办公厅制定《关于促进"互联网+医疗健康"发展的意见》,要求发展"互联网+"医疗服务,创新"互联网+"公共卫生服务,优化"互联网+"家庭医生签约服务,完善"互联网+"药品供应保障服务,推进"互联网+"医疗保障结算服务。与此同时,有关"互联网+医疗""互联网+医保"的政策密集出台。如2018年出台的《互联网医院管理办法(试行)》等三个办法,对互联网诊疗、互联网医院以及远程医疗都作出了具体要求;2019年出台的《关于完善"互联网+"医疗服务价格和医保支付政策的指导意见》,明确"互联网+"医疗服务的医保支付政策。另一方面,从内部条件来看,网络药品交易的监管政策逐渐完善并成型。2019年,《药品网络销售监督管理办法(送审稿)》再次对外发布,拟扩大网络药品销售主体范围,并有条件允许通过网络销售处方药。随着新冠肺炎疫情的发生,放宽网售药品管制的呼声高涨,2021年,国务院办公厅发布《关于服务"六稳""六保"进一步做好"放管服"改革有关工作的意见》,第7条规定"在确保电子处方来源真实可靠的前提下,允许网络销售除国家实行特殊管理的药品以外的处方药。"很快,国家市场监督管理总局回应了社会和行业对医药电商的广泛需求,于2022年底正式实施《药品网络销售监督管理办法》,允许处方药网售,但提出了相关限制和要求;同时,为杜绝第三方平台在网络售药过程中"既做裁判员,又做运动员"的可能性,将药品销售企业和第三方平台区分开来并提出不同要求。

可见,在政策层面,有关网络药品的监管政策从全面禁止走向逐渐开放。率先打破封印的是非处方药网络交易,由于非处方药无须医师处方,消费者可以自行判断、购买和使用,监管部门于2000年初予以放开;关于第三方平台能否开展网上零售,监管部门经过探索、试点、调整、再出发,赋予了第三方平台直接参与网上零售的资格;关于处方药能否开展网上零售,经过6轮的修改和论证,新出台的《药品网络销售监督管理办法》肯定了处方药网上零售的可能,并制定了严格的限制条件,以尽可能杜绝滥用、错用处方药带来的风险和损害。上述政策的变化在一定程度上反映了医药电商市场的发展形势,消费者更高的用药需求,以及监管部门不断调整的态度。

二 全面依法治国视野中的监管法治

2014年,党的十八届四中全会上提出了全面依法治国的基本方略,在这一背景下,科学立法、民主立法,以良法促进发展、保障善治成为贯彻全面依法治国的客观要求。关于实现全面依法治国的重要途径,习近平总书记指出:"推进科学立法、民主立法,是提高立法质量的根本途径。"[①] 科学立法的核心在于尊重和体现客观规律;民主立法的核心在于为了人民、依靠人民。这要求我们在立法工作中要建立健全专家咨询和公众参与机制,广泛听取各方面的意见和建议。关于实现全面依法治国的重点领域,习近平总书记强调:"提高立法的针对性、及时性、系统性、可操作性,发挥立法引领和推动作用。"[②] 结合医药电商领域,要构建科学、系统的法律规范,使市场在资源配置中起决定性作用,促进医药电商市场规范、高效、可持续发展。关于实现全面依法治国的终极目标,"法律是治国之重器,良法是善治

---

① 习近平:《关于〈中共中央关于全面推进依法治国若干重大问题的决定〉的说明》,《人民日报》2014年10月29日第2版。

② 习近平:《在庆祝全国人民代表大会成立60周年大会上的讲话》,《人民日报》2014年9月6日第2版。

第四章 激荡变革：我国网络药品监管现状

之前提"。为了实现"善治"，待法治体系建立健全之后，法治建设的重心要从制定法律转向实施法律和有效治理，坚持依法治国、依法执政、依法行政共同推进。这不仅要求我们在立法环节凝聚改革共识，作出有利于各方利益主体的权利义务设定，为医药电商产业提供政策支持，保驾护航；更要求在执法和司法环节，规范市场发展行为，保障消费者合法权益，牢牢守住安全底线。截至目前，我国已形成相对完备的网络药品监管制度体系，并且在网络药品行业的上游——互联网诊疗和下游——互联网医保均形成了较为完整的政策体系（见表4.1）。

表4.1 我国网络药品监管制度体系

规范名称及文号	法律位阶	主要内容
电子商务法（2018年第十三届全国人大常委会第五次会议通过）	法律	规定通过互联网进行一般商品交易的有关事项
药品管理法（1984年第六届全国人大常委会第七次会议通过，2001、2019年修订）	法律	规定药品研制、生产、经营、使用和监督管理的有关事项
药品管理法实施条例（2002年国务院令第360号公布，2016、2019年修订）	行政法规	规定企业可以通过互联网进行药品交易
网络交易监督管理办法（2021年国家市场监督管理总局令第37号公布）	部门规章	规范一般层面的网络交易活动
药品经营质量管理规范（2000年国家药品监督管理局令第20号公布，2016年修正）	部门规章	规定药品经营管理和质量控制的基本准则
药品流通监督管理办法（2007年国家食品药品监督管理局令第26号公布）	部门规章	规范药品流通秩序，保证药品质量
互联网药品信息服务管理办法（2004年国家食品药品监督管理局令第9号通过，2017年修正）	部门规章	规定互联网药品信息服务的前置审批及上市后监管措施
药品网络销售监督管理办法（2022年国家市场监督管理总局令第58号公布）	部门规章	明确对处方药网络销售实行实名制，规定处方药与非处方药应当区分展示，强调"先方后药"和处方审核

续表

规范名称及文号	法律位阶	主要内容
国家食品药品监督管理局关于贯彻执行《互联网药品信息服务管理办法》有关问题的通知（国食药监市〔2004〕340号，2017年修正）	规范文件	规定具体管辖范围和审核程序
国家食品药品监督管理局关于印发《互联网药品交易服务审批暂行规定》的通知（国食药监市〔2005〕480号）	规范文件	规定互联网药品交易服务的前置审批及上市后监管措施
国家食品药品监督管理局关于贯彻执行《互联网药品交易服务审批暂行规定》有关问题的通知（国食药监市〔2005〕515号）	规范文件	规定具体审核程序和现场验收标准
国家食品药品监督管理局关于贯彻执行《互联网药品交易服务审批暂行规定》有关问题的补充通知（国食药监市〔2006〕82号）	规范文件	补充规定适用范围、申请条件和现场验收标准
国家食品药品监督管理总局关于试点开展互联网第三方平台药品网上零售有关工作的批复（食药监药化监函〔2013〕163号）	规范文件	同意开展互联网第三方平台上的药品网上零售试点
国家食品药品监督管理总局等部门关于印发打击网上非法售药行动工作方案的通知（食药监药化监〔2013〕123号）	规范文件	严厉打击网上销售假药和违法售药行为
国家食品药品监管总局关于加强互联网药品销售管理的通知（食药监药化监〔2013〕223号）	规范文件	规范互联网售药行为
国务院关于第三批取消中央指定地方实施行政许可事项的决定（国发〔2017〕7号）	规范文件	取消互联网药品交易服务企业（第三方平台除外）审批，即B证和C证
国务院关于取消一批行政许可事项的决定（国发〔2017〕46号）	规范文件	取消互联网药品交易服务企业（第三方）审批，即A证
国务院办公厅关于促进"互联网+医疗健康"发展的意见（国办发〔2018〕26号）	规范文件	明确互联网+医疗健康的服务体系建设，确定发展措施和主要内容
国家卫生健康委员会、国家中医药管理局关于印发互联网诊疗管理办法（试行）等3个文件的通知（国卫医发〔2018〕25号）	规范文件	规范互联网诊疗行为，规范互联网医院管理，发挥远程医疗服务积极作用

续表

规范名称及文号	法律位阶	主要内容
国家医疗保障局关于完善"互联网+"医疗服务价格和医保支付政策的指导意见（医保发〔2019〕47号）	规范文件	明确互联网医疗的服务项目，并将其纳入现行医疗服务价格的政策体系，对符合条件的纳入医保支付
国家卫生健康委办公厅关于加强信息化支撑新型冠状病毒感染的肺炎疫情防控工作的通知（国卫办规划函〔2020〕100号）	规范文件	鼓励在线开展部分常见病、慢性病复诊及药品配送服务
国家医保局、国家卫生健康委关于推进新冠肺炎疫情防控期间开展"互联网+"医保服务的指导意见（国医保电〔2020〕10号）	规范文件	将符合条件的"互联网+"医疗服务费用纳入医保支付
国家医保局发布关于积极推进"互联网+"医疗服务医保支付工作的指导意见（医保发〔2020〕45号）	规范文件	做好协议管理、完善支付政策、优化经办管理服务、强化监管措施
国务院办公厅关于服务"六稳""六保"进一步做好"放管服"改革有关工作的意见（国办发〔2021〕10号）	规范文件	在确保电子处方来源真实可靠的前提下允许网络销售处方药

从法律层面来看，网络药品交易须遵循一般商品网络交易的法律《电子商务法》的规定，以及药品领域内的特殊法律《药品管理法》《药品管理法实施条例》。2019年出台的《电子商务法》从一般层面对电子商务经营者、电子商务平台经营者的行为作了规定。在监管对象上，将电子商务经营者区分为电子商务平台经营者、平台内经营者以及通过自建网站等几种情形；在监管行为上，对产品质量、购销凭证、证照公示、信息披露、广告宣传、配送服务、隐私保护等方面作出了明确规定。2019年新修订的《药品管理法》坚持风险管理、全程管控、社会共治原则，对从事药品研制、生产、经营、使用和监督管理活动进行了全过程监管的制度设计。新法的"新"主要体现在几个方面：一是建立了全新的药品上市许可持有人制度，允许药品上市许可人委托其他企业进行药品生产和经营工作，打破"研产销"一体

化格局；二是强化动态监管，取消 GMP 认证和 GSP 认证，药监部门随时对 GMP、GSP 等执行情况进行检查，其检查结果将直接与企业生产许可和经营许可挂钩；三是完善药品安全责任制度，明确企业主体责任，加强事中事后监管，重点治乱，严惩重处违法行为。而针对网络售药部分，可谓"一波三折"。2019 年 4 月的修订草案提请审议时，提出"药品上市许可持有人、药品经营企业不得通过药品网络销售第三方平台直接销售处方药"，当时会议上未对修订草案作出表决。直到 8 月，新版《药品管理法》通过审议时，第 61 条明确规定"药品上市许可持有人、药品经营企业通过网络销售药品，应当遵守本法药品经营的有关规定"，至此，网络售药（含处方药）这一业态才正式在法律层面得以认可。同时还规定了禁止销售疫苗、血液制品、麻醉药品、精神药品等多种特殊管理类药品，以尽可能规避风险。

从政策层面来看，国务院办公厅于 2018 年发布的《关于促进"互联网＋医疗健康"发展的意见》为发展"互联网＋医疗健康"提供了明确的政策支持。有关一般层面的网络交易活动，须遵循《网络交易监督管理办法》；有关药品经营和流通管理，须遵循《药品经营质量管理规范》《药品流通监督管理办法》；有关网络药品信息服务，须遵循《互联网药品信息服务管理办法》；有关网络药品交易前置审批，须遵循《互联网药品交易服务审批暂行规定》，但国务院于 2017 年已取消此项前置审批，意味着只要有合法的药品经营资质，企业可以自由开展网络药品交易服务；有关处方来源的互联网诊疗行为，须遵循《互联网诊疗管理办法（试行）》《互联网医院管理办法（试行）》《远程医疗服务管理规范（试行）》等相关政策；有关医保的支付范围和标准，须遵循《关于完善"互联网＋"医疗服务价格和医保支付政策的指导意见》《关于积极推进"互联网＋"医疗服务医保支付工作的指导意见》等相关文件。而最令人惊喜的是，经过几轮征求意见，《药品网络销售监督管理办法》于 2022 年 12 月 1 日正式施行，这体现了几代药监人的努力和成效（见表 4.2）。从 2013 年的初稿，内容中有网售许可项目及正面清单；到2014年版征求意见稿，涵盖食品、药品、化妆品、医疗器械等"四品一械"；到2017和2018年版征求意见稿，试图禁止向个人消费者提供网售处方药；再到2019年送审稿，拟扩大网络药品销售主体范围，并有条件允许通过网络销售处方药；直至正式文件的出台，网售处方药正式开闸，这样的规定既反映了行业发展和社会需求的热切期盼，又体现了药监部门面对这一新业态的监管信心。

表4.2　　　　《药品网络销售监督管理办法》出台历程

规范名称及文号	法律位阶	主要内容
互联网药品交易服务管理办法（2013年初稿）	未生效	内容中有网售许可项目，正面清单
互联网食品药品经营监督管理办法（2014年征求意见稿）	未生效	涵盖"四品一械"，拟允许互联网药品经营者凭处方销售处方药
网络药品经营监督管理办法（2017年征求意见稿）	未生效	网络药品销售者为药品零售连锁企业的，不得通过网络销售处方药
网络药品销售监督管理办法（2018年征求意见稿）	未生效	仍禁止向个人消费者网售处方药，禁止单体药店网售药品
药品网络销售监督管理办法（2019年送审稿）	未生效	拟扩大网络药品销售主体范围，有条件允许网售处方药
药品网络销售监督管理办法（国家市场监督管理总局令第58号公布）	部门规章	明确处方药网络销售实名制，规定处方药与非处方药区分展示，强调"先方后药"和处方审核

第三节　我国网络药品监管机制

我国网络药品监管机制包括事前、事中、事后层面。相对于静态的体制和法治，网络药品监管机制通过制度系统内部各要素之间相互协同、相互作用，动态地实现网络药品监管的功能。尽管我国网络药品监管历史不长，但也在风险社会中经历了重事前审批到重事中事后监管再到强调全生命周期监管的快速转化。

一 监管机制从重事前审批走向重事中事后监管

改革开放以来,我国药品安全监管体制经历了多次变革,监管法治也在不断补充和完善,围绕药品流通领域建立了一套与之相适应的监管机制。为防范不合格药品进入流通环节,在很长一段时间内,药品流通监管主要集中在事前审批许可上。随着国家行政许可制度改革以及"放管服"的持续推进,风险管理、上市后管理逐渐成为监管机制革新的方向。

(一)重事前审批的监管机制

药品管理行政许可就是运用法律手段规范和调节行政相对人的权利。一方面,行政许可是对行政相对人能否进入药品领域任意行使权利的一种限制;另一方面,也是对行政相对人生产、经营药品这一权利资格的确认和保护。简而言之,行政许可既限制了不合格相对人任意行使权利,也保护了合格相对人合法行使权利。在药品行业发展不成熟、假冒伪劣药品充斥市场的初级阶段,行政许可制度的有效运用可以维护药品生产和经营的正常秩序,避免整个行业因为失序陷入混乱和衰退。

自1978年《药政管理条例》公布以来,我国药品行政许可有了明确的制度依据。1985年《药品管理法》的颁布,首次以法律形式明确了药品管理行政许可制度。直到1998年国家药品监督管理局成立后,先后出台、修订了一系列管理办法,如《药品生产质量管理规范》《药品经营质量管理规范》《新药审批办法》《药品流通监督管理办法》等,极大地丰富了药品管理行政许可制度。2004年,《行政许可法》的实施将药品行政许可也纳入了更为规范的法治化轨道。至此,我国基本建成与药品市场相适应的药品管理行政许可制度体系。

一是药品注册审批持续加速(见图4.3)。药品注册管理是新药上市的入口关,包括药品注册申请人开展药物临床试验、药品上市许可、再注册等环节。在研发阶段,申请人须符合《药物非临床研究质量管理规范》(GLP)、《药物临床试验质量管理规范》(GCP)等技术性要求;在注册阶段,申请人须符合《药典》等药品质量标准及《药品注册管理办法》等行政审批前置条件。近年来,我国持续开展药品审评审批制度改革,主要表现在两个方面:一方面,积极推广上市许可持有人制度。2015年,国务院在北京、上海、天津等十省市开展药品上市许可持有人制度试点。这一制度设计下的药品生产许可和上市许可相分离,无论是自然人还是法人,无论是生产企业还是研发机构,只要其提交的相关申请材料符合相应标准,且能够对整个生命周期的药品质量负责,即可获得上市许可批准。该制度现已推广到全国范围实施。另一方面,持续提高药品审评审批质量。自国务院下发有关审评审批制度改革的意见以来,全国范围排队审评审批的注册申请数量持续下降,从2015年高峰时的22000件下降至5652件,按时审评审批率超过90%。此外,加速上市应急性药物。针对临床用药需求,药监部门对一些突破性治疗药物、儿童用药、罕见病药物、临床

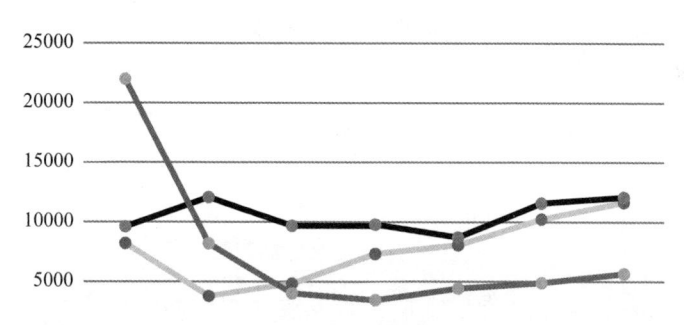

	2015	2016	2017	2018	2019	2020	2021
药品注册申请受理数量	8211	3779	4839	7338	8082	10245	11658
药品注册申请完成情况	9601	12068	9680	9796	8730	11582	12083
排队等待的注册申请数量	22000	8200	4000	3440	4423	4882	5652

图 4.3　药品注册申请数量变化(单位:件)

数据来源:国家药监局《药品审评报告》。

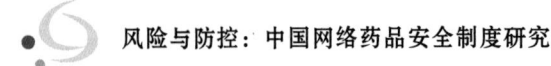

急需短缺药品等也设置了优先审批程序；针对新冠肺炎疫情的蔓延，为新冠病毒疫苗及治疗药物设置了特别审批程序，如阿兹夫定等已批准上市，并可通过各大医药电商平台购买。

二是药品生产许可趋于严格（见图4.4）。药品生产许可是药品进入生产环节的入口关。在此阶段，最为重要的监管手段当属《药品生产监督管理办法》《药品生产质量管理规范》（GMP）。按照规定，从事药品生产活动须依法取得药品生产许可证及GMP证书。GMP是一个国际通行的药品生产质量管理制度，覆盖了原辅料采购、生产投料、制剂加工、质量检验、储存、放行等药品生产全过程必须遵循的重要技术标准。1969年世界卫生组织发布了国际药品GMP制度，建议各成员国参考使用并建立相应的GMP制度。1988年我国引入了GMP的概念，并发布了第一部GMP制度。经过1992年、1998和2010年3次修订，新版GMP达到了与世界卫生组织国际药品GMP的一致性。我国自开展GMP制度以来，医药工业有了长足的发展。从持有药品生产许可证的企业数量来看，2016年有一个明显的下降拐

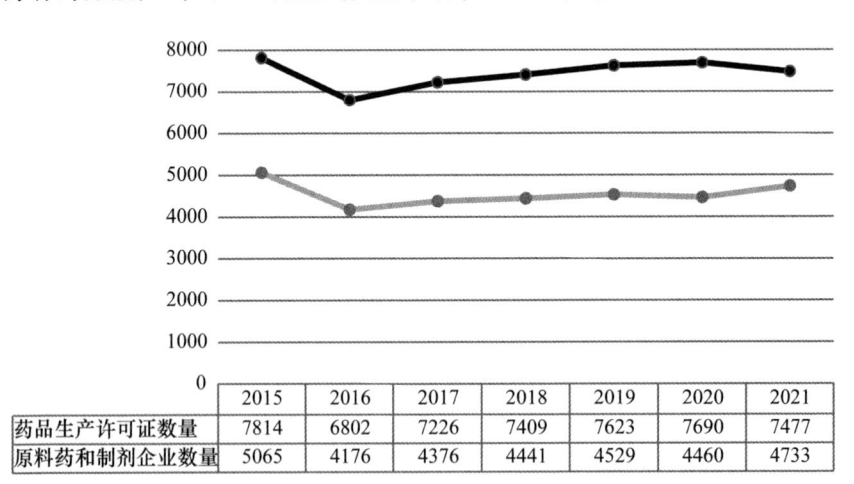

	2015	2016	2017	2018	2019	2020	2021
药品生产许可证数量	7814	6802	7226	7409	7623	7690	7477
原料药和制剂企业数量	5065	4176	4376	4441	4529	4460	4733

图4.4 药品生产企业数量变化（单位：家）

数据来源：国家药监局《药品监管统计年报》。

点,除自然换证淘汰外,由于GMP管控趋紧,一些企业未能通过GMP认证。2017年按照"两证合一"的要求,药品生产许可与GMP认证整合为一项行政许可,GMP认证正式取消。截至2021年底,全国拥有药品生产许可证的企业共7477家。

三是药品经营许可趋于收紧(见图4.5)。药品经营许可是药品进入经营环节的入口关。药品从药厂生产出来到流入患者手中,要经过诸多供应链环节,从批发企业到零售企业到医疗机构或者药店再到患者,都属于经营范畴。在此阶段,国家颁布了《药品流通监督管理办法》《药品经营质量管理规范》(GSP),对药品流通市场进行有序规范。GSP制度是政府为药品经营准入设置的"技术壁垒",涉及药品采购、储存、销售、运输等流通过程中所有可能发生质量事故的各个环节,是企业管理和质量控制的基本技术标准。20世纪80年代,我国引入药品GSP的概念,由行业组织制定了《医药商品质量管理规范》;1998年原国家药品监管局成立后,开始启动药品GSP制度制订,于2000年发布了《药品经营质量管理规范》;经过2012和2015年的修订,我国GSP制度已覆盖药品流通的全过程,与发达国家标准基本实现接轨。实行GSP制度20多年来,我国药品经营企业质量管理标准不断提高,质量管理体系不断健全,药品经营秩序得到进一步改善。随着经营秩序整治继续推进以及"两票制"逐渐落地,到2016年的规定期限仍有多家企业未通过GSP认证,药品批发企业和零售企业数量出现双降。与此同时,行业集中度进一步提高。由于"两票制"大幅压缩药品流通环节,使得规范性好、信誉度高、终端覆盖广、销售能力强的大型批发企业市场占有率显著提升,以上市公司为代表的大型零售连锁企业兼并速度加快。2017年按照"两证合一"的要求,药品经营许可与GSP认证整合为一项行政许可,GSP认证正式取消。截至2021年底,全国拥有药品经营许可证的企业近61万家,其中零售企业25余万家,占比41.4%;零售连锁企业34万余家,占比56.4%;批发企业1.2万家,占比2.2%。

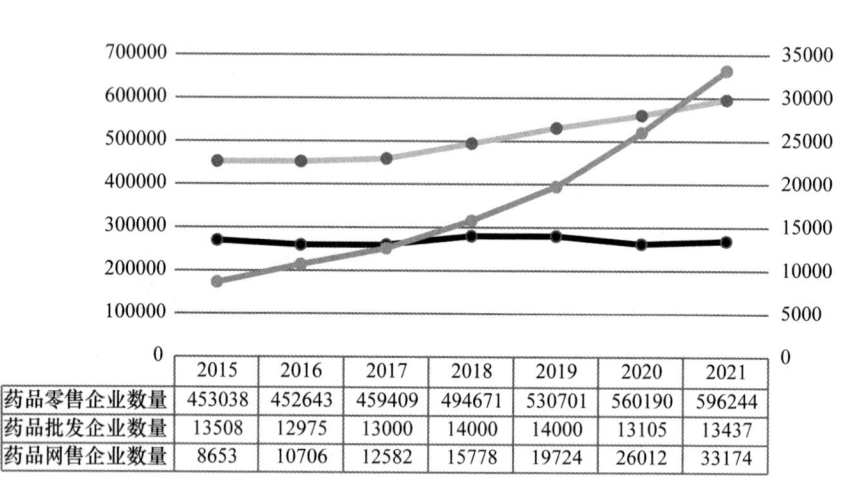

	2015	2016	2017	2018	2019	2020	2021
药品零售企业数量	453038	452643	459409	494671	530701	560190	596244
药品批发企业数量	13508	12975	13000	14000	14000	13105	13437
药品网售企业数量	8653	10706	12582	15778	19724	26012	33174

图 4.5　药品经营企业数量变化（单位：家）

数据来源：国家药监局《药品监管统计年报》。

可见，在事前审批环节，监管部门利用行政许可的方式，严格把控了药品从注册、生产到经营的各个入口关。在医药电商领域，凡从事药品网络交易的企业均需取得"两证"，一类是互联网药品交易服务资格证书（分为 A、B、C 证，于 2017 年取消）；一类是互联网药品信息服务资格证书（分为经营性和非经营性，仍在执行中）。由于上述证书的准入门槛比较高，能够办齐两证的多为具有一定规模和影响力的连锁企业。从获得互联网药品信息服务资格证书的企业来看，2017 年以前约有 1 万家企业，但这一数据在 2021 年才突破 3.3 万家。因此，重事前审批的监管机制在把控住网络药品风险的同时，也严重抑制了网络药品市场的正常发展。

（二）重事中事后监管的监管机制

随着国家开启行政许可制度改革以来，2011 年，国家药监局将网上药店的行政审批权下放到各省级药监部门，极大地缩短了等待审批排队的时间，为网络药品市场的发展奠定了良好基础。但由于缺乏统一标准，地方药监部门存在一定的执法差异，有的地方过分严格，有的地方相对宽松,网络药品市场整体松绑不够。2013年,党的十八届三中全会提出"市场起决定性作用""放管服"以及优化营商环境等制度改革,药监部门逐渐强化事中事后监管。2015年,李克强总理首次将"放管服"作为行政体制改革的核心内容。国务院在开展"先照后证"改革中提出"深化商事制度改革""构建权责明确、透明高效的事中事后监管机制"。此后,药品行政审批的权限进一步下放,事项进一步缩减,标准进一步细化。2017年,国务院决定取消互联网药品交易服务企业审批,A、B、C证成为历史。2019年,修订后的《药品管理法》将药品研制、生产、经营和使用等各环节细分为行政许可和上市后监管,并突出强调了风险管理、追溯管理和上市后监管。《"十三五"国家药品安全规划》更是提出强化事中事后监管事项。具体包括以下三方面。

一是药品上市后监测更加规范(见图4.6)。药品上市后监测自药品上市后开展。由于药品上市前研究存在局限性,国家发布了《药品不良反应和监测管理办法》,建立起了"国家—省—市—县"四级不良反应报告和监测体系,并通过《药物警戒快讯》《药品不良反应信息通报》等手段对外予以公布。同时,国家还颁布实施了《药品召回管理办法》,建立起了分类召回制度,对存在安全隐患的药品予以召回。在不良反应监测方面,我国早在1988年便开始实施不良反应监测工作试点。2004年,原国家食品药品监督管理局和卫生部共同发布《药品不良反应报告和监测管理办法》,该办法明确全国药品不良反应报告和监测工作的主管部门是国家食品药品监督管理局。近年来,我国药品不良反应报告和监测工作取得了长足进步。全国药品不良反应报告数量逐年递增,2021年收到不良反应/事件报告196.2万份,同比增长17%。其中,新的和严重不良反应/事件报告59.7万份,占同期报告数的30.4%。数据的增长并不代表药品安全水平下降,而是意味着监管部门掌握的信息越来越全面,对药品存在的风险越来越清楚。随着药品在网络上的流通愈加频繁,基于网络购药发生的不良反应须引起监管部门的重视。

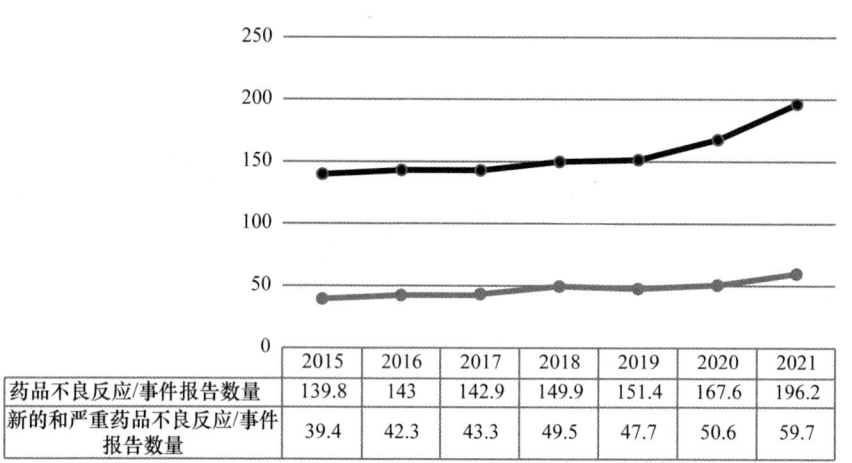

	2015	2016	2017	2018	2019	2020	2021
药品不良反应/事件报告数量	139.8	143	142.9	149.9	151.4	167.6	196.2
新的和严重药品不良反应/事件报告数量	39.4	42.3	43.3	49.5	47.7	50.6	59.7

图4.6　药品不良反应/事件报告数量变化（单位：万份）

数据来源：国家药监局《国家药品不良反应监测年度报告》。

二是药品监督检查更加频繁。药品监督检查贯穿于药品上市前和上市后全过程。除了前置环节的注册审评和药品上市前检查以外，自药品上市后，监管部门可以组织开展常规检查和有因检查，以确保药品质量符合相关认证标准。其中，常规检查需提前制定年度检查计划，对药品企业遵规守纪、执行规范等方面开展监督检查；有因检查主要针对药品企业可能存在的具体问题或者投诉举报等开展的针对性检查，可综合运用跟踪检查（对药品企业进行全程跟踪）、飞行检查（在不通知被检查企业的情况下进行检查）、延伸检查（检查范围扩大至原材料、辅料、包材生产基地）、专项检查（对某一地区或某一类药品进行检查）等手段进行检查。目前的主要依据有《药品生产质量管理规范》《药品经营质量管理规范》等。近年来，我国药品检查工作总量不断增加，频次逐渐增多，检查结果总体形势向好。常规检查中，药品网络交易服务第三方平台纳入了日常监管，2021年共检查

第四章 激荡变革：我国网络药品监管现状

药品网络交易服务第三方平台2213家，发现违法违规的平台101家，其中涉及假药2家、无照经营1家；① 有因检查中，跟踪检查、飞行检查等手段运用得更为频繁。可见，随着国家取消GMP、GSP认证工作，下一步将加强事中事后环节的药品质量检查工作。

  三是药品应急管理更加健全。药品应急管理也应贯穿于药品上市前和上市后的全过程。自非典以来，我国逐渐形成了一案三制（预案、法制、机制、体制）的应急管理体系。从预案来看，各级药监部门针对可能发生的药品安全事件制定了相应的计划和行动方案。预案中对药品安全事件实行分级管理，根据事件危害程度、扩散性、社会影响和所需调用资源，由低到高分为一般、较大、重大、特别重大4个等级。从体制来看，我国已建立国家、省、市、县等各级应急管理部门。一旦发生药品安全事件，各级药监部门牵头组建应急指挥机构，各级应急管理部门负责为本地区药品安全事件处置提供决策咨询和技术帮助。从运行机制来看，主要包括风险预警、应急响应、信息发布、先期处置、后期重建、责任追究等机制。各级药监部门负责本行政区域内药品不良反应监测，稽查部门负责药品检验检测及投诉举报信息监测；一旦发现药品安全事件，按照法定程序逐级上报并启动响应的预警；事件发生后，事发地药监部门应到现场进行先期处置，做好事件调查和证据收集，采取暂停使用、封存药品、及时救治等必要措施防止事态扩大；同时，对事件信息进行及时、准确、客观地发布，并按照相应法律法规对责任人进行处罚。以药品召回管理为例，根据新修订的《药品召回管理办法》（2022年），将召回的实施主体由药品生产企业调整为持有人；进一步细化药品召回范围；对召回药品作出操作性更强的处理要求；强化了药品召回与药品追溯、信息公开等相关工作的衔接；对境外实施药品召回作出相应规定。

  可见，在事中事后监管环节，监管部门运用上市后监测、监督检

---

① 国家药品监督管理局：《药品监督管理统计年度数据》，https：//www.nmpa.gov.cn/zwgk/tjxx/tjnb/20221228165838115.html，2022年12月28日。

查等多种形式，加强事中事后的风险管理，同时随着应急管理机制的不断健全，为应对重大公共卫生事件和药品安全事件奠定了良好的基础。在医药电商领域，事中事后监管机制主要呈以下特征：一是实施公正监管，推进"双随机、一公开"监管模式。2015年，国务院办公厅发布通知，要求推广"双随机、一公开"监管模式，即在监管过程中随机抽取检查对象，随机派选执法人员，抽查情况及处理结果及时向社会公开。药品监管也明确了"双随机、一公开"的监管范围、监管清单、监管名录、监管程序以及结果运用等。二是探索审慎监管，创新风险分级分类管理。2017年，广东省出台《食品药品生产经营风险分级分类管理办法》，按照药品类别、经营业态、生产经营规模等风险因素划分A（低风险）、B（中风险）、C（较高风险）、D（高风险）4个级别，并对应采取不同的监管措施。[①] 三是坚持服务导向，推行"互联网+政务服务"。按照"以网管网"的原则，监管部门通过互联网、大数据等手段加强事中事后监管，对网上发现的投诉举报和不良反应监测信息迅速反应，及时开展调查并予以查处，相关情况通过网络及时向社会公布，进一步加强与市场、社会的信息共享。

二 防范化解重大风险视野中的监管机制

增强忧患意识，做到居安思危，是我们治党治国必须始终坚持的原则。早在2012年，习近平总书记在中共中央政治局上指出："必须增强忧患意识、风险意识、责任意识。"[②] 2019年，他在省部级主要领导专题研讨班开班仪式上再次强调："坚持底线思维，增强忧患意识，提高防控能力，着力防范化解重大风险。"[③] 这些重要论述高屋

[①] 温松、郑凯、肖棣文：《"放管服"背景下广东特殊药品行政许可制度改革——探索、挑战与思考》，《广东行政学院学报》2018年第3期。
[②] 《习近平主持会议研究部署党风廉政建设和反腐败工作》，《人民日报》2013年1月1日第1版。
[③] 习近平：《提高防控能力着力防范化解重大风险 保持经济持续健康发展社会大局稳定》，《人民日报》2019年1月22日第1版。

第四章 激荡变革：我国网络药品监管现状

建瓴地提出了当前各项工作面临的风险和挑战。在药品安全领域，2013 年，习近平总书记在中央农村工作会议上讲话，第一次提出食品药品监管的"四个最严"方针，即"最严谨的标准、最严格的监管、最严厉的处罚、最严肃的问责"。①2016 年，他对食品药品安全作出重要指示，强调要保障人民群众"舌尖上的安全"。②2018 年，长生生物问题疫苗事件发生后，他作出重要批示："确保药品安全是各级党委和政府义不容辞之责"。③这些重要论述为防范化解药品风险，保障药品安全指明了方向和目标。

在此背景下，《药品管理法》（2019 年）、《疫苗管理法》（2019 年）、《药品注册管理办法》（2020 年）、《药品生产监督管理办法》（2020 年）、《药品网络销售监督管理办法》（2022 年）等一系列制度相继出台，标志着药品监管制度建设取得突破性进展。上述制度进一步探索了许可和监管、技术和行政相分离的监管方式，探讨了信息管理、信用管理、大数据管理等监管工具，以及事前监管与事中事后监管相协调的监管机制。在制度建设方面，增加了药品原辅料供应商审核、出厂检验、上市审核等制度，严把入口关；增加了药品召回制度，严把上市后监管关。在队伍建设方面，加强了药品职业化检查队伍建设，对检查员提出了药品专业知识和监管法规知识等相关要求；建立并对外公布药品安全信用档案。在处罚措施方面，《药品管理法》全面加大了对违法行为的行政处罚力度，对未经许可生产经营药品的罚款幅度提高到货值金额的 5—30 倍；对生产销售假药等违法行为增设停产停业等处罚；对生产销售假冒伪劣疫苗等违法行为从重处罚；对生产销售假药劣药情节严重的企业及其法人等增设相关处罚。

---

① 《中央农村工作会议在北京举行 习近平李克强作重要讲话》，《人民日报》2013 年 12 月 25 日第 1 版。
② 习近平：《牢固树立以人民为中心的发展理念 落实"四个最严"的要求切实保障人民群众"舌尖上的安全"》，《人民日报》2016 年 1 月 29 日第 1 版。
③ 《习近平对吉林长春长生生物疫苗案件作出重要指示》，《人民日报》2018 年 7 月 24 日第 1 版。

与此同时，监管部门强化药品全生命周期持续监管，强调落实企业主体责任，对药品生产经营企业和上市许可持有人提出了持续合规的高要求。主要包括以下方面：一是健全规则体系，加强标准体系建设，明晰市场主体需参照执行的技术标准、产品标准、安全标准、管理标准等体系；二是夯实监管责任，严格遵循法律法规，强化监管责任意识，杜绝监管盲区和死角，做到全方位监管、全流程覆盖；三是创新监管方式，全面推行"双随机、一公开"，对药品安全实行全覆盖的重点监管，推行信用分级分类监管；四是落实责任追究，国家药监局会同高法、高检、公安部进一步优化行刑衔接制度，尤其是新冠肺炎疫情暴发后，重点打击制售假冒伪劣药品和疫苗等违法行为。

至此，我国基本形成药品全生命周期监管的体制机制。随着药品科学监管的提出和推进，监管机制不再停留在过去的按上市前、上市后区分的分段式监管模式，而是关注从研发、生产、流通到使用的全链条监管模式，即全生命周期监管模式。该模式将传统的分段式监管转向全生命周期监管，打通了产业链的上、中、下游，形成了一条完整的、高效的、动态的监管链条。

第 五 章

困境犹在：我国网络药品安全风险的主要表现

按照社会学家乌尔里希·贝克的观点，"现代社会风险无处不在，无时不有。"① 风险管理的第一步就是正确识别可能的各种风险。从监管体制来看，我国药品监管机构变动频仍，监管权限配置飘忽不定，尤其在网络药品监管中表现出明显的跨部门监管协调不足和跨区域监管协调不足；同时，工商、质监、食药监"三合一"在一定程度也弱化了药品监管的专业化水平，传统的统一市场监管队伍难以应对更具专业性的药品监管。从监管法治来看，法律和政策始终引导和规范着网络药品市场秩序和各个主体之间的关系。然而，尽管现行立法为网络药品交易打开了闸门，但在具体的监管规则方面缺乏顶层设计，导致网络药品市场存在监管盲区；监管政策一直处于不断摸索、反复调整的过程，执法者缺乏统一、稳定的执法标准，执法对象亦难以基于执法者态度作出合理的市场调整。从监管机制来看，现有监管机制仍处于分段式监管，各个环节相对孤立，并未形成统一的全链条监管，覆盖整个药品生命的全周期。主要表现为：事前风险预警机制缺失，网络药品经营主体资质审查不清晰，网络诊疗行为不规范，处方流转机制不健全；事中风险控制机制不足，网络药品不良反应监测机制不

---

① ［德］乌尔里希·贝克：《风险社会》，何博闻译，译林出版社 2004 年版，第 8—10 页。

完善，信息追溯机制不健全，第三方物流管理不到位，执业药师服务不规范，医保网络支付存在漏洞；事后风险应对机制不够，网络药品投诉举报机制不完善，召回管理不健全，应急管理有缺失，责任追究须落实。此外，全过程风险交流机制匮乏，各方主体参与度有限，亟待改善。

第一节　我国网络药品安全体制风险

随着监管体制从垂直管理走向分级管理，从分类管理走向统一管理，我国药品安全领域逐渐建立起权责利一致的监管体制。然而，纵观我国药品监管体制变迁，监管机构设置变动频仍，监管权限配置飘忽不定，监管专业化水平也面临现实中的困境。

一　跨部门监管协调不足

近年来，网络药品监管存在一种跨部门的协调困境，主要表现为：监管机构众多且分散，部门各自为政，相关协调制度缺乏。回顾历年来药品监管体制变革，每一次行政机构改革都会对药品监管机构设置及监管权配置进行或大或小的调整。从1998年国家药品监督管理局的成立，到2003年国家食品药品监督管理局的成立，再到2013年国家食品药品监督管理总局的设立，呈现出"合久必分、分久必合"的规律。这样的反复调整，实际上给医药产业和政府自身都带来管理上的难以适应。从国务院直属到降格为卫生部管理，新一轮改革又重回国务院直属机构，权力地位飘忽不定，工作人员变动频繁，上至总局领导下至基层人员不熟悉具体监管业务，对监督执法的连续性和权威性造成严重影响，极易出现监管空白。正因为政府自身都难以厘清监管组织体系的构建和内设机构的职能设定、责任清单，极易发生权责利不一致的情形。譬如，在利益相关的领域出现重复监管、多头监管的情形，在没有利益或者责大于利的领域却出现监管真空、推

第五章 困境犹在：我国网络药品安全风险的主要表现

诿扯皮。

尽管在 2018 年，我国为了实现对市场的统一监管，新组建了国家市场监督管理总局统揽市场监管的相关工作，同时考虑到药品监管的专业性，又单独设立国家药品监督管理局专司药品监管，一定程度上实现了药品监管主体的明确和具体。但问题的关键是，药典的制定、药品不良反应事件通报和处置仍须与卫生部门共同管理，医保目录内药品支付仍须与医保部门共同管理，药品流通发展规划和政策制定仍须与工商部门联动，药品广告监督检查仍须与广告部门联动，网络药品交易还涉及工信部门负责的互联网平台管理，网络药品流通还涉及邮政部门负责的快递服务管理，药品犯罪案件侦查还须要和公安部门密切配合才能完成。如果这些部门之间缺少规范高效的协调机制，工作中的效率低下便难以避免。

二　跨区域监管协调不足

网络药品监管还存在一种跨区域的协调困境，主要表现为：各级地方政府仅对本行政区域内的药品安全负责，对涉及跨区域的药品监管缺乏积极性和主动性。为解决地方保护主义、建立统一医药市场，2000 年国家开始实施省级以下垂直管理。垂直管理在解决地方保护主义的同时又难以获得地方政府的支持。在统一医药市场逐渐建立起来以后，为强化和落实地方政府责任，实现权责利统一，2008 年又改为分级管理。各级地方政府对本行政区域内药品安全负总责，决定了地方政府不能仅仅盯着眼前的经济利益，更要通盘考虑药品质量安全与地方政府责任之间的关联。然而属地管理也存在激励不相容和监管外部性的副作用。一方面，按照责权利一致的原则，地方药监部门的人权、事权、财权归地方政府管理，其监管目标更容易接近地方政府目标。而地方政府往往将促进地方经济发展、实现招商引资、扩大就业、保持 GDP 增速等方面视为首要目标，受此激励机制影响，地方药监部门极易偏向维护地方利益；另一方面，原本设计周全的药品监管政策在地方的执行过程中可能会出现各种偏差,形成"统一的市场、不同的监管主体",导致监管外部性问题。即,地方药监部门越是严格监管,严惩不法厂商,越是影响本行政区域内 GDP 任务的完成,其产生的正外部性效应无法得到补偿;反之,监管部门越是放松监管,睁一只眼闭一只眼,可能会变相促进本行政区域内招商引资、扩大就业、保持 GDP 增速等方面取得成绩,负外部性却得不到纠正。

经过 10 余年的发展,分级管理体制逐步形成和完善,中央和地方之间、地方和地方之间的权力划分和事务分割更为清晰、条理化。2018 年药品监管体制的变革更多带有"省级以上垂直管理、省级以下分级管理"的特征,即中央和省级层面建立专门的药品监管机构,省级以下由市场监管部门统一管理,能够在一定程度上解决上下一般粗的"权责同构"问题。但是,跨部门之间的协同机制仍然在探索和构建之中。更令人担忧的是,网络药品交易不可避免地涉及跨区域监管。无论是事前审批、事中监管,还是事后处罚,都可能分属不同的行政区域,区域和区域之间、部门和部门之间能否按照同一标准、同一尺度执法有待验证。一旦发生药品安全事件,如果相关线索通报、证据提交、案件转交和违法处理没有形成完善的联动机制,那么网络药品犯罪分子极易转移阵地,逃脱惩处。

三 监管专业化水平不足

网络药品监管还表现出监管专业化水平不足的困境。发达国家经验表明,大工业条件下的药品生产具有较强的专业性,因此对监管部门的专业性也有较高的要求。以美国 FDA 为例,其中有 1/3 的人员是医学、化学和生物工程领域专业人员,能够在新药研发、市场准入、上市后监管等阶段发挥专长,起到技术支撑作用。可见,专业化是现代药品监管机构的重要特征。对比我国,在本轮机构改革之前,药品监管部门的专业性不足已有所显现,主要表现为:基层药品安全监管队伍人员少、装备差,人员素质和办案水平参差不齐,经费投入严重

第五章 困境犹在：我国网络药品安全风险的主要表现

不足。按照《全国食品药品监管中长期人才发展规划（2011—2020年）》，全国食品药品监管人才数量在2020年底仅8万余人，其中技术监督人才3万余人，到2020年才达到0.13人/千人口配备标准。机构改革以后，基层药品监管工作压力凸显。县级市场监管部门一般只设1—2个股室，配备4—6人从事药品监管。[①] 这些人中，有的是原食药监管部门的，也有的是轮岗过来的，相关专业知识储备不足。而根据《药品监督管理统计年度报告》，截至2022年底，全国共有药品生产企业7974家，药品经营企业64万家，其中零售企业26万家、批发企业1.3万家、总部连锁企业6650家（下辖36万家门店）。整个药品产业集中度还不够高，呈多、小、散、乱的格局，产业自身风险与互联网风险相叠加，给基层药监人员带来的压力倍增。

随着大市场监管模式的建立，新组建的市场监管综合执法队伍将工商、质检、食品、药品、商标、专利、物价等执法职责和队伍整合在一起。笔者认为，综合执法体制改革不应该是工商、质监、食药监3家单位简单的叠加和合并。市场监管与药品监管的定位既有相似之处，更有明显区别：市场监管主要是针对各类市场主体的交易行为，意在维护市场交易秩序，保证公平竞争；而药品监管虽然也要追求市场秩序和交易公平，但当前的药品安全问题已经上升为主要矛盾，因而药品监管的重点主要是针对药品的安全性和有效性，更偏向于公共安全的范畴。可以料想到的是，随着三支执法队伍的合并，从数量来看执法队伍扩大了，但实际上药品专业监管人员可能面临进一步的稀释。由于药品安全具有很强的专业性和技术性，执法队伍的"杂牌军"很难适应综合执法体制下市场监管的职责；工商部门人多、队伍庞大，擅长市场巡查和行政处罚，但并不意味着工商干部就能胜任药品专业性监管；同样，质监设备先进、材料齐全，但并不等于药品的检验检测都能交由这些设备和材料完成。换句话说，$1+1+1$未必$\geq$

[①] 朱国赐：《基层药品监管工作存在的困难、问题与对策探讨》，《中国食品药品监管》2019年第8期。

3. 药品安全的风险在点上,但"三合一"的着力在面上,点和面如何实现科学的资源配置和无缝对接,是深化综合执法需要统筹考虑的问题。而网络信息技术发展对网络药品交易监管形成了更大挑战。网络上线索如何挖掘、证据如何固定、违法主体如何锁定、违法行为如何界定等,现实中送检检测时间长、快检准确率不高、靶向性不准等问题存在,都对监管人员提出了更高要求。这要求监管人员既要具备药品监管的专业知识,也要具备网络技术的技能水平。

第二节　我国网络药品安全法治风险

从现行立法来看,网络药品安全立法具有不可避免的滞后性和不完备性,难以有效应对网络药品交易中出现的新形势和新问题。从监管政策来看,网络药品监管政策一直以来处于摇摆不定的发展历程,对网络药品市场的发展形势难以把握,对消费者的用药需求难以回应。而执法人员在具体的制度执行中,也会存在自由裁量权过大,执法尺度不一的情形。

一　立法顶层设计留有空白

有关网络药品交易的立法一直对网络药品交易持开放态度,但在具体的监管规则方面缺乏顶层设计。如前所述,在一般商品网络交易领域,由《电子商务法》统管;在药品交易领域,由《药品管理法》和《药品管理法实施条例》调整。立法最早可追溯到2002年颁布的《药品管理法实施条例》第19条:"通过互联网进行药品交易的药品生产企业、药品经营企业、医疗机构及其交易的药品,必须符合《药品管理法》和本条例的规定。"这显然为药品网络交易留下了余地。2019年新修订的《药品管理法》第61条规定,"药品上市许可持有人、药品经营企业通过网络销售药品,应当遵守本法药品经营的有关规定。"这是以法律的形式明确了包括处方药在内的网络药品交易的

第五章 困境犹在：我国网络药品安全风险的主要表现

合法性。然而尽管《药品管理法》为网络药品交易给予了立法确认，但是究竟由谁监管、监管谁、怎样监管等关键问题尚无明文规定。比如网上药店的经营主体需具备哪些资质、进入机制和退出机制如何安排、发生纠纷时如何划分网上药店和平台的责任、消费者如何行使救济权、相关证据如何保存和提取、跨部门跨地区如何开展协同，等等。这在一定意义上也呈现出现有立法水平与阔步前进的医药电商发展态势不相适应，留有空白。

二 政策调整过于频繁反复

有关网络药品交易的政策总体上呈逐渐开放的态势，但在一定时期内存在反复调整、曲折前行的过程。监管政策历经全面禁止、谨慎试点、反复调整、迎来利好4个阶段，相关监管主体和客体更加明确，权利义务关系更加细致，法律责任更加完善。然而，基于对新兴商业模式和市场把握的不够准确，对网络药品交易带来的风险难以预测，监管部门始终处于摇摆不定的态度。从2013年国家食品药品监督管理局允许开放第三方平台网络药品交易试点，到2016年由于监管分工不明、责任不清，不得已叫停试点；从《药品网络销售监督管理办法》对网络药品交易整体持开放态度的一稿，到开放范围逐渐收缩的二稿、三稿，再到几乎彻底放开网络交易的最终稿，都折射出监管部门的犹豫和谨慎。但是，如此反复调整既不利于网络药品经营者基于对政策的合理预期扩大经营规模、创新经营模式；也不利于监管部门按照相对稳定的政策标准开展持续性执法，维护好政策的严肃性和一致性。更为令人担忧的是，网络药品市场发展和带来的风险并未因为监管部门的"一刀切"而被挡在门外。互联网技术革新和药品流通渠道优化从供给侧拉动了网络药品市场发展，新冠疫情暴发和消费者健康意识觉醒又从需求侧为网络药品市场繁荣提供了机遇。此时的监管部门面临两难选择：包容开放的政策可以有效促进市场发展，满足消费者健康需求，但可能会放松市场约束进而诱发严重的药品安全事件；过于审慎的政策则可能阻碍市场发展，既不利于医药分离改革向纵深推进，也不利于药品流通渠道多元化发展。因而，过于频繁反复的政策调整，难以统一的监管标准，使得执法者面临"无法可依"的尴尬境地。

三 执法人员执法尺度不一

法律的生命力在于执行。在具体的执行过程中，不同地区不同层级的执法人员的执法尺度和标准存在一定的差异，可能造成处罚结果畸轻或畸重。有关网络药品交易的处罚依据，在一般领域有《行政处罚法》《网络交易监督管理办法》，在药品领域有《药品管理法》及其实施条例，以及《药品生产监督管理办法》《药品流通监督管理办法》《药品网络销售监督管理办法》等。但在行政处罚的适用中存在一些问题：如依据不足，适用法律条款未能与违法事实和情节紧密结合；随意性大，适用标准和处罚金额取决于办案人员的个人意志；显失公正，相似的违法事实和情节的处罚结果存在较大差异。甚至在执法过程中还会产生权力寻租、钱权交易等问题，严重损害执法部门的威信和形象。

从执法实践来看，由于药品领域存在惩罚性赔偿制度，对于生产假药劣药或者明知是假药劣药仍然销售使用的，"受害者除请求赔偿损失外，可请求支付价款 10 倍或损失 3 倍的赔偿金"，这一规定在震慑药品违法活动的同时也给"职业打假人"留下了生存空间。而网络药品也成为职业打假人的关注重点，打假人足不出户，借助浏览网页和 APP，即可实现"复制粘贴式"举报。近年来，有关中药饮片的生产经营企业成为职业打假的重灾区。主要包括：一是标签问题，如药典上只有党参、胡椒、枸杞子等品名，而党参片、胡椒粉、枸杞被举报为假药；二是说明书问题，如某企业生产的饮片枸杞子没有严格按照药典标注功能主治，而是增加了"虚劳咳嗽"一项被举报为假药；三是性状问题，如药典规定大枣呈椭圆形或球形，那么片状大枣被举

第五章 困境犹在：我国网络药品安全风险的主要表现

报；药典规定莲子呈椭圆形或类球形，那么圆球形莲子被举报；药典规定党参炮制项为类圆形厚片，那么长圆柱形党参被举报。对于这类案件，执法部门处于两难境地：如果严格按照《药品管理法》的规定，只要是生产销售假药行为，无论任何情形和程度一律严惩，"并处违法生产销售的药品货值金额15倍以上30倍以下的罚款，货值金额不足10万元的，按10万元计算"，即最低罚款150万元。对于企业来说，仅仅是标签和说明书不规范、性状不符合等轻微违法行为，动辄面临数百万的巨额罚款，部分小微企业被迫倒闭、破产，当事人选择行政复议、行政诉讼、信访甚至上访的渠道维护权益。可见，畸轻或畸重的执法效果不利于维护法律的权威、社会的稳定和当事人的权益。

第三节 我国网络药品安全机制风险

从机制的角度来看，网络药品监管的事前、事中、事后各个环节均存在不同程度的风险，这对于围绕药品生命全周期、构建覆盖全过程的风险治理体系形成了一定挑战。

一 事前风险预警机制缺失

首先，网络药品经营者存在资质风险。从现有审批制度来看，《互联网药品交易服务资格证书》改备案制后，从事网上售药的经营主体仍需获得《互联网药品信息服务资格证书》，该项证书由省级药品监管部门负责发放。申请人除须符合《互联网信息服务管理办法》规定的要求以外，还须建立并实施药品质量安全管理、风险控制、药品追溯等制度，以确保药品信息来源合法、真实、安全。笔者调研发现，现有制度仍然存在个别条款不合理或者不明确的问题。一是网络药品广告难以界定。按照《互联网药品信息服务管理办法》规定，从事网络药品信息服务的网站在发布药品广告时，须经药品监管部门审

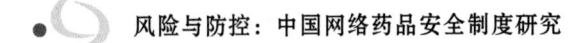

核，并注明批准文号。而目前的监督检查集中于经营主体是否具有药品信息服务资格以及药品广告是否属于虚假宣传，对于药品广告是否具有广告审查批准文号并未严格检查。二是处方药等特殊药品信息难以界定。现有管理办法规定了处方药和非处方药应区分展示，但并未明确哪些网站可以展示处方药信息，哪些网站不能展示；也没有明确哪一类的处方药信息可以发布，哪一类不可以发布。而结合《药品广告审查发布标准》的规定，大众媒体及其他以公众为对象的媒体上不得发布处方药的广告宣传，实践中这一条规定在网络上很难被遵守。三是网络药品信息来源合法、真实、安全难以界定。尽管现有管理办法要求网站须提供相应管理措施予以保证药品信息来源合法、真实、安全，但缺乏具体的管理规定，一旦经营主体违规发布虚假信息、假药劣药信息又可以随时修改或删除，如此的权责利不一致导致网上售药存在监管漏洞。

其次，网络诊疗行为存在误诊风险。一方面，网络诊疗相关标准体系尚未建立，在权责利不一致的情形下网络诊疗难以健康成长。尽管《互联网诊疗管理办法（试行）》等制度的出台从从业规范、准入门槛、监督管理等方面为互联网诊疗提供了相应的标准，但是，包括医生、医院、平台等多方主体在内的责任机制尚不够明确，一旦发生医疗事故，究竟由谁来承担责任难以界定。另一方面，网络诊疗行为监督管理存在漏洞，相关诊疗行为和诊疗质量有待规范和提高。现有监管规则仅仅明确了卫生行政部门按照属地管理原则对网络诊疗活动监督管理，以及医疗机构应当加强网络诊疗活动管理等规定，但是，国家层面并未出台更为明细的互联网诊疗质量和行为的监管规定。当前，互联网诊疗实质上是依托虚拟的技术手段完成患者问诊需求和医师有效诊疗之间的匹配，这样的诊疗方式与传统的面对面诊疗有着显著的区别，医师很难通过"望闻问切"清楚了解患者的病情，患者也难以利用互联网技术清楚传达自己的病情。更有甚者，个别医师基于

第五章　困境犹在：我国网络药品安全风险的主要表现

自身利益的驱动和责任心的缺失，会出现随意开药、过度开药等情形。①

最后，网络处方开具存在流转风险。按照《处方药与非处方药分类管理办法（试行）》规定，处方药须凭医师处方方可调配、购买和使用。可见，处方流转成为网售处方药的前提。但目前我国药品销售结构中，85%的药品为处方药，80%的处方药来自医疗机构渠道，而通过实体药店和网上药店流转的处方药可谓少之又少。这意味着网售处方药的前置条件存在一大障碍，即处方流转难以畅通。目前的处方流转渠道主要包括三类：面诊后的处方流转、复诊后的处方续方，以及未凭方售药后的"补方"。其中，前两类处方流转渠道是国家政策允许的，而"补方"购药行为未遵循"先方后药"的流程，存在较大的安全隐患。一方面，院内处方外流存在责任风险。对医院而言，过去"以药养医"体制决定了医院利润离不开药品价格加成。一旦处方外流，原本具有垄断地位的医院药房不得不面对社会药房的竞争。对医生而言，作为专业技术提供者和信息优势方，医生须要对开具的处方及使用效果负责。患者通过网上药店购买的处方药可能存在质量风险和不合理用药风险，由于责任机制不全，导致医生对处方外流心存疑虑。另一方面，网络"补方"购药存在虚假风险。网络"补方"是基于患者为了获得药品而发生的"因药求医"行为。无论是央视记者暗访还是课题组调查均发现，网上药店无处方购药、虚假补方的情形屡见不鲜，在当前的疫情形势下更是数量惊人。这样的擦边球现象绕过了院内处方外流的难题，但存在着严重的用药风险。如果患者缺乏医师的诊断和提示，没有处方购买处方药并私自服用，必然会酿成严重的用药风险。例如，2018年上海一名女孩网购18盒秋水仙碱片并服用，导致暴发性肝功能衰竭不幸去世。在这场悲剧中，无论是网上药店还

---

① 崔兴毅、郭娟：《有漏洞有盲区 互联网医疗如何让你更放心》，《光明日报》2021年4月18日第6版。

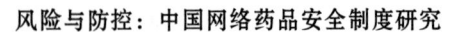

是第三方平台，既没有要求她出具处方，也没有提供用药指导，女孩如同网购一件衣服一样便捷地购买到了致命剂量的处方药。①

二 事中风险控制机制不足

第一，网络药品不良反应存在监测风险。药品的安全性有赖于药品不良反应监测系统的构建和完善。目前我国药品不良反应监测系统存在以下问题：一是报告总体水平偏低。近年来我国药品风险病例报告数量和质量逐年提高，但长期为人所诟病的药品不良反应报告来源渠道单一、品种分布不合理以及重复率高等问题仍然存在。根据《国家药品不良反应监测年度报告》（2021年），来自医疗机构的报告占86.3%，来自药品经营企业的报告占9.4%，来自上市许可持有人的报告占4.1%，来自个人及其他的报告占0.2%。② 这说明报告来源渠道单一，主要依靠医疗机构承担，而原本应成为报告主体的生产经营企业缺乏报告主动性，加起来占比仅为13.5%。例如，"尼美舒利"作为一类儿童退烧药，在使用时会造成中枢神经及肝脏损害，在国外已发生数千例不良反应。实际上，世界卫生组织推荐的儿童退烧药是对乙酰氨基酚和布洛芬，作为不良反应报告主渠道的医院用药也主要是这两类，鲜少使用"尼美舒利"，故而监管部门难以收到该类药品的不良反应报告。③ 二是报告总体覆盖不够。目前网上药店一般有实体药店作为依托，在不良反应信息收集和报告上具有一定的经验，但第三方平台由于缺乏相关药品质量监督机构和专业技术人员，难以实现不良反应监测。同时，由于互联网的虚拟性，消费者的用药指导和用药效果反馈难以及时追踪，因而一旦发生不良反应、用药错误等，

---

① 周洁、黄祺：《少女网购200粒药身亡 处方药网售一禁了之?》，《新民周刊》2019年第18期。
② 国家药品监督管理局：《国家药品不良反应监测年度报告》，https：//www.nmpa.gov.cn/xxgk/fgwj/gzwj/gzwjyp/20210325170127199.html，2021年3月26日。
③ 《曾经的良药为何背上"夺命"恶名——"尼美舒利"风波再思考》，《南方周末》，http：//www.infzm.com/contents/56120?source=131，2011年3月10日。

第五章　困境犹在：我国网络药品安全风险的主要表现

监管部门很难及时获得信息并采取措施。三是报告信息利用不充分。目前不良反应信息报告还是重点关注不良反应的数量，更多的是考虑不良反应发生的范围，而非严重程度，这实际上是对不良反应报告信息利用的一种严重浪费，没有将其价值发挥到最充分的程度。同时，对境外药品不良反应信息及药品安全事件的关注度不够，尤其是进口药品的相关监测亟需建立和完善。例如，作为一款知名减肥药，曲美的主要成分是西布曲明，是一种中枢神经抑制剂，具有兴奋、抑制食欲的作用。2010 年，美国 FDA 接到不良反应报告后调查发现，西布曲明会增加患心脏病和中风的概率，责令其退出美国市场。我国药监部门由于相关不良反应报告较少，对国外相关事件关注度不够，撤市晚于国外，被指责"监管不力"。①

第二，网络药品信息存在追溯风险。药品的真实性有赖于药品信息可查询可追溯。2010 年，国家药品监督管理局曾发布《关于做好基本药物全品种电子监管实施工作的通知》，提议基本药物的生产厂家须使用电子监管码，为每一支药品赋予独一无二的"身份证"，即"一件一码"。通过电子监管码的建立，可以和药品之间形成一一对应关系，生产企业将所生产药品的电子码输入数据库，经营企业凭借电子码检查验收并同步输入进货信息和销售信息，使用单位如医疗机构或个人可查询药品追溯信息，实现全流程监管。但就在 2016 年，湖南养天和大药房一纸诉状将国家食品药品监督管理总局告上法庭，请求法院审查药品电子监管码的合法性。同时，老百姓、一心堂、益丰药房等几家药企发布联合申明，声称强制推行药品电子监管码"不公平、不应该、没必要"。这是源于，"中国药品电子监管网"的所有权人是国家食品药品监督管理总局，但整个系统的运营维护却是在香港上市的互联网公司阿里健康。换句话说，阿里健康既是下场参加医药电商竞争的运动员，又是掌握竞争对手经营资料的裁判员。在各大

---

① 《曲美退市：迟来的警告——减肥还是减命 良药还是毒药》，《南方周末》，http://www.infzm.com/contents/52340，2010 年 11 月 11 日。

药品经营企业的抵制下，药品电子监管码被迫搁浅。此后一段时间内，在药品追溯系统缺失的背景下，药品从何而来、经过何人之手、流向何处难以追溯，药品的真实性难以保障。2019年，国家药品监督管理局发布《药品信息化追溯体系建设导则》和《药品追溯码编码要求》，有意重启药品电子监管码建设。与此同时，药品追溯体系的重建依然面临同样的问题，大型药企已自行建设一套完整的药品信息追溯系统，与国家标准可能出现不兼容；中小型药企基于成本等考量，不愿意纳入系统，增加经营成本；个别药企基于流通过程中的灰色交易，不愿意接受药品信息追溯系统的监管。上述难题是监管部门避不开绕不过的"硬骨头"。

第三，网络药品物流存在变质风险。传统的药品储存和运输一般由药品经营企业负责，因市场销售区域和数量有限，仅需要配送到所在区域的医疗机构和实体药店即可。而随着医药电商的兴起，药品经营企业的业务范围不断扩大，不再局限于所在区域，进而不得不委托第三方物流企业配送药品。尽管第三方物流在物流效率、成本控制等方面存在比较优势，但对于配送药品这一具有较高要求的特殊产品，尤其是在通风、防潮、避光、湿度、温度等方面缺乏技术支持，容易导致药品变质。尤其是在物流配送的"最后一公里"，极可能发生配送员按照一般商品的方式配送药品，或者与其他食品等混装，或者未做到冷链运输，或者消费者未及时签收保存药品，导致合格药品在运输配送过程中发生变质的情形。以新冠疫苗为例，国产研发的新冠疫苗运输温度要求在2—8℃，而美国辉瑞公司与德国生物科技公司联合开发的新冠疫苗需要 -70℃的运输环境，对物流配送提出了更为严苛的要求。

第四，网络执业药师存在履职风险。药品不同于一般商品，药品能否定时、定量、对症使用直接关系到消费者的身体健康和生命安全。因而药品进入使用环节也离不开执业药师的药事服务。一方面，药师队伍存在明显缺口。按照相关法律法规，从事药品零售的门店需

第五章　困境犹在：我国网络药品安全风险的主要表现

配备一定数量，且具有一定经验的执业药师。但实践中，全国范围内的执业药师数量严重不足，截至 2023 年 8 月，全国平均每万人口执业药师人数仅为 5.4 人，[①] 仍低于世界药学联合会 6.2 人的标准。更有甚者，不少实体药店存在药师"挂证"行为。央视"315"晚会连续几年曝光"挂证"乱象，重庆多家药店违反规定，在药师不在岗的情况下销售处方药，甚至衍生出专业的医疗挂证服务平台，形成一条完整的"挂证"利益链。实体药店尚如此，网上药店更是难以提供合法规范的药事服务，"代考勤""代上岗"甚至是"AI 机器人审方配药"等乱象难以禁止。另一方面，药师尽职履职缺乏指引。有关药师资格认定、从业经历、行为准则等方面的规范尚不完善，药师如何指导患者合理用药的标准尚不清晰，难以较好发挥用药指导服务的功能，甚至个别门店的药师只是充当药品推销员的角色，以推销新药、贵药、进口药为己任，忽略了其作为医药专业人士所肩负的责任。

第五，网络医保支付存在套现风险。医药电商的发展为消费者提供了更多、更快、更为便捷的用药选择。但现有医保体系尚未与医药电商完全打通，基于网络购买的药品仍不能享受医保支付，在一定程度上影响到消费者的可负担性。据阿里健康研究院调查，2021 年医药电商实现 25% 的高增长，8 成消费者习惯于有计划备药，其中女性、中青年购药者成为消费主力军，一"老"一"少"群体增速明显。随着国家新冠疫情防控政策的调整，有计划购药、备药成为许多家庭的选择，那么，如何完善医保网上支付及医保基金监管成为监管部门需要考虑的事情。实践中，医保套现的情形屡禁不止。主要包括：参保人员超量购买药品后转卖，或重复报销医疗费用；定点医院以开具"大小处方"、虚开药品的方式虚增药品金额，或"挂空床"的方式虚构医疗费用；定点药店使用医保个人账户售卖非药品、进行套现交易，或替非定点药店代刷医保卡；甚至还有医保机构工作人员

[①] 国家药品监督管理局：《2023 年 8 月全国执业药师注册情况》，http://www.cqlp.org/info/link.aspx? id=6912&page=1，2023 年 9 月 15 日。

利用职务便利，采取虚报冒领等手段，套取医保基金。而医药电商的兴起则为参保人、网上药店和医疗机构提供了更多"合谋套现"的机会。一旦开放医保网上支付，那么网上药店极易利用互联网开展代刷、盗刷医保卡或以非药品替代药品的交易；互联网医院也可能发生虚开药品、虚增药品金额等行为。对医保机构而言，如何实现加强医保基金监管和提高医疗服务质量之间的平衡成为一道难题。医保机构既要肩负医保监管职责，杜绝医保"救命钱"发生"套现"；又要发挥医保"杠杆"作用，撬动医疗服务水平的提升和药品流通结构的创新。[1]

三　事后风险应对机制不够

首先，网络药品投诉举报不清晰。自 2011 年国家食药监管局发布《食品药品投诉举报管理办法（试行）》以来，各级药品监管部门在受理、办理程序、信息管理等方面都有了显著进步。2017 年，国家食药监管总局会同财政部共同修订了《食品药品违法行为举报奖励办法》，将单次举报奖励限额从原先的 30 万元提高到 50 万元，进一步激活了社会公众的举报积极性。但仍然存在以下问题：一是投诉举报程序失当。目前，国家市场监督管理总局、国家药品监督管理局、国家知识产权局协同推进原有举报投诉平台整合，统一为 12315 平台对社会公众提供咨询、投诉和举报服务。但在实际操作中，仍然存在受理回复不规范、核实检查不规范、举报和投诉事项区别对待等问题。个别投诉举报超出规定时限仍未及时回复，核实检查对举报人的举证责任要求较高，对投诉事项立案处理的重视程度高于对举报事项的处理。二是投诉举报反馈不足。举报涉及违法违规线索，投诉多针对经营者和消费者之间的纠纷。但在实践中，多数投诉人能够通过投诉举报制度了解自己的权益受到侵犯后如何得以补偿，但举报人往往不了

---

[1] 仇雨临：《医保与"三医"联动：纽带，杠杆和调控阀》，《探索》2017 年第 5 期。

第五章　困境犹在：我国网络药品安全风险的主要表现

解监管部门采取了哪些行动以及相关处理结果。此外，近年来伴随着惩罚性赔偿制度的建立，职业打假人的兴起既为净化药品安全市场起到了积极作用，也在一定程度造成了行政复议和行政诉讼的资源浪费。重庆邮电大学的赵长江教授做过调研，2017—2021年间重庆的食品药品打假案件占全国总数的59%，居全国第一；一审胜诉率83%，居全国第二。调查发现，重庆职业打假人呈家庭化、抱团化、公司化的特点，药房成为主要打假对象之一，仅鑫斛药房对贾龙一人须支付赔偿金135万元。[①] 可见，如何正确引导职业打假人的打假行为也成为监管部门考虑的难题。

其次，网络药品召回管理不完善。药品如果存在安全隐患，具有危及人体生命健康的不合理风险，则需要启动召回管理。根据《药品召回管理办法》，药品召回的主体可以分为两类：一类是由药品企业主动实行召回管理，另一类是由药监部门责令企业召回。药品安全隐患程度可以分为三级：三级为最低程度，即一般不会引起危害，但由于其他原因需要召回；二级为中等程度，即可能或已经引起了暂时的、可逆的危害；三级为最高程度，即可能或已经引起了严重危害。实践中主要存在的问题有：一是召回手段应用较少。2007年，原国家药监局首次颁布了《药品召回管理办法》，标志着中国药品召回制度的正式建立。2022年11月，国家药监局修订了《药品召回管理办法》，修订了药品召回定义，调整了药品召回范围，明确了药品召回信息发布的相关要求。以2020—2022年为例，国家药监局发出药品不符合规定、注销药品注册证书、停产整改的通告23条，对涉事药品采取了责令召回的措施，但三年来无一例生产经营企业主动召回的例子。二是召回手段应用较难。不同于医疗机构和实体药店购药的渠道，网络药品交易是基于网络发生的，一旦出现需要召回的情况，如何通过交易记录联系上消费者并顺利实现召回，也成为监管难点。这

---

① 杨雪：《一万份判决书背后的重庆职业打假江湖》，《新京报》，https：//www.bjnews.com.cn/detail/165504728314865.html，2022年6月13日。

既涉及消费实名制的问题，如果消费者为匿名或假名购买可能难以寻到，还涉及监管权限划分的问题，凡涉及跨区域召回管理的情形由谁监管、如何监管都需要理顺。

再次，网络药品应急管理不健全。自2003年非典事件以来，我国逐渐形成了"一案三制"（预案、法制、机制、体制）的应急管理体系。这一套系统在2005年禽流感、2010年猪流感、2012年中东呼吸综合征，以及2020年以来的新冠肺炎疫情防控中经受住考验并不断完善。从体制来看，我国已建立国家、省、市、县等各级应急管理组织机构，对应急管理工作实行统一领导、相互协作、快速联动。从法制来看，《突发事件应对法》《突发公共卫生事件应急条例》《药品管理法》《药品不良反应监测与报告管理办法》《药品召回管理办法》等构建起一套完整的应急管理法律制度。从运行机制来看，药品安全应急管理机制包括风险预警、应急响应、信息发布、先期处置、后期重建、责任追究等机制。但仍存在以下问题：一是应急管理预案不健全。目前我国各地都印发了重大药品安全事件预案，但不同预案之间存在一定的差异性，一旦发生跨区域的药品安全事件，难以相互衔接和协调。同时，预案大多停留在文本上，没有经过演练，缺乏一定的可操作性和适应性。此外，对于承担药品监管重任的基层单位和药品安全高风险的农村地区，相应的指导和培训不够。二是应急管理运行机制不灵活。现有应急管理体系中，存在上下级、部门之间衔接不够，职责分工和任务清单不够明确，缺乏具有可操作性的措施规定等问题，尤其是涉及跨部门和跨区域的情形，缺乏相应的联动机制。总体上来看，各地应急管理工作存在重事后应对、轻事前预防，重事态平息、轻善后处理，重运动式管理、轻持续跟进等现象。三是应急管理责任落实不到位。即便是建立起了应急管理体系和配套的运行机制，仍存在应急管理落实不到位的可能。一方面，理应担负药品安全主体责任的企业为了避免承担风险和责任，存在漏报、瞒报或迟报的可能，想大事化小、小事化了；另一方面，药品监管部门也可能对应

第五章 困境犹在：我国网络药品安全风险的主要表现

急管理认识不到位，要么缺乏忧患意识，对相关舆情和报告处理不积极、不周全，要么缺乏担当精神，凡事层层请示，等候批示，导致延误应急处理的最佳时机。

最后，网络药品责任存在追责风险。药品的安全性还有赖于各方主体权责明确。传统责任体系已明晰经营者和消费者之间，以及经营者之间的责任关系，而随着互联网产业的蓬勃发展，越来越多的主体进入医药电商领域，原本简单、清晰的责任关系变得复杂、模糊，亟待重建新的责任体系。从现有法律框架来看，网络药品责任体系存在如下问题：一方面，责任认定难。在责任主体方面，存在网上药店经营者、网络平台经营者、药品批发商、零售商、物流企业等多个主体，以及医师、药师等多个角色。消费者网上购买的药品可能流经全国各地的多家企业、多个环节，一旦发生致人损害的事件，向谁追责、如何追责、追责后如何兑现赔偿等难以明确。在证据搜集方面，电子证据极易篡改、损坏且不易恢复原状，因而消费者在网络购药中要搜集并固定电子证据十分困难。时至今日，电子证据的真实性和有效性仍受到较大的质疑，[①]通常不能单独作为认定案件事实的依据。并且，普通消费者以为的"截屏""录音"往往不属于法律意义上的"原件"的范畴。在因果关系方面，消费者向法院提请侵权的诉讼请求时，须证明其使用药品受到损害、损害和使用药品之间存在因果关系。这样的举证规则显然不利于消费者。在药学领域内，认定药品存在缺陷实属困难，而还要进一步证明药品缺陷和损害结果之间的联系更是难上加难，这对不具备药学专业知识的普通消费者来说尤为苛刻。按照"谁主张，谁举证"的原则，消费者很有可能承担举证不能而败诉的后果。另一方面，损害赔偿难。《药品管理法》中有关损害赔偿的条款只有一项，"药品生产、经营企业和医疗机构对药品使用者造成损害的，依法承担赔偿责任"，那么究竟采取补偿性赔偿还是

---

① 李国光、张严方：《网络维权中消费者基本权利之完善》，《法学》2011年第5期。

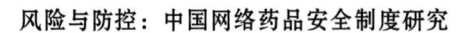

惩罚性赔偿，赔偿是否以消费者人身权益遭受损害为前提，均有待明确。此外，鉴于网络售药的虚拟性、隐蔽性和跨区域性，网上药店的经营者可能使用虚假信息进行注册申请，其入驻的平台如果没有严格审核相关信息就提供平台服务的话，那么消费者要凭自身力量找到实体生产商和经销商几乎不可能，其理应享有的求偿权难以实现。

四　全过程风险交流机制匮乏

第一，政府信息公开不够。作为药品安全监管最为重要的力量，政府理应在多元共治中承担"元治理"的角色。[①] 2017年《政府信息公开条例》修订以后，将"以公开为常态、不公开为例外"原则明确写入条例，规定"除法律、行政法规另有规定外，政府信息应当公开"。同年，原国家食品药品监督管理总局发布了《食品药品安全监管信息公开管理办法》，要求药品监管部门应在政府网站公开药品审评审批、生产经营许可、日常监督检查、飞行检查以及行政处罚等信息。然而实践中，对于哪些信息应当公开、如何公开、公开内容、公开程度，不同行政部门有着不同的理解。涉及网络药品交易，各个部门和第三方机构有着自建网站和数据平台，互相之间并未完全对接，消费者缺乏统一平台检索经营主体资质、执业药师资质、药品追溯信息、处方流转信息等，难以从海量信息中及时准确判断是否存在风险。

第二，行业协会自律不够。医药行业协会作为医药企业的自治性组织，理应以维护行业集体利益、促进产业健康发展为己任。但实践中，行业协会真正发挥的空间和力量还不够。一方面，行业协会缺乏独立性。现有行业协会带有浓厚的官方色彩，尽管名义上属于非政府组织，但实际上在人事安排、管理体制中更像一个政府部门或者附属机构，其生存和发展必然倚靠政府资源，难以代表成员企业与政府形成真正意义

---

① 熊节春、陶学荣：《公共事务管理中政府"元治理"的内涵及其启示》，《江西社会科学》2011年第8期。

第五章　困境犹在：我国网络药品安全风险的主要表现

的协商、合作。截至 2021 年 12 月，民政部登记在册的全国性医药社会组织共计 16 个，全部都有明确的业务主管部门。另一方面，行业协会容易被企业俘获。行业协会的经费来源除了国家拨款以外，有时也依赖企业赞助，其公正性和公信力容易令人质疑。2014 年卫计委主管的中华医学会等 33 个社会组织，利用违规收费、违规开展评比表彰、有偿提供信息等形式获得不法收入 17.79 亿。① 而在今年以来的医药反腐风波中，曝光了广东省医学会收受 329 家医药企业赞助费 5200 余万元，用于指定医生为企业产品宣传。② 这充分揭示了现有"一业一会"体制下行业协会存在的监管漏洞：医药协会正是利用所在部门的影响力，才能坦然接受医药企业的巨额"赞助费"。

第三，舆论媒体监督不够。舆论媒体乃社会监督的一部分，由于其特有的开放性和广泛性，在发现问题、表达民意、引导舆论等方面发挥着积极作用，被视为社会治理的"第四种权力"。然而现实中，媒体在应对药品安全事件时，往往将一些个案当作整体性问题进行宣传和扩大，进而影响消费者对政府和企业的信心。之所以如此，一是专业主义精神缺失，部分媒体缺乏必要的医药知识，将道听途说的消息信以为真，未经求证即以新闻的方式刊载出来，有失客观性和权威性；二是角色认知偏差，个别媒体对自身社会责任的定位不准，为吸引眼球或出于商业利益有意进行"炒作"，引起不必要的社会恐慌。新冠疫情防控政策调整后，个别自媒体将阿兹夫定称为"特效药"，引发了抢购潮。在北京，一盒医保挂网价 270 元的阿兹夫定被卖到 900 元。③ 事实上，国家卫健委曾公开表示：医学上尚未研发出针对新冠病毒的特效药，目前市面上所指的"特效药"主要指治疗新冠病毒感染的抗病毒药物，只是能够在早期起到一定的抑制和干扰病毒复

---

① 《国务院关于 2013 年度中央预算执行和其他财政收支的审计工作报告》，http://www.audit.gov.cn/n5/n26/c64269/content.html，2014 年 6 月 24 日。
② 王晓霞：《多地倒查医药吃回扣"堵后门"时也要"开前门"》，《中国新闻周刊》2023 年第 31 期。
③ 贾天荣：《网上抢购新冠药物还需"悠着点"》，《IT 时报》2023 年 1 月 16 日第 10 版。

制的作用。

第四，消费者参与渠道不畅。基于消费者在有限理性模式下的行为模式，消费者个体参与药品安全市场利益主体抗衡具有自身难以克服的局限。这主要表现在：一是代表性不足，由于消费者利益集团内部存在巨大的利益分化，作为个体的消费者的参与只能代表特定主体的利益需求，不能充分反映整个消费者利益集团的利益需求；二是信息不对称，个体消费者在网络市场交易中的信息占有与企业相比处于明显劣势，尤其是药品信息涉及较高程度的专业知识和技能，企业极易利用信息优势以次充优、以少充多，诱导或者欺骗消费者；三是个人维权成本太高，一旦消费者利益受到损害，通过诉讼等方式进行权利主张面临很大的困难，"谁主张，谁举证"的举证规则以及"搭便车"的心理决定消费者个体采用诉讼方式维权的概率不高。近期，河南一女子因感染新冠病毒乱吃药导致全身皮肤黄染，肝脏衰竭；深圳一女子将 7 种感冒药混合服用，被确诊为急性泛发性发疹性脓疱病[①]。消费者盲目用药有自身的因素，更暴露出医疗机构、零售药店在指导合理用药方面的不足和风险。

---

① 陈曦：《自行服药需警惕这些用药误区》，《科技日报》2022 年 12 月 29 日第 6 版。

第六章

利益分歧：我国网络药品安全风险的成因

　　风险管理的第二步就是分析风险点背后的深层次原因。从体制风险来看，传统药品监管体系存在"监管碎片化"的风险，难以有效应对网络交易的链条化、无界性和虚拟性。一方面，网络药品交易链条不断向两端延伸，前端延伸至网络问诊和处方开具，后端延伸至医保结算和物流配送，这对跨部门监管协同形成挑战；另一方面，网络药品交易表现出明显的"无界性"，买方、卖方以及网络平台分散在各个地方，这对跨区域监管协同形成挑战。此外，网络交易主体难以确认、证据难以锁定、案件难以查处，对监管专业性也提出了更高要求。从法治风险来看，法律具有天然的滞后性和不完备性，一经出台即意味着滞后，难以及时、有效地解决网络市场中不断涌现的新问题、新矛盾；政策相对而言更具灵活性、时效性，但由于监管部门难以准确把握网络药品市场发展态势，对于安全和效率的价值位阶孰先孰后难以抉择，进而造成政策的反复变更；而法律赋予行政人员的自由裁量权以及行政权力自身的广泛性和效率优先，决定了行政人员面对诸多管理对象难以做到事事绝对公平，这为执法效果畸轻或畸重埋下了伏笔。从机制风险来看，风险治理理念尚未真正贯彻到网络药品监管的每一个环节。事前过度依赖审批、事中监管手段匮乏、事后倾向灭火式救援，以及全过程风险意识欠缺，都成为制约药品风险治理体系建立健全的真正原因。审批环节的强监管并没有从源头上杜绝假冒伪劣药品在网络上的泛滥；上市后监管手段的匮乏导致药品安全隐患难以察觉，即便察觉也难以有效化解；而一旦发生药品安全事件，运动式执法和灭火式救援的确在短期内能够带来明显的治理成效，但等到监管部门松懈之际便死灰复燃。更为重要的是，政府、市场、社会之间并未建立起全过程风险交流机制，正如习近平总书记所言"没有意识到风险是最大的风险"，① 这才是我们厘清政企社关系、筑牢安全底线的当务之急。

第一节　体制风险成因

传统监管体系存在条条、块块的划分，这种条块分割的监管模式具有较为明晰的职责边界，但在"互联网+"背景下却表现出难以适应性。一方面，网络交易"链条化"向两端无限延伸，对于多部门协同形成了挑战；另一方面，网络交易"无界性"打破了地域限制，对于跨地区协同也形成了挑战。此外，网络交易"虚拟性"对监管专业性提出了更高要求。因而，传统监管体制存在"监管碎片化"的风险。

一　网络交易"链条化"对跨部门监管形成挑战

在传统观念中，药品监管应由药品监管部门负责。但随着网络交易链条不断向两端延伸，从原料的生产销售到假药劣药的生产、加工、运输、销售等各个环节链条越来越长，涉及的监管主体更为多元和复杂。以网络药品交易为例，在前端环节，处方药购买涉及处方开具和医师服务，需要卫生部门承担处方管理和医师管理的责任；在交易环节，药品交易须要借助互联网平台，需要工信部门承担互联网平

---

① 习近平：《在网络安全和信息化工作座谈会上的讲话》，《人民日报》2016年4月26日第2版。

第六章 利益分歧：我国网络药品安全风险的成因

台管理的责任，如果属于医保内目录的药品则涉及医保部门承担的医保基金管理的责任；在末端环节，药品配送还涉及邮政部门承担的物流管理责任。此外，有关药品流通发展规划仍须与工商部门联动，药品广告监督检查仍须与广告部门联动，药品犯罪案件侦查还须要和公安部门密切配合。如果缺少这些部门的支持在实践中就会举步维艰，各自为政。

这就印证了美国学者黑勒建立的"反公地悲剧"理论模型："每个人都有产权，但如果缺乏有效的使用权，导致资源闲置和使用不足"。[1] 按照黑勒的观点，尽管哈丁所提出的"公地悲剧"说明了人们过度利用公共资源的恶果，但是他却忽视了资源未被充分利用的可能性。在公共资源范畴内，存在着许多权利所有者。哈定曾以牧民放牧为例，指出如果每个牧民都为了自身利益而过度放牧，结果是所有牧民的牛都可能因为资源枯竭而死。而黑勒提出的观点是每一个权利拥有者都有权阻止他人使用公共资源，比如把草地圈起来不让放牧，结果是草地被闲置、资源被浪费。其实，无论是公地悲剧，还是反公地悲剧，其问题的根源都在于产权的设定。如果说公地悲剧的产生是根源于公共资源范畴内的任何人都没有阻止或排斥他人行使使用权的权力，那么反公地悲剧的发生则恰好相反，任何人都有权干扰他人行使权力，最终的结果是没有人可以有效行使权力。这样的安排必然导致资源的无效或者低效。换言之，如果药监、卫生、医保、工信、邮政、公安等各级部门之间形成权力分割、无法整合，那么网络药品安全领域就会成为无人监管的"公地"。

二 网络交易"无界性"对跨区域监管形成挑战

和大多数监管职能一样，药品监管在历经垂直管理向分级管理过渡后，也表现出属地管理的特点。意即，各级地方政府负责本行政区

---

[1] Heller M. A., "The Tragedy of the Anticommons: Property in the Transition from Marx to Markets", *Harvard Law Review*, No. 3, 1988, pp. 621–688.

域内的药品安全。但网络药品交易具有明显的"无界性",药品生产商、供应商、经销商、网络平台的注册地和行为地可能分散在各个地方,药品生产、经营、配送、使用等各个环节也可能发生在各个区域,已然打破了传统的地区界限和区域界限。这对药品监管工作形成了双重挑战:一方面,网络药品交易的违规线索发现难、证据调查和固定难、违规主体锁定和侦查难、违规行为认定和查处难,因而预防和打击药品违法犯罪的难度越来越大;另一方面,现有的属地管理模式使得异地监管者没有管辖权,即使发现问题也难以处理,这对以行政区划为基础的属地管理模式形成挑战。

按照"反公地悲剧"理论,除了部门和部门之间,区域和区域之间也存在监管职责分离、权限分割的情形,没有形成一个完整统一的产权主体,造成药品安全监管工作的"断层"。各级地方政府在责权利安排不一致的情形下,秉持"谁的地盘谁监管、谁的区域谁负责"的原则,存在"自扫门前雪"的倾向,仅对本行政区域内的药品安全负责,对跨区域的药品安全缺乏主动承担的责任和担当,甚至一旦发生药品安全事件出现推诿扯皮等现象,演变出属地管理的"变形"。

三 网络交易"虚拟性"对监管专业性提出更高要求

如前所述,工商、质监、食药监"三合一"并未达到 $1+1+1 \geq 3$ 的效果。究其原因,药品安全监管具有很强的专业性和技术性,传统一般商品监管队伍难以胜任药品监管工作。而网络药品交易的"虚拟性"更是对药品监管提出了更高要求:一是责任主体难以确认。网络药品交易不受时间、空间限制,药品企业、药品供应商、销售商、网络平台之间关系错综复杂,主体难以确认,导致行政执法部门调查取证时有如大海捞针;二是涉事证据难以锁定。网络药品交易具有虚拟性,相关交易商品、数量、金额等电子证据极易篡改、难以锁定,导致行政执法部门难以建立规范有效、合法齐全的证据链;三是涉事案件难以查处。网络药品交易尚未建立起"线上线下一致"的执法机制，药监部门在线下发现违规行为后无法切断商家的网络交易端口，工信部门在线上发现平台交易异常后难以及时查处线下实体企业，相关执法协同机制的缺乏导致涉事案件难以查处。这在一定程度上也是"公地悲剧"的具体体现。

第二节 法治风险成因

基于法律不完备理论，网络药品立法存在天然的滞后性和不完备性，难以适应千变万化的网络药品市场；政策较之法律更具灵活性和时效性，但监管部门始终对此种商业模式心存疑虑，安全和效率孰先孰后难以抉择；而在具体的制度执行中，如何建立自由裁量基准、行使自由裁量权成为执法人员面临的困惑。

一 法律存在天然的滞后性和不完备性

根据许成钢和皮斯托提出的"法律不完备理论"（Incomplete Law Theory），"既然法律通常被设计为长期适用大量的对象，且要涵盖诸多迥然不同的案件，除非社会经济或技术变革处于静止状态，那么它必然是不完备的。"[1] 可见，立法者仅能对立法当下所处的情形进行制度创制和设计，但由于技术变革的进步、社会经济的发展，法律无法预见未来所有可能发生的情形，因而不可避免地存在一定的滞后性和不完备性。

药品安全监管法律制度尤为如此。根据法律不完备理论，中国药品安全监管法律不完备是内在的，从药品市场产生发展至今，尽管药品安全监管法律在不断的完善之中，但没有也不可能达到完备状态。一方面，药品市场在经济转轨的背景下从高度行政化走向高度市场化，其监管制度也处于旧的制度瓦解、新的制度仍在建立的过程，

---

[1] 许成钢：《法律、执法与金融监管——介绍"法律的不完备性"理论》，《经济社会体制比较》2001 年第 5 期。

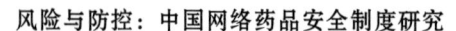

《药品管理法》自1984年诞生以来历经两次修正、两次修订即为例证。另一方面,网络药品交易作为刚刚兴起的交易渠道,正处于快速发展的成长期,难以及时总结相关经验并上升为法律。即使制定出来的监管制度,也存在着许多问题。例如《网络药品交易监督管理办法》先后几易其稿,仍然无法正式落地。传统"法律万能论"寄希望于通过立法来解决药品市场发展过程中存在的诸多问题,并且通过不断的修改和完善,以创制出完备的法律。但现实是,法律是内在的不完备,我国药品市场尤其是网络药品市场的发展历程决定了这是一个不断变化的市场,也就决定了网络药品监管立法不可能是完备的。

二 政策制定面临价值位阶选择

与立法相比,政策更具灵活性、时效性。但监管部门始终对这一新兴商业模式充满疑虑,归根到底在于安全和效率孰先孰后难以抉择。作为公共政策的价值取向,效率意指政策资源配置的有效性,学者们通过政策投入产出分析,将帕累托最优视作资源配置有效性的最高境界,即"该状态下某一社会成员的福利不可能再增加,其他成员的条件不可能再恶化";[①] 而安全可以理解为政策资源配置的可控度和信任度,是主观感受和客观存在的结合体,既包括民众对于公共政策实现公共利益的信任和接受程度,也包括各类政策要素投入的产出收益比例,"一旦产出低于风险成本,公共政策安全面临威胁"。[②]

政府有效监管的前提是基于对产业的清晰认识。近年来,有关网络药品交易的政策可谓"一波三折",正是由于监管部门始终难以准确把握和适应市场发展规律,始终难以找寻发展和安全底线之间的平衡点。我们以库兹涅茨曲线为参考,来探讨药品交易的监管力度和监管效用之间的逻辑关系,如图6.1所示,监管力度用T表示,监管效用用U表

[①] [意] 尼古拉·阿克塞拉:《经济政策原理:价值与技术》,郭庆旺、刘茜译,中国人民大学出版社2001年版,第130页。

[②] [美] 阿瑟·奥肯:《平等与效率》,王奔洲译,华夏出版社1999年版,第89—96页。

示，二者之间呈"倒 U 形"关系。在 $0 < T < T^*$ 时，用药保护水平处于较低的阶段，随着监管力度的逐渐加强，监管效用不断提升，此时监管带来的正面效应大于效率下降的负面效应。当 $T = T^*$ 时，监管效用也达到了顶峰 Umax，此时监管的正面效应刚好等同于负面效应。而在 $T > T^*$ 时，用药保护水平已经达到了一定的高度，随着监管力度的进一步加强，监管效用却呈下降趋势，此时监管的正面效应已不足以抵消效率下降、市场受冷、企业受挫的负面效应。现实中，对监管部门而言，既面临着放开交易管制、创造营商环境的选择，也面临着严格交易管制、坚守安全底线的选择，归根结底就是安全和效率的价值位阶考量。然而，"理性"的监管部门在考量中首选的是"一刀切"式的禁令，以此斩断网络药品风险和自身承担的责任，避免药品安全事件可能引发的系统性风险。表现在图 6.1 中，线下网络交易监管力度对应的是 T_1，线上网络交易监管力度对应的是 T_2。而强监管带来的医药电商产业发展受挫、人民群众消费选择权受损，亦是政府不得不正视的监管副作用。平衡安全和效率才是监管的正确选择。

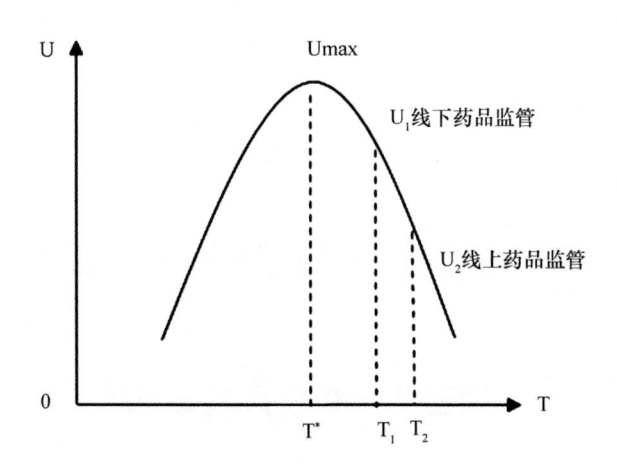

图 6.1　药品交易监管效用与监管力度关系

三　制度执行存在自由裁量之惑

所谓行政自由裁量权，"凡法律没有详尽规定，行政机关在处理

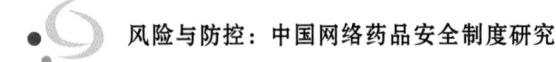

具体事务时，可以自行判断采取何种适当方法，即为自由裁量权。"①如前所述，法律天然的滞后性和不完备性、行政权自身的广泛性和效率优先，赋予了行政人员自由裁量权，可以依据具体情况和自身判断，作出对行政相对人有影响的行政行为。一方面，法律天然的滞后性和不完备性意味着任何法律法规不可能对现实生活中的所有情况作出详细规定，因而执法人员在行使自由裁量权时缺乏明确统一的标准，容易发生随意性大、有失公平等情形；另一方面，行政权自身的广泛性和效率优先决定了行政人员面对众多的管理对象难以做到事事绝对公平，因而执法人员的行政自由裁量权渗透到市场监管中的方方面面并伴有扩张趋势。更为重要的是，传统的行政处罚以严格的客观归责原则为主，只考虑是否存在违法行为而不考虑当事人的主观因素。只要当事人客观上违法了药品管理法律法规，就应依照规定给予行政处罚，而不论其主观上有无过错、故意还是过失。这就是实践中存在一些过罚不相当、有违比例原则的行政处罚案件存在的原因。新修订的《行政处罚法》（2021年）规定"当事人有证据足以证明没有主观过错的，不予行政处罚"，这一条规定意味着行政处罚须以当事人存在主观过错为前提，矫正了过往只问客观、不问主观的客观归责制度。继而，当事人是否存在主观过错，以及当事人的违法事实认定、社会危害程度判定皆属于行政自由裁量的因素。这样的规定又为执法人员偏袒企业、忽略违法情节、随意作出从轻或减轻行政处罚的决定埋下了伏笔。

第三节　机制风险成因

网络药品监管机制主要是指监管各个要素之间的运行方式。从药品安全事件发生的链条来看，包括事前、事中、事后等各个阶段。每

---

① 王珉灿：《行政法概要》，法律出版社1983年版，第4页。

第六章 利益分歧：我国网络药品安全风险的成因

个阶段都可能蕴藏着风险。

一 事前过度依赖审批

政府行使监管权主要包括审批、检查、处罚等内容。由于长期以来的权力设定以及政府的"经济人"属性，监管部门侧重于事前行政许可和审批，对涉及大量繁琐而细致的事中事后监管积极性不够，认为是"吃力不讨好的活路"。究其根源，审批是一项关卡，经营主体能否进入市场、能否攫取利润的关键在于是否能获得监管部门发放的"牌照"，这其中存在权力寻租的机会。与之对应的，事中事后监管却属于琐碎的日常工作，需要付出大量的人力和物力成本，却不易获得"收益"。实践中，大多数药品安全事件的发生往往归咎于事中事后监管失灵。例如：2018年11月，上海一名女孩通过某网络购药平台购买了18盒秋水仙碱片剂（治疗痛风的药物），该药物在人体内积累会产生毒副作用，属于处方药。遗憾的是，涉事平台、商家在未获得处方的情况下随意大量出售处方药，该女孩最终因过量服用导致中毒死亡。无独有偶，2018年5月，江西九江一名女孩也因为通过网络购药平台使用大量秋水仙碱片剂，导致抢救无效死亡。[①] 这其中，既有网络平台和商家违规销售处方药的因素，也有监管部门对网络市场监管不力的因素。

从目前来看，重事前审批而轻事中事后监管的现象仍然普遍存在，行政审批和市场监管"两张皮"的情况依然存在。实际上，这种"发证式监管"是一种成本巨大的监管手段。如果监管部门要对经营主体的资格进行逐一审查，同样需要投入大量的人力和物力成本，因而现阶段的网络经营许可停留在书面审查，而鲜有现场检查。反过来，监管资源毕竟是稀缺的、有限的，在此逻辑上，监管部门无暇对所有待批准进入市场的经营主体进行逐一审查，那就意味着只有一部

---

① 周洁、黄祺：《少女网购200粒药身亡，记者亲历网上销售处方药致命漏洞》，《新民周刊》2019年第18期。

分经营主体在审查中获准进入，更多的经营主体可能在漫长的等待中贻误商机。并且，已经进入市场的这部分经营主体在事中事后监管的欠缺下，可能会发生机会主义行为，使得已有市场上的假冒伪劣药品泛滥，这会进一步导致监管部门严格审批、收缩市场。这样的严格并不是防范化解风险的最优策略，而是成本最高的策略。相反，一旦市场开放，由于事前预警机制的缺乏，监管者仍然要面对在监管资源有限的前提下如何甄别合法经营者和非法经营者的难题。此外，网络诊疗和处方流转的背后面临着多重博弈。一方面，患者和社会药房有承接处方、院内购药的现实需求；另一方面，原有的"以药养医"体制尚未根除，医院不愿意放弃处方药这一块蛋糕，医生也不愿意承担处方外流后的风险。更有某顶级三甲医院的领导在会议上呼吁"利益在院外，风险在院内"不能做。

二 事中监管手段匮乏

我国监管机构设置和权限划分都是脱胎于计划经济体制，在过往的监管中，政府作为监管的单一主体，过度强化监管手段的单一性和强制性，而忽略了其他主体的参与性和监管手段的多样性。从现有监管体制来看，监管部门主要依靠行政手段来行使监管职责，主要为：行政许可、日常检查和行政处罚。如前所述，现有监管模式过度依赖事前发证式监管，而在事中事后监管中，由于监管手段贫乏而难以为继。目前，针对一般药品市场，主要有日常检查、专项检查、跟踪检查、飞行检查等手段。日常检查即药品监管部门按照计划对实体企业进行日常的许可证审查、药品生产质量检查、药品经营质量检查等，包括材料审查和现场检查。专项检查是按照国家药品监督管理局的统一部署，有计划地开展对某种药品或者某类企业的监督检查。跟踪检查主要针对抽检中发现不合格的、问题较多的、存在高风险的药品企业。飞行检查的范围包括投诉举报或者有线索证明可能存在质量风险的、涉嫌严重违反药品质量管理规范的、抽检中发现不合格的等特殊情况。日常检查和专项检查通常会提前告知被检查对象,但跟踪检查和飞行检查往往事前不告知被检查对象,采用突击检查的方式。

然而,网络药品市场不同于一般药品市场,从事交易的生产企业、经营企业可能分散在各个地方,且由于网络的虚拟性难以识别。因此,如果没有建立"线上线下一致"的监管机制,各地区各级监管部门缺乏联动机制,那么即便在线上发现了线索也难以对实体企业进行查处,同样地,即便在线下开展了联合检查,也难以切断其网络交易端口。可见,现有网络药品事中监管手段匮乏,导致事中监管机制并未能有效防范化解风险。此外,医保基金的背后也面临着多重博弈。一方面,参保人作为医保制度的受益人,期待更多的药品和医疗服务纳入医保支付;另一方面,个别医疗机构和药店把"救命钱"视作"唐僧肉",配合参保人以各种形式套取医保。这其中,医保部门理应成为调节医保关系、监管医保基金的核心部门,必须在既定的"游戏规则"内平衡不同利益群体的关系,完善医保监管制度。

三 事后倾向灭火式救援

在事后监管措施上,往往呈现"运动式执法"和"选择性执法"的交织。[①] 受传统行政管理模式的影响,监管机构在事后监管中表现出明显的"运动式执法",如集中检查、专项检查等。一方面,旧有医药产业市场秩序混乱、违规行为大量存在,亟需运动式执法予以严惩和整顿;另一方面,监管部门习惯于灭火式的监管思路,即出现问题、报告上级、接到上级指示、开展运动式执法、问题得以缓解,形成一个标准化的运作流程。尽管运动式执法的确在短期内能够带来明显的治理成效,但实际上,"这种方式容易造成宽严失当的越权管理",一部分违规企业在执法中被当作典型处以"极刑",使得这些违规者在内心更加抵触执法,认为政府有失公平;另一部分违规企业

---

① 徐国冲、张晨舟、郭轩宇:《中国式政府监管:特征、困局与走向》,《行政管理改革》2019 年第 1 期。

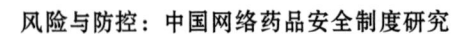

却在运动式执法中幸存下来,并在与政府监管的博弈中建立起对政府执法的行为预期,甚至学会在风声紧张时期停止违规行为,隐藏下来,待风平浪静之时又出来扰乱正常市场秩序。

同样地,监管机构也表现出明显的"选择性执法"。由于信息不对称,监管机构难以及时、准确地掌握网络药品市场的动向,以及经营主体违规情况。加之监管机构人员、技术、设备等有限,难以长年累月地对药品生命全周期各个环节展开持续性执法,因此,针对重点领域、重点环节、重点企业进行选择性执法成为政府的无奈之举。此外,选择性执法也会催生执法者的机会主义倾向,个别执法者可能在执法中利用手里掌握的公权力资源,和被执法对象建立贿赂关系,从而侵害了正常的执法秩序和政府公信力。实际上,无论是运动式执法还是选择性执法,都是一种灭火行为。其核心在于重事后"灭火式救援"而轻事前预防。结果是,这样的灭火仅仅针对这一场发现的"火灾",更多的"小火""隐火"可能潜伏下来,等待监管机构松懈之际便死灰复燃。

四 全过程风险意识欠缺

当前,我国处于网络药品风险高发期和监管矛盾凸显期。传统药品监管手段局限于"应对式"监管,网络药品风险往往在暴发以后才能引起重视、予以处置。这暴露出现有监管机制的缺陷:日常监管手段不足,未能有效将风险隐患扼杀在萌芽中;应急管理体系不健全,一旦发生重大药品安全事件疲于应对。美国学者史蒂芬·布雷耶指出,"政府有效规制风险的关键在于,通过制度设计来监管市场参与主体的风险行为,这无疑是风险无法归零的社会形态的最好应对。"[①]作为一项系统工程,理想的风险管理体系应如此设计:在事前阶段通过风险识别、风险预警机制,有效防范风险萌芽和隐患;在事中阶段

[①] [美]史蒂芬·布雷耶:《打破恶性循环:政府如何有效规制风险》,宋华琳译,法律出版社2009年版,第79页。

第六章 利益分歧：我国网络药品安全风险的成因

通过风险监测、风险评估机制，精准预测风险发展态势，做好及时有效应对；在事后阶段通过风险处置、风险反馈机制，防止风险蔓延，迅速化解风险，从中汲取教训。而贯彻整个风险管理全过程的首要任务，正是风险意识的树立。"没有意识到风险就是最大的风险"，如果缺乏正确的风险意识，对防范化解哪些重大风险、如何防范化解重大风险等问题没有清晰的认识，就难以从整体上和全局的角度把握网络药品交易风险。药品风险极可能通过互联网迅速扩散开来，演变为药品流通市场秩序混乱的风险、人民群众用药需求难以满足的风险、对执政党和政府失去信任的风险。"增强忧患意识，做到居安思危，是我们治党治国必须始终坚持的一个重大原则"。[①] 因此，牢固树立风险意识，做好全过程风险防控，成为政府和监管部门的首要任务。

---

① 习近平：《中国共产党领导是中国特色社会主义最本质的特征》，《求是》2020 年第 14 期。

第七章

利益整合：我国网络药品安全风险防控政策建议

风险管理的第三步就是选择适当有效的方法应对风险。2022年10月，党的二十大报告指出，"把保障人民健康放在优先发展的战略位置"，把"强化食品药品安全监管"放在"推进国家安全体系的能力现代化"这一章节予以强调，[①] 这对药品安全监管工作提出了新指示和新要求。

从为谁行政的角度来看，"以人民健康为中心""推进健康中国建设"成为我们必须遵循的宗旨。坚持人民至上、生命至上，是我们党一以贯之、贯穿始终的价值理念，也是因时因势优化调整医药卫生领域监管措施的内在要求。无论是新冠病毒感染实施"乙类乙管"，还是全民免费接种疫苗、新冠治疗药物纳入医保；无论是互联网诊疗管理办法、互联网+医保服务指导意见密集出台，还是《药品网络销售监督管理办法》正式实施，都体现了党和国家始终把人民生命安全和身体健康放在第一位，致力于建设人民满意的服务型政府。

从如何行政的角度来看，"放管服"改革是我们攻坚克难、破立并举的武器。具体来说，包括以下几个方面：其一，简政放权，深化

[①] 《高举中国特色社会主义伟大旗帜 为全面建设社会主义现代化国家而团结奋斗》，《人民日报》2022年10月26日第1版。

第七章 利益整合：我国网络药品安全风险防控政策建议

网络药品监管体制改革。通过建立跨部门协同机制，实现网络药品交易的全链条监管；通过建立跨区域协同机制，实现网络药品交易的无界性监管；通过提升监管专业化水平，确保网络药品监管队伍的能力能够完成监管任务。其二，放管结合，完善网络药品监管法治体系。监管部门须对产业发展态势和安全形势有着清晰的认识，在加强和产业互动的基础上厘清政策制定的价值位阶选择。在立法方面，必须加强顶层设计，既要牢牢守住安全底线，又要建立健全制度化监管规则；在执法层面，必须从内外两方面加强企业主体责任建设，既要严格执法，及时查处违法违规行为，又要强化企业自我约束和社会责任意识，从根本上防范风险源头。其三，优化服务，健全网络药品风险防控机制。通过建立事前风险预警机制、健全事中风险控制机制、完善事后风险应对机制、建立全过程风险交流机制，构建网络药品风险治理体系，实现药品全生命周期风险治理。

第一节 深化网络药品治理体制改革

深化网络药品治理体制改革，要从以下几个方面着手：一是建立跨部门协同机制，确保网络药品交易的前端、中端和终端都能实现全链条监管。二是建立跨区域协同机制，确保网络药品交易不因买卖双方不在同一行政区域内而存在执法障碍。三是提升监管专业化水平，既要严把入口关，优化监管队伍专业结构；也要提升现有人员监管水平，提高科学应对能力；更要加强外部专业支持，充分发挥专业人员在评审和检查中的作用。

一 建立跨部门协同机制

课题组调查发现，目前，各地已积累了丰富的药品治理跨部门协同经验。关于创新设立药品监管机构，海南博鳌在全国率先设立了区级医疗药品监管部门，由卫生部门和药监部门共同成立，创新开展

"卫生+药品"一体化监管。陕西、山东、安徽、北京等地省级药品监管部门采取挂牌、设立检查分局、工作站等模式，先后成立了派出机构，以解决药品生产监管和网络平台监管权限上交后地方监管力量不足的问题。目前全国各省级药品监管部门成立派出机构的已占五成。关于加强药品质量监督检查，上海嘉定、江苏南通等地的区级市场监管部门和区级医保部门联合开展"双随机、一公开"飞行检查，通过设立联合检查组，针对辖区内日常监管问题较多的医保定点医疗机构和零售药店开展飞行检查，强化药品质量风险防控。关于加强网络药品质量监督检查，四川等地省级药品监管部门、卫生部门、经信部门、科技部门等建立了厅际联席会议制度，加强案件协作、信息交流和专家咨询机制。关于药品价格监管和供应保障，北京等地卫生部门、药监部门、财政部门、发改部门、经信部门、公安部门等建立保供稳价会商联动机制，加强信息联通，防范药品价格剧烈波动，出现药品短缺等现象。关于打击药品违法犯罪行为，浙江、吉林等地省级检察部门和省级药品监管部门联合签署了《关于强化药品领域行政执法和检察监督协作配合的框架协议》，旨在组建执法协作办公室，推进信息共享、案件转移、公益诉讼和专业支持等。安徽等地省级药品监管部门、法检部门、公安部门共同签署了多方协作框架协议，强化行刑衔接，联合执法，更加精准地打击药品违法犯罪行为。

为有效应对监管部门之间的职权分割，课题组建议：一是理顺不同部门监管界限。进一步理顺药监、卫生、医保、邮政、工信、公安等各部门监管职责和界限。各部门按照职责分工各司其职，做好分段式监管：药监部门负责药品研发、生产、流通（包括网络交易）、使用等全过程监管；卫生部门负责网络问诊、处方开具、药师管理等内容；医保部门负责医保支付、资金监管等；工信部门负责网络平台管理；邮政部门负责药品运输管理；公安部门负责药品违法犯罪案件管理。

二是强化部门之间监管协同。汲取各地实践经验，加强各部门之

第七章 利益整合：我国网络药品安全风险防控政策建议

间相互联动，通过人员、信息、制度等协调，形成全方位监管。例如在链条式管理方面，药监部门、卫生部门和医保部门要加强深度合作，从药品开具的前端、药品流通的中端，到药品支付和使用的终端都能实现全链条监管。在线上线下一体化监管方面，药监部门和工信、邮政部门也要建立协作关系，药监部门在实地检查中发现企业存在违规销售行为时，须告知工信部门切断网络零售端口，以及邮政部门停止药品配送服务；工信部门在线上监测到违规行为时，或者邮政部门通过检查发现违规行为时，也应告知药监部门及时查处。在打击违法犯罪方面，药监部门和公安、法检系统也要加强密切配合，建立紧密的行刑衔接关系，及时共享线索、转交案件，对药品犯罪保持高压态势。

二 建立跨区域协同机制

同样，在药品治理跨区域协同方面，各地区也积累了一定的经验。在长三角地区，2017 年，浙江、上海两地药品认证检查中心签署了《药品检查能力建设合作备忘录》；随后监管合作范围进一步扩大，2019 年，浙江、安徽、江苏、上海等三省一市共同签署了《长三角一体化发展药品检查和服务合作备忘录》，开展合作调研、联合培训、跨省检查、药品检查员互派等合作模式；2021 年，该合作区域扩展至长三角毗邻的江西省，四省一市共同签署 8 个方面 16 条具体措施的备忘录，以强化监管队伍能力建设。在京津冀鲁地区，2015 年，河北、北京、天津三地建立了药品认证检查一体化工作模式，形成联席会议制度、联合检查制度、共建专家委员会、共享示范基地资源等；2017 年，山东、河北、北京、天津四省市共同签署了四项协议，旨在推进短缺药品生产协同监管、药品生产事中事后协同监管、药品异地生产协同监管等；2018 年，四省市又签署了有关药品上市许可持有人的跨省协同监管协议。在泛珠三角地区，2004 年，广东、广西、福建、江西、湖南、海南、四川、贵州、云南等九省区药品监管部门共同签署了《泛珠三角九省区食品药品监管合作框架协议》，建立了药品监督合作、药品检验合作、信息合作、人才合作等监管机制；2014年，香港、澳门地区也加入了该协议，在药品研发、药品检验、药品标准、违法检查等方面开展了深度合作。在川渝地区，为响应成渝地区双城经济圈的战略部署，四川、重庆两地药监部门积极推进川渝药品监管一体化合作，建立了联席会议工作领导小组，下设注册协同、许可协同、检查协同和执法协同四个工作组，从信息共享、人员互派、标准互认和产业协作四个方面推进合作。

为有效化解属地管理模式的局限性，课题组建议：一是夯实属地管理的基础。进一步厘清各级政府的责任清单和权力边界，强调地方政府承担起本行政区域内药品安全责任。国家统管全国范围内的药品安全和网络药品交易监管；省级政府负责省级范围内的药品安全以及药品批发活动、第三方平台交易监管；市、县级政府负责市、县级范围内的药品安全以及药品零售活动监管。国家、省、市、县四级政府构建起"横向到边、纵向到底"的责任体系。

二是加强地区之间监管协同。为探索解决地方监管力量不足的问题，有条件的地方可以设立省级药品监管部门的派出机构，以加强垂直化业务指导。在此基础上，探索形成跨区域联合执法机制，实现信息互通、资源共享、人员互派、标准互认等，并建立重大案件快速反应机制，确保跨区域案件及时、快速查办。目前，京津冀鲁、长三角、泛珠三角、川渝地区均已达成药品监管区域合作协议，并形成监管联动。下一步可考虑在更大范围内形成跨域监管合力。

三 提升监管专业化水平

药品不同于一般商品，其监管离不开专业技术的支持。因此，政府对药品安全的治理，不仅仅是行政审批、行政处罚等行政管理，更是专业化的技术监管，在药品研发、生产、流通、使用等各个环节运用专业知识，判断被监管者行为的合法性、合规性、合理性。

第七章　利益整合：我国网络药品安全风险防控政策建议

一是加强专业化药品检查队伍建设。根据国家药监局发布的《药品监督管理统计年度报告》，截至2022年底，我国共有药品生产企业7974家，药品经营企业64万家，药品批准文号15万件。与之对应的是，无论是国家还是地方的药品检查力量严重不足。全国共有GMP药品检查员6452人，GSP药品检查员8809人，2022年GMP总检查次数24274人次，GSP总检查次数25386人次。在此背景下，国务院办公厅公布《关于建立职业化专业化药品检查员队伍的意见》，要求建立国家和省级两套职业化专业化药品检查员队伍，满足药品监管需求。下一步，要细化检查事权划分和协同机制建立。国家级检查员主要承担药品研发及相关质量管理规范合规性检查等；省级检查员主要承担药品生产、批发和网络药品交易合规性检查等；市、县两级主要承担药品经营、使用环节现场检查，并及时反馈被检查对象的网络经营状况。

二是提升药品监管人员专业水平。如前所述，工商、质监、食药监"三合一"以后，原本并不充裕的药品监管队伍被"稀释"了。除了加强专业化药品检查队伍建设以外，更要从以下两点着手：其一是严把监管队伍入口关，优化监管队伍专业结构，凡进入药品监管执法队伍必须具备基本的药学专业知识。其二是强化现有监管人员技术培训，针对合并后的市场监管人员，尤其是以往从事工商管理的执法人员，要安排相关培训、交流和考核，提升其专业能力。其三是提升监管科学化技术支撑。针对网络药品交易等高风险环节，要实行日常风险监测和重点监督检查相结合，运用信息化手段建立网络药品监管信息平台，完善网上药品不良反应监测、网上药品投诉举报等机制。

三是加强科研技术人员专业支持。在此基础上，要加大卫生部门和药监部门的协同力度，充分利用各级各类医药卫生科研院所的专业队伍，发挥好科研技术人员的专业优势。具体包括：其一是制定职业化专业化药品检查员配套管理制度，明确药品检查员资格认定、层级评定、聘任发证等内容；其二是制定外聘专家管理办法，建立专家库，从各个高等院校、医疗机构、科研机构、检验检测机构等遴选药品方面的专家，为药品监管提供专业支持。

第二节　完善网络药品治理法治体系

完善网络药品治理法治体系，要从以下几个方面着手：一是提高立法的前瞻性预见性。在《药品管理法》修订的基础上，明确网络经营者、平台等各方主体的权利义务，细化相关责任人的责任，确保"有法可依"。二是厘清政策制定的价值位阶。政策制定须以社会整体利益为出发点，根据网络市场发展态势制定与之相适应的监管政策，并保持一定的监管弹性。三是进一步细化行政执法标准。法律的生命在于执行，要通过严格执法，强化企业第一责任人的责任，确保经营者、平台、药师、物流公司各负其责；也要赋予执法人员适当的自由裁量权，在执法过程中依据具体情形和自身判断，作出过罚相当、符合比例原则的行政行为。

一　提高立法的前瞻性预见性

2019年修订的《药品管理法》以法律的形式肯定了网络药品交易的合法性。当前，有必要在立法层面从权利、义务、责任等角度规范网络药品交易行为，避免出现法律真空和监管空白。

第一，明确各方权利义务。从药品监管部门和网络经营者的关系来看，监管部门行使网络药品监管的权利，同时担负保障辖区内网络药品安全的义务；网络经营者拥有在网络市场上获得合法利润的权利，并承担接受监管、合规经营的义务。具体来说，在资质方面，网络经营者须为拥有合法经营资质的药品经营企业；在经营范围方面，不得超出其经营方式和经营范围；在经营行为方面，须建立网络药品安全管理制度，实行网络不良反应监测和投诉举报制度，保障网络药

第七章 利益整合:我国网络药品安全风险防控政策建议

品配送安全,必要时及时召回相关问题药品。如涉及处方药网络销售,在政策允许的条件下,须确保处方真实性,并建立在线药学服务制度,由执业药师调配并指导患者用药。从药品监管部门和第三方平台的关系来看,也是监管和被监管者的关系。具体来说,在资质方面,平台须符合开展网络药品交易的要求,拥有互联网药品信息服务资格证书;在经营行为方面,平台须成立专门的药品质量管理机构,建立药品不良反应监测制度、药品投诉举报制度、网络药品安全管理制度、网络药品配送管理制度等,并做好相应监督管理。此外,平台有义务对入驻平台的网络经营者资质进行审查,并对平台上发布的药品信息进行检查,发生的交易行为进行监督,涉及药品安全问题须及时上报监管部门。

第二,厘清各方主体责任。一是强化网络经营者的主体责任。按照《药品管理法》规定,"从事药品经营活动,应当保证药品经营全过程持续符合法定要求。"这就要求网上药店遵守药品经营质量管理规范,建立健全药品经营质量管理体系,切实承担起主体责任。一旦发生药品安全事件,网上药店须及时报告监管部门相关情况,对已销售的药品主动召回,下架涉事药品,并承担起赔偿责任。二是压实网络平台的"看门人"责任。网络平台负有对入驻平台的销售者资质、销售商品、销售服务等严格审核的责任。对于药品这类关系消费者生命健康的特殊商品,网络平台须承担更高的注意义务,积极作为,既要发挥技术优势,加强交易数据监测;又要维系品牌形象,支持用户权益保障。若网络平台仍然"睁一只眼闭一只眼",没有及时建立"防火墙",造成消费者受损,须依法承担责任。三是规范物流企业的风险控制责任。无论是药品经营者的物流体系,还是第三方物流企业均须严格遵循GSP的相关规定,根据储存、运输过程中的风险点做好相应的风险防范,持续提高冷链运作管理能力,做好全过程可追溯和实时监测,确保符合通风、防潮、温度、湿度、避光等规定,尤其是快递小哥送货上门"最后一公里"的风险防控,严禁发生药品和普通商品混装、未按药品特殊要求储存和运输、未及时送达收货人手中的情形,避免合格药品发生变质。

二 厘清政策制定的价值位阶

作为新兴商业模式,网络药品交易给监管者带来两难选择:如果过于包容可能会放松市场约束进而诱发严重的药品安全事件,如果过于审慎则可能阻碍市场发展。这样的两难困境不仅仅体现在网络药品交易领域,也体现在诸多新兴产业发展的过程中。但监管不能够因噎废食,单纯以政策可能引发的负面效果为理由而否定政府在经济发展中发挥积极有为作用的必要性是不可取的,理性的做法是基于对产业和市场清醒的认识基础之上,经过利弊权衡,把握好政府干预的均衡程度。

第一,守住法律的刚性要求。政策制定须以法律为基准,以社会整体利益为出发点,以监管效用最大化为目标。从纵向来看,随着政府监管力度的加强、产业成熟度的提高,整个药品行业的用药保护水平与过去几十年相比有了明显提升。面对越来越先进的科学技术、越来越繁杂的交易模式,政府仍然要坚守住法律的刚性要求,减少负外部性效应。在权利义务方面,有必要规定网络经营者和第三方平台的经营资质、追溯义务、信息披露义务、准入和退出机制及消费者保护机制等。以处方药为例,处方销售须建立相应的处方流转保障机制,比如遵循"先方后药",在未核实处方前不得销售处方药;又如处方核验,处方须经药师核验真实性后进行标记,避免重复使用;再如处方药溯源,处方使用后处方药的去向须实行电子码溯源。在责任方面,必须严格遵循《药品管理法》规定,明确上市许可持有人承担药品全生命周期的主体责任,药品生产商、批发商、零售商、物流企业均各自承担在生产、批发、零售、配送环节中的责任。此外,第三方平台的"看门人"责任仍有待进一步压实。

第二,保持政策特有的弹性。政策相较于法律,具有适当的弹性。这里的弹性是相对于"固化""僵化"而言,过去的传统监管思维和模式对于新兴事务来说就是一种"僵化",但医药电商领域的发展不因监管思维没转变、监管手段跟不上而停止。这就要求,政府要正视产业的变化,政策要保持自身特有的弹性,凸显正外部性效应。建议适时进一步开放药品网售,例如进一步放宽处方药的销售限制,尤其是新冠特效药及解热镇痛类处方药,更好满足患者的需求;进一步放宽负面清单,允许院内制剂、慢性病患者常用注射剂、复方制剂等药品在互联网上流通。建立一套具有弹性、可协调的监管机制,通过科学分析和利益权衡及时修订负面清单,调整监管尺度,并对新业态可能造成的风险保持一定的容错性,[①] 在此基础上不断完善专门的网络药品交易管理规范。

三 强化行政自由裁量权规制

法律的生命力在于执行。当前在全面依法治国的时代背景下,如何在实现严格执法的同时,保护行政相对人合法权益,成为执法人员面临的现实任务。

第一,细化自由裁量基准。为解决不同地区不同级别行政人员执法尺度不一的问题,四川、广东等地出台了相应的药品行政处罚裁量规则和基准,以确保药品行政处罚的客观性、严肃性和可操作性。建议国家药监局在地方实践的基础上,出台统一的药品行政处罚自由裁量基准,根据违法事实、性质、情节及社会危害程度,分为不予处罚、减轻处罚、从轻处罚、一般处罚、从重处罚等不同等级。对于初次违法、情节轻微、产品风险较低、社会危害性较小、没有主观故意或过失等情形予以酌情处理;对于造成严重后果、产品风险较高、社会危害性较大、主观上有故意或重大过失等情形予以从重处罚。但须对何谓"轻微""严重""较低""较高""较小""较大"等作相应

---

① 薛澜、赵静:《走向敏捷治理:新兴产业发展与监管模式探究》,《中国行政管理》2019年第8期。

说明。这样既能确保依法落实"四个最严"和"处罚到人"的规定，又能充分考虑个案的具体情况和体现"过罚相当"原则。

第二，建立案例指导制度。自《药品管理法》修订以来，中央依法治国办联合最高法、最高检、公安部、市场监管总局、国家药监局发布了一系列药品监管执法典型案例，为有力打击药品违法行为起到了积极示范作用。建议进一步建立并推行案例指导制度，填补法律的空白，弥补法条概括性给执法人员带来的困扰。具体包括：一是从已有案例中做好案例收集和遴选工作；二是将社会关注度高、具有典型性代表性、疑难复杂的案例提炼出来；三是案例用作基层执法人员的教学培训，解决执法人员行政裁量不规范问题；四是对社会及时公布案例，便于公众了解行政处罚的公平性公正性。

第三节 健全网络药品风险防控机制

健全网络药品风险防控机制，要从以下几个方面着手：一是建立事前风险预警机制，从网络经营者、平台的资质审批入手，把好网络市场的入口关；二是健全事中风险控制机制，尽快建立药品全过程追溯制度，加强第三方物流管理，加强网上用药指导服务，完善医保网上支付管理；三是完善事后风险应对机制，建立健全重大药品安全事件应急管理体系，强化应急处置，落实责任追究；四是建立全过程风险交流机制，药品安全监管离不开政府、市场和社会的共同参与，进一步加强信息共享，强化行业自律，畅通社会公众参与渠道。

一 建立事前风险预警机制

在网络药品风险治理的前端，要建立健全事前风险预警机制，从严格准入条件、健全网络诊疗规范、加强处方流转管理等入手，建立起风险治理的第一道防线。

第一，严格网络经营主体准入条件。尽管监管重心从重事前审批

第七章　利益整合：我国网络药品安全风险防控政策建议

往重事中事后监管转移，但严把入口关仍然是风险治理中至为关键的一环。针对审批环节存在的问题，笔者建议：一是尽快增加网络药品广告自查的规定。互联网药品信息服务网站须承担药品广告自查的义务，对于入驻网站的经营者发布的广告进行严格审核，严禁违规发布广告、虚假广告，在一定程度上能限制受管制产品进入网络流通市场，避免"看广告吃药"的人群受害。二是建立药品信息分级分类管理。互联网药品信息服务网站可分为经营性和非经营性，对于经营性网站严格审批，对于非经营性网站以备案为主。同样，对于处方药等高风险的特殊药品要严格审批，对于非处方药等低风险药品以备案为主。三是强化药品信息网站的义务和责任。《互联网信息服务管理办法》的修订也为互联网药品信息服务管理提供了新的思路。例如：要求网络信息服务提供者和网络接入服务提供者承担建立信息安全制度义务，网络安全评估与报告义务，防范、制止、报告犯罪义务，配合侦查与监管义务等；同时，严禁发布明知是虚假的信息、有偿删帖、倒卖账号、虚假点评、编造传播药品安全虚假信息等。

第二，健全网络诊疗行为规范。目前，已有个别地方建立了互联网诊疗管理的相关规范。2020年，《四川省互联网诊疗管理规范（试行）》出台，从职业资格、诊疗行为、病历管理、药事服务、服务保障、监督检查等六个方面进行了全面而细致的规范。2023年，山东也出台了《互联网诊疗管理实施办法》，一方面简化了第三方机构申办互联网医院的前置审批程序；另一方面强化了互联网诊疗的行为监管，建立统一的监管服务平台，禁止他人或人工智能替代医师接诊，等等。建议尽快从国家层面健全和完善互联网诊疗管理的制度，主要突出以下内容：一是突出对执业资格的规范管理，按照"谁审批谁监管"的原则，要求开展互联网诊疗活动的机构和人员必须取得相应合法资质，否则承担相应责任；二是突出对诊疗行为的规范管理，患者和医师都必须实名认证，强调其他人员、人工智能软件不得冒用、替代医师本人接诊；三是突出对诊疗范围的规范管理，现目前互联网诊疗仅局限于常见病、慢性病患者的复诊，新冠疫情政策调控后，新冠症状的患者首诊也纳入了互联网诊疗范围，待条件成熟后可扩大首诊范围，相关诊疗过程须妥善记录并保存；四是突出对药事服务的规范管理，作为网络药品交易的前端，在处方和药品开具中须进一步明确开具电子处方的相关要求，严禁开具精神药品、麻醉药品等特殊管理药品，严禁医师收入和药品收入挂钩，互联网医院须建立健全网络药品不良反应监测和报告制度。

第三，加强网络处方流转管理。新医改自启动以来一直致力于推进"医药分离"，斩断药品供应商、经销商和医疗机构之间的利益纽带，而处方外流成为倒逼医药体制改革的一项重要内容。从国务院医改办历年的工作要点，到国务院办公厅颁布的《关于以新业态新模式引领新兴消费加快发展的意见》，持续释放出支持处方外流的态度。笔者建议：一是试点建立处方流转机制。结合海南、深圳等地经验来看，处方流转机制既有赖于地方政府的强力推进，又有赖于医药企业、医疗机构、医师等主体的共同参与。2021年4月和2022年1月，国家发改委、商务部先后允许海南、深圳开展处方药网售试点，两地均建立了统一的电子处方流转平台，连接互联网医院、各医疗机构处方系统、各处方药销售平台、医保信息平台以及其他商业类保险机构等，实现处方流转的闭环管理。建议在国家层面建立统一的处方流转平台，为处方院外自由流转、处方追溯管理、处方真实性审核管理提供便利。二是加强处方信息追溯管理。现有《药品网络销售监督管理办法》第9条规定"通过网络向个人销售处方药的，应当确保处方来源真实、可靠，并实行实名制。"这里对处方的要求主要包括"实名制+作标记"，操作难度较高。下一步，可借鉴药品信息追溯体系，建立全国统一的电子处方流转平台，为处方编制唯一的"身份证"，以保障处方真实性。患者通过平台上传电子处方或由互联网医院开具处方后，处方存储于云端并生成二维码，患者凭二维码在实体药店或网上药店购药时，药店可扫描二维码将信息上传云端，并由平台判断

第七章 利益整合：我国网络药品安全风险防控政策建议

该处方是否为有效处方，若与云端存储信息校验一致，即完成购药并将处方标记为无效；若不一致则显示为无效处方。

二 健全事中风险控制机制

在网络药品风险治理的中端，要建立健全事前风险控制机制，从健全不良反应监测体系、建立药品信息追溯制度、加强物流管理、加强用药指导、完善医保网络支付等入手，及时发现并控制药品风险，防止风险进一步蔓延。

第一，健全网络药品不良反应监测体系。一是提高涉药主体的报告意识。美国不良反应报告90%源自于生产企业。借鉴美国做法，建议将不良反应报告体系分为强制报告体系和自愿报告体系，要求凡是药品生产、经营者以及第三方平台必须建立不良反应监测体系，强制报告药品不良反应。凡是属于严重的、意外的不良反应信息，均须在规定时限内上报；自获得上市许可起每年须定期提交年度报告；如遇医学文献、舆论报道包括国内外的相关不良事件也应及时报告。此外，为医务人员、社会公众开通自愿报告不良反应的渠道。二是加大对涉药主体的培训力度。对于临床医生等自愿报告系统中的中坚力量，要加强医师、药师等医疗工作者的系统培训，使其了解监测报告的重要性并掌握判断标准、报告方式、报告范围等。同时，规定网上药店和第三方平台须配备一定数量的执业药师和药学专业技术人员，便于开展不良反应监测和报告。三是强化不良反应报告信息运用。一方面，政府可以将收到的不良反应报告副本发给药品生产企业，帮助企业主动认识不良反应信息并采取相应的改进措施；另一方面，政府可以将不良反应信息以及标签和说明书改变、召回、退市等信息一并公示出来，方便社会公众查询。

第二，尽快建立药品全过程追溯制度。一是尽快建立统一的药品信息化追溯体系。参照疫苗管理的经验，建立一套以追溯码为基础的全国统一的信息溯源体系，为每一支出厂的药品编制唯一的"身份证",并在流经批发商、零售商、医疗机构、药店、物流企业的每一个环节均可生成信息并及时上传,形成"来源可查、去向可追、责任可究"的追溯体系。① 二是充分发挥第三方信息化技术平台的作用。建立统一信息追溯体系最大的困难在于:各类市场主体的经营管理和信息化水平参差不齐,信息追溯系统重复建设造成资源浪费和成本上升。经过调查论证,笔者建议,借鉴美国和欧盟的管理模式,充分发挥第三方信息化技术平台的作用,通过第三方平台发挥集约作用,降低各类中小企业的运营成本,提升信息化追溯的整体水平。三是促进网络交易和网络信息追溯一体化。借鉴重庆推行的公立医院药品全流程在线交易模式,② 可以考虑在网络药品交易平台的基础上建立信息化追溯平台,使得平台集产品交易、信息追溯、资金流转等多功能于一体,促进产品交易和信息追溯同步发展、相互融合。

第三,强化第三方物流管理。一是强化设施设备管理。目前,陕西、湖北、浙江、福建等地已制定第三方物流企业指导意见。结合GSP规定和各地做法,建议严格规范第三方物流企业的设施设备,药品储存仓库、冷库、药品运输车辆、运输设备等均须严格符合GSP规范,同时建立现代化物流信息管理系统,确保覆盖药品物流管理的全过程。二是强化配送行为管理。比如冷链环节实行全过程监管,冷链药品配送只能直接送达,不能中转暂存;又如药品配送不能使用一般快递箱,药品有特殊温湿度要求的也不能混同配送;再如药品包装封签被破坏,默认消费者已接触,不得退回,即便退回也一律不得二次销售,等等。上述要求的落实须通过药监、邮政、交通运输等多部门开展联合执法,消除监管盲区。

第四,加强网上用药指导服务。一是大力加强药师队伍建设。建

---

① 曹允春、李彤、林浩楠:《基于区块链技术的药品追溯体系构建研究》,《科技管理研究》2020年第16期。
② 贾磊、肖蒲:《基于医药全流程电子商务的医药智能物流平台研究:以重庆药品交易所为例》,《海峡科技与产业》2016年第6期。

第七章 利益整合：我国网络药品安全风险防控政策建议

议借鉴"医师多点执业"政策，鼓励药师利用业余时间和节假日开展多点执业，提供网上用药指导服务，缓解药师配置数量不足的问题。目前广东、北京、浙江等地已开展"药师多点执业"试点，在探索实行执业药师分级定标管理方面积累了一定经验。下一步，有必要建立科学、完整的执业药师水平评估体系，制定相应的行为规范和服务标准，让更高水平的执业药师投入到用药服务中来。同时，不断完善多点执业的相关规范，如规定可以在同城不超过三家的医院或药店注册执业等，确保在不降低标准的前提下更好地激活执业药师的潜力和热情。二是建立网上用药指导规范。网上药店经营者准入门槛应加入执业药师配置这一硬性条件，规定配备一定数量且具有一定从业经验的执业药师方可取得网络药品经营执照。例如，规定审方量每增加100人次，须增加一名执业药师。同时，处方药网络销售也应加入药师用药指导服务这一硬性要求，即通过用药前咨询、用药时审核、用药后信息反馈等方式加强医患沟通，提高患者用药的依从性，确保治疗安全、有效。

第五，完善医保网络支付管理。一是尽快开通医保网上支付。2020年3月，国家医保局、国家卫健委联合印发《关于推进新冠肺炎疫情防控期间开展"互联网+"医保服务的指导意见》，允许符合条件的互联网医院开展常见病、慢性病线上复诊业务，且相关费用可纳入医保报销。此后，上海、四川等地试行将在线问诊和复诊续方等项目纳入医保支付。随着疫情防控政策进一步优化，福建、广东等地开始尝试为新冠症状的患者提供互联网首诊服务，并将首诊费用纳入医保支付。笔者建议，为更好满足患者的用药需求，尽快开通医保网上支付，进一步明确互联网诊疗服务范围，允许互联网诊疗及网络购药的相关费用纳入医保支付;[①] 同时，完善微信、支付宝等第三方支付系统与医保账户关联，形成"医保+第三方支付"的模式。二是加

---

① 郭珉江、李亚子、张芳源等：《平台经济学视角下"互联网+"医保支付参与机制的探讨》，《中国卫生经济》2020年第1期。

强医保基金监管。一方面,医保部门要根据具体情况,逐步扩大医保的覆盖面,并划清医保支付的边界。对于不属于医保支付范畴的项目,如药品配送费用等坚决不予支持。另一方面,医保部门要充分运用大数据手段,实现全流程监控,比如要求定点医疗机构和定点药店采用人脸识别系统核实参保人信息,坚决杜绝"套现"行为发生;又如探索网上药店医保支付管理机制,参考淘宝的质量和信用管理手段,强化对网上医保定点药店的协议管理。

三 完善事后风险应对机制

在网络药品风险治理的末端,要建立健全事前风险应对机制,从完善投诉举报机制、健全药品召回管理、健全应急管理体系、强化责任追究等入手,尽最大可能降低和消除药品风险,使得风险重归于可接受的程度。

第一,完善网络投诉举报制度。一是规范投诉举报程序。"三局合一"以后,市场监管整合了原工商"12315"、质检"12365"、食药"12331"、价监"12358"、知识产权"12330"等5个投诉平台,统一为"12315"投诉举报平台。建议进一步优化平台内部资源整合,接到投诉举报线索,尽快完成线索分流至各地区对应的各级监管部门。同时,建立投诉举报分级分类相应机制,针对事实清楚、证据充分、金额较小的投诉举报,设计简易程序,使得纠纷可以快速得以处理;针对可能造成严重安全隐患的、涉及国家利益或重大社会影响的、可能引发系统性区域性风险的投诉举报,须启动应急响应机制,组织人员立即开展核实调查并予以先行处置。二是加强投诉举报反馈。投诉举报工作需注重两个时限:告知时限和处理时限。凡监管部门作出受理或不予受理决定,应在规定时限内告知投诉举报人;作出相关处理结果也应在规定时限内反馈投诉举报人。同时,投诉举报信息也应纳入风险预警系统,由专人定期汇总、分析投诉举报线索并及时进行预警。三是引导职业打假人行为。关于职业打假人的行为,各

第七章 利益整合：我国网络药品安全风险防控政策建议

地在实践中均有不同做法。既有支持职业打假人在食品药品领域内打假行为的案例，也有将职业打假人与普通消费者作区别、不支持高额赔偿的案例。建议从正反两方面分析职业打假人的利弊，将职业打假人与普通消费者区别开来，引导其在提供投诉举报线索、净化市场尤其是网络市场方面的积极作用，但并不支持其谋取自身利益所提出的高额赔偿，探索公益打假的新思路。

第二，健全网络药品召回管理制度。一是建立网络药品召回管理制度。要求网络经营者均须建立网络药品召回管理制度，对收集的信息及时进行分析和研判，如果发现药品存在安全隐患，依照相关管理办法启动召回程序。同时，如果监管部门发现药品存在安全隐患，且生产企业应当召回却没有召回的，可以责令相关企业（含网络经营者）召回药品。网络经营者有义务配合立即停止销售该药品。二是加强企业主动召回。美国药品召回制度中，90%以上的召回都属于企业的自主行为，以辉瑞公司为例，过去5年在全美发布了十余次召回，涉及20款药品。企业主动召回必然面临着巨额的成本，但与责令召回相比，主动召回更为快捷、高效，能够在最短时间内减少对消费者的损害。并且，作为负责任的企业，实施主动召回更有利于企业自身形象建设和声誉获得。因此，在召回环节，药监部门要敦促企业主动面对并积极解决公关危机，接受社会监督。如果监管部门发现企业应当召回却未采取行动的情形，可以在采取强制手段的基础之上，通过黑名单的方式对企业和问题药品予以曝光，避免"召而不回"的尴尬境地。三是完善召回分级管理。尽管我国《药品召回管理办法》设计了三级召回管理分类，但具体如何分级和评估，以及如何应对须要更为细致的设计和组织实施。在这个过程中，药监部门对发现的问题药品要在第一时间内进行回应，对药品安全隐患的严重程度作出正确的判断，对企业的召回工作尤其是网络经营者进行全面规范和要求。

第三，健全重大药品安全事件应急管理体系。一是建立健全应急管理预案。实践中，上海、广东、福建等地出台了重大药品安全突发

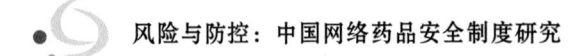

事件应急处置预案，积累了一定的经验。在预警机制方面，药品安全突发事件分为四级：一级（特别严重）、二级（严重）、三级（较重）、四级（一般）。广东对此作了更为细致的规定：如在相对集中的时间和区域内，同一批号药品引起相似临床症状的不良反应的群体超过50人；或者引起严重不良反应的群体超过10人；又或者短期内造成死亡人数超过5人的，属于一级药品安全事件。在组成机构方面，地方政府负责领导突发事件应急管理工作，应急管理部门负责部署和具体实施突发事件应急管理工作，而药监部门作为专业部门负责处置具体的药品安全突发事件。涉及跨地区药品安全突发事件的，由药监部门与其他省市有关部门建立信息通报和协调渠道。同时，药品安全专家库的建立，可以为药品安全突发事件提供决策咨询建议和技术支持。二是完善应急管理运行机制。首先是建立完善监测、预测和预警机制。组建全国统一的药品安全监测网络，加强药品安全风险监测，及时、系统、全面汇总药品安全信息和突发事件信息，综合分析和评价事件的危险系数并启动相应层级的预警工作。其次是健全应急处置机制。当突发事件发生后，政府为了尽快控制和减少事件造成危害，应当第一时间启动应急机制，组建应急工作机构，开展应急救援，并适时公布相关信息。再者是完善恢复重建和调查评估机制。在突发事件得以有效控制后，政府应开展社会秩序恢复、物资财产清理，以及社会心理重建。此外，政府还应开展突发事件溯源及调查评估，做好责任追究和警示教育。三是落实应急管理责任。进一步完善信息报告工作制度，明确信息报告责任主体。经常开展风险点排查工作，对高风险企业和高风险环节开展风险监测、风险评估，并采取妥善的应对措施。同时，进一步拓宽信息来源渠道，如设置投诉举报奖励制度、设立基层信息员等。一旦发生药品安全突发事件，组织应急管理专业人员和药品安全专家等按照相应的预案开展应急处置工作，并及时将工作进展和调查结果对公众开放，维护社会稳定。

第四，强化网络药品责任追究。药品安全事件发生以后，厘清各

第七章 利益整合：我国网络药品安全风险防控政策建议

方责任、维护患者权益十分必要。一是强化网络药品经营者的主体责任。按照《药品管理法》规定，上市许可持有人须全面负责药品生产经营全过程，药品经营者仅承担其经营的药品安全。因此，网络药品经营者应做好其经营的药品质量管理，通过建立并落实药品质量管理体系、药品追溯体系、不良反应监测和报告体系、在线药事服务管理、在线投诉举报管理等制度，以及在药品安全事件发生后承担相应的赔偿责任。二是压实第三方平台的责任。第三方平台应建立健全相应的质量管理机构和制度，完善平台准入、运营、退出及风险防范机制，严格入网经营者资质审查，规范网络交易信息，健全投诉举报处理和反馈机制，切实承担起"看门人"的责任。同时结合《民法典》等法规，可规定平台在明知或应知经营者利用网络实施侵权的，且没有采取必要措施，不再适用"避风港原则"，① 而应适用"红旗原则"，② 并承担相应的"连带责任"。考虑到消费者维权困难，还可探索实行平台"先行赔付"制度，即消费者既可向经营者索赔也可向平台索赔，平台接到申请后须先行垫付赔偿款再向经营者追偿。③ 三是落实第三方物流的责任。在物流配送环节，尽管法律明确了药品经营者承担主体责任，但受托的物流企业也应承担相应的物流管理责任。这意味着，物流企业在药品储存、运输、配送等过程中要建立健全质量管理机制，提高冷链运作管理能力，确保药品配送全过程实时监控及可追溯。四是在归责原则和损害赔偿制度设定中更有利于消费者。在归责原则方面，消费者通过网络交易平台购买药品致损的，参考德

---

① "避风港原则"是指网络服务平台只有在明知侵权事实时才有义务采取相应措施，否则不承担任何责任。参见周伟萌《"避风港"何以避风？——我国网络交易平台商标侵权案件适用避风港规则的具体路径》，《社会科学家》2021年第5期。

② "红旗原则"是"避风港原则"的例外，即当侵权事实显而易见，像"红旗一样飘扬"时，网络服务平台不得"视而不见"，或者以不知情为由推卸责任。参见孙浩翔《失形忘意的红旗标准——兼论注意义务之偏离》，《东南大学学报》（哲学社会科学版）2021年第S01期。

③ 杨立新：《电子商务民事责任之立法基础与基本规则》，《甘肃社会科学》2019年第1期。

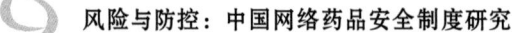

国的绝对责任原则，结合《消费者权益保护法》《电子商务法》，应当既可以向销售者追责，又可以向平台追责。这是因为，网络交易平台较消费者而言认识风险、预防风险的能力更强。平台承担赔偿责任后，有权向销售者追偿。在损害赔偿设定方面，建议参照《消费者权益保护法》《食品安全法》，在药品领域内建立惩罚性赔偿机制，对于销售不合格药品的，消费者可向经营者主张货物价值 10 倍的赔偿金，且不以消费者人身权益受到损害为前提。[①] 同时，借鉴德国药品强制责任保险制度，结合我国交通事故强制责任险，建议建立药品强制责任保险制度，即药品上市许可持有人须投保药品强制责任险，一旦发生药品质量问题造成消费者死亡或伤残的，由保险公司在合同范围内予以赔偿。

四　建立全过程风险交流机制

在网络药品安全治理的全过程，还需要建立多元主体之间的风险交流机制。党的二十大报告明确指出"建设人人有责、人人尽责、人人享有的社会治理共同体"。在药品监管层面，"社会共治"也纳入了"十四五"国家药品安全规划。为此，政府应当秉持"共治"理念，构建多元主体共同协作的风险交流机制，共同构筑药品安全底线。

第一，加强政府信息公开和信息共享。政府理应转换监管思路，围绕社会公众需求，积极开展信息建设，构建以人民需求为导向的信息公开和共享机制。一是细化信息公开范围和内容。按照"以公开为常态、不公开为例外"的原则，建立不予公开的信息名录，如危及经济安全、社会稳定、公共安全、国家安全等，或公开后可能会影响公正决策及行政行为正常进行的，或属于行政机关内部事务的，可不予公开。其余情况原则上应予以公开。二是统一信息发布。对涉及社会

---

① 冯博：《从"鼓励性惩罚"到"惩罚性赔偿"——食品药品安全问题的法律经济学分析》，《法学杂志》2016 年第 12 期。

第七章 利益整合：我国网络药品安全风险防控政策建议

公众切身利益的信息，建议由政府通过官方网站、公众号或指定第三方机构统一发布。如经营主体资质、执业药师资质、药品检查信息、药品追溯信息、处方流转信息等，既方便相关利益主体网上查询，也方便监管部门靶向操作，提高监管效能。三是将信息公开纳入考核。根据国家药监局历年来的政府信息公开评估报告，可以发现，各个省局网站建设整体水平提升，差距逐渐缩小，但在政策解读和回应社会关切方面仍存在两极分化趋势。建议药监部门建立舆情收集和回应机制，通过建立新媒体信息传播矩阵，设计调查征集、在线访谈等互动类栏目，以多种形式开展药品监管的政策解读，及时回应社会关注。

第二，强化行业协会自律作用。随着医药电商的快速发展，网络药品销售业亦将产生自己的协会，并形成相应的协会章程、自律公约和管理制度。一是厘清行业协会的职能定位。行业协会未来的发展方向应为：在坚持自主办会的基础上实现自律性行业管理，逐渐与国家机关和企事业单位"脱钩"。借鉴英国、美国医药行业协会的经验，通过组建专家委员会，对医药企业提供咨询服务；对医药企业反映的共性问题，向监管部门反映并提出政策建议；参与制定行业标准，承接相关评审和检查工作，等等。二是制定完善的自律规则。在行业规约中，明确所有企业必须严格遵照《药品管理法》和有关法律法规，做到依法生产、合法经营；在行业守则中，坚持质量第一的原则，反对一切不正当竞争行为，反对假冒伪劣行为；在行业道德中，强调讲诚信、重合同、严履约；在行业管理中，协会提出行业发展规划供政府决策和企业参考，定期开展行业自律的监督检查活动。三是建立相关协调机制和责任机制。在纠纷解决方面，奉行"内部矛盾，内部解决"的原则实行自律，对拒不遵守规约的企业视情况给予一定的惩戒措施，必要时协助政府部门予以查处；在诚信褒奖和惩戒方面，鼓励诚信建设好的企业每年发布社会责任报告并予以表彰，对具有失信行为的企业建立失信档案并予以公布；在责任机制方面，设计好行业协会、会员企业各自的责任，防止企业受私利的诱导而突破约束机制。

第三，发挥媒体监督作用。舆论监督是社会监督体系中最为典型的一种方式，既能及时传递公众的信息和意见，又能弥补政府监管的不足。无论是"毒胶囊"还是问题疫苗事件，都展现出媒体监督的正面和积极作用。一是坚持科学严谨履行职责。媒体对于药品安全事件的报道，须秉持科学严谨的态度，具备相关的药品安全知识，务必在通过查阅资料、咨询专家等基础上作出恰如其分的报道。同时，报道须做到忠于事实，将事件的原貌呈现给消费者，避免在报道中用语含糊，或者使用带倾向性的字样。二是健全信息沟通协调机制。积极推进市场监管及药品监管部门政务网站建设，加强微博、微信及APP等新媒体平台建设，形成新媒体信息传播矩阵，引导社会公众通过正规、权威的渠道了解和掌握药品安全信息；深化与主流媒体和互联网媒体合作，构建多层次、多维度的信息发布渠道，搭建政府、社会风险信息交流桥梁。三是完善舆情监测引导机制。在"人人都有麦克风、人人都是通讯社"的全媒体时代，有必要成立专门的舆情监测队伍，密切关注热点、敏感、重大信息，认真梳理排查倾向性、苗头性问题，做好舆情回应工作；对于重大舆情动向坚持"早发现、早回应、早解决"的原则，第一时间澄清虚假信息，持续发布权威信息，有效防范和化解声誉风险。

第四，畅通消费者参与渠道。消费者是网络药品交易治理中最具内在动力的参与者，消费者参与渠道主要划分为认知和需求表达两个层面。在认知层面，一是提升监管工作的透明度。监管部门针对药品安全采取的各种监管措施及成效应及时向社会公布，既要公布有关检查结果的信息，还要包括检查的标准、程序和对象等，以便公众更为全面地了解监管工作，增强信任度。二是加强风险交流的有效性。监管部门应主动将有关药品安全风险的信息及时向社会公布，包括可能存在不良反应的药品信息、如何识别和防范风险、处置药品安全事件的应急方案等，以减少公众的恐慌和不安情绪。在需求表达层面，一是在立法层面建立公开征求意见机制。有关药品安全的法律法规政

第七章 利益整合：我国网络药品安全风险防控政策建议

策等草案在提交审议前，除依法需要保密以外，均应向社会公开征集意见。如果拟定的制度涉及相对人和社会公众切身利益的，或者在某些方面存在重大分歧的，监管部门应通过举办听证会、论证会、座谈会等多种形式广纳意见，凝聚共识。二是在执法层面完善投诉举报机制。借鉴英国立法，建议引入匿名举报制度，允许举报人不提供真实姓名和联系方式向监管部门进行举报；建立举报人损害赔偿制度，举报人确因遭到打击报复而导致财产、名誉、经济损失或人身伤害的，可依法请求赔偿。三是在监督层面建立药品安全监督员队伍。监管部门可以面向社会招聘药品安全监督员，负责向社会公众宣传药品安全常识和监管工作动向，并向监管部门反馈收集到的药品安全问题、意见和建议。

第八章

结　语

党的二十大报告指出，过去十年，我们明确了我国社会主要矛盾是人民日益增长的美好生活需要和不平衡不充分的发展之间的矛盾。①具体到药品安全领域，人民群众日益增长的健康需求和医药产业不平衡不充分的发展之间的矛盾日益凸显。老百姓不仅对药品的可及性有了更高要求，还期待更实惠、更安全、更便捷的药品以及更满意、更贴心、更优质的用药服务。

从宏观层面来看，我们已然进入市场有序、监管成熟的新发展阶段。站在新的征程上，我们要弄清楚"为谁行政"这一个根本问题，践行"以人民健康为中心"的发展思想，坚持在发展中保障和改善民生，并致力于构建监管事业和医药产业高质量发展的新发展格局。从中观层面来看，我们要弄清楚"如何行政"，进一步转变政府职能。在"放管服"改革向纵深推进的背景下，在网络药品交易这个关乎人民群众身体健康和生命安全的领域，更需要推动政府职能深刻转变，重塑政府、市场和社会的关系。因而，网络药品治理既有赖于市场的自律，也有赖于社会的共同参与，更有赖于政府治理体系和治理能力的现代化建设。从微观层面来看，体制、法治和机制的相互协同为网

---

① 《高举中国特色社会主义伟大旗帜 为全面建设社会主义现代化国家而团结奋斗》，《人民日报》2022年10月26日第1版。

第八章 结语

络药品治理提供了根本保障。令人欣喜的是,从国务院发布一系列关于积极推进"互联网+"的指导意见,释放出监管模式创新的信号,到《药品管理法》的修订反映出立法对药品网络交易持开放态度,再到"十四五"规划强调的"包容审慎监管",以及药品网售专门法规的落实落地,都可以预见全面开放网络药品交易的春天正在来临。实践证明,网络药品交易管理是一道复杂的"治理方程式","一刀切"式的禁止、"一窝蜂"式的开放都有失偏颇,坚持放管结合、宽柔相济才是破解监管难题的正确选择。(见图8.1)。

网络药品安全制度体系	宏观层面	历史:市场有序监管成熟
		理论:以人民健康为中心
		实践:医药业高质量发展
	中观层面	政府:治理体系能力建设
		市场:企业行业严格自律
		社会:共建共治共享格局
	微观层面	体制:跨部门跨区域协同
		法治:各方主体权利义务
		机制:风险防控全程覆盖

图8.1 网络药品安全制度体系

第一节 宏观层面:历史、理论和实践的有机统一

新发展阶段、新发展理念、新发展格局是网络药品安全治理宏观制度环境之主要特征。[①] 从历史逻辑来看,网络药品安全治理从秩序混乱、监管缺失走向市场有序、监管成熟的新发展阶段;从理论逻辑

---

① 李利:《新发展阶段药品监管工作面临的形势和任务》,《中国食品药品监管》2021年第2期。

来看，网络药品安全治理须秉承"以人民健康为中心"的新发展理念；从现实逻辑来看，网络药品安全治理须构建监管事业和医药产业高质量发展的新发展格局。

一 网络药品安全治理进入市场有序、监管成熟的新发展阶段

新发展阶段回答的是"我们在哪里，朝哪里奋斗"的问题。新中国成立以来，我们从面临缺医少药、疫病流行的局面过渡到医药行业繁荣发展、人民健康防线逐步建立并完善的阶段。伴随着网络药品交易的兴起，从初期的秩序混乱、监管缺失到现今的市场有序、监管成熟，医药流通领域已然进入了新发展阶段。在这一阶段，医药电商仍然面临深刻复杂的变化。从内部环境来看，政策松绑为医药电商产业迎来发展良机，新冠疫情也刺激了人民群众对包括新冠疫苗和特效药在内的用药需求，但是，当前医药产业发展仍然存在不平衡不充分的问题，难以有效满足人民群众日益增长的用药需求。为化解二者之间的矛盾，加快药品风险治理体系建设成为监管部门的当务之急。从外部环境来看，新冠疫情的蔓延呈现出全球化、无国界的特征，国际上新型变种病毒仍在不断出现，疫情引发的风险正在向经济、社会、政治等领域传导。当前，以全球团结抗疫为契机，促进公共卫生全球治理，构建人类健康命运共同体成为世界各国面临的共同任务。中国有必要持续提升药品尤其是新冠特效药的可及性和可负担性，为公共卫生全球治理贡献中国方案。

二 网络药品安全治理须秉承"以人民健康为中心"的新发展理念

新发展理念回答的是"按照什么样的理论来引领新阶段发展"的问题。党的二十大报告强调"推进健康中国建设""把人民健康放在优先发展的战略位置"，进一步明确了卫生健康事业的发展基石。回顾过去，从"齐二药"到"欣弗"再到"甲氨蝶呤"，药品安全事件

层出不穷；从非典到禽流感到猪流感再到新冠，药品突发事件接踵而至，这些事件充分暴露了当前卫生健康体系重疾病治疗轻预防管理、重事后应对轻事前预警等问题。因而，坚持风险治理，加强全过程监管，构建完善的药品监管体系、公共卫生治理体系和应急管理体系成为政府的必然选择。展望未来，面对百年变局和世纪疫情，以及国家人口老龄化、数字鸿沟等矛盾凸显。对此，坚持创新发展，以更加开放、包容的态度为医药电商发展创造营商环境，综合运用大数据、云计算等手段赋能政府监管，既满足产业高速发展需要，又迎合消费者就医购药需求，是贯彻"以人民健康为中心"的新发展理念的应有之义。

三 网络药品安全治理须构建监管事业和医药产业高质量发展的新发展格局

新发展格局回答的是"我们怎么样实现新阶段新目标"的路径问题。新修订的《药品管理法》将我国药品监管部门的使命，调整为"保护和促进公众健康"。这需要从两个方面来理解：一是加强科学监管，牢牢守住药品安全底线。这就要求牢固树立安全发展理念，通过建立全生命周期风险治理体系，加强事中事后监管，才能从源头上防范药品风险；同时落实各方主体药品安全责任，加大对违法违规行为的惩处力度，才能从根本上震慑住不法分子。二是优化产业结构，促进医药产业高质量发展。一方面要重视市场供求状况，引导药品生产经营企业主动调整产业结构和研发方向，推动实现医药产业"量的合理增长"；另一方面要持续推进审评审批制度改革，积极服务支持网络药品交易这一新兴业态，推动实现医药产业"质的稳步提升"。

第二节　中观层面：政府、市场和社会的良性互动

利益主体的多元和利益诉求的复杂是网络药品安全治理中观制度

环境之主要特征。网络药品安全治理既有赖于市场的自律，企业须承担第一责任人的责任；也有赖于社会的共同参与，协会、媒体、社会公众积极发挥各自的作用；更有赖于政府治理体系和治理能力的现代化建设，直接关系到网络药品安全治理水平的高低。

一 网络药品安全治理有赖于政府治理体系和治理能力现代化建设

政府在网络药品治理中承担"元治理"的角色。党的十九届五中全会提出"更好发挥政府作用，推动有效市场和有为政府更好结合"，这为今后一个时期深化行政体制改革指明了方向。当前，推进医药治理体系和治理能力现代化建设需要把握以下两个方面的内容：一是推进医药治理体系现代化建设，既要改革不适应实践发展要求的体制、法治、机制，又要不断构建新的体制、法治、机制，使各方面制度更加科学化、规范化、程序化。例如加快制订《药品网络销售监督管理办法》的实施细则及配套政策，从顶层设计上加强治理体系的整体性和协同性。二是推进医药治理能力现代化建设，更加注重把制度优势转化为治理效能，提高科学执政、民主执政、依法执政水平，确保各个治理主体到位不越位，有为不乱为。网络药品治理涉及多部门监管和跨区域监管，通过建立和完善跨部门和跨区域协同机制，可以最大限度整合监管资源，提升药品治理的整体效能。

二 网络药品安全治理有赖于企业主体和行业的自律

企业是网络药品治理的第一责任人。党的十八届三中全会将市场在资源配置中起"基础性作用"修改为起"决定性作用"，其实就是贯彻了问题导向。经过十余年的发展，我国医药电商产业不断扩大，但仍然存在进入门槛过高、行政审批过慢等制约因素。因此，网络药品治理有赖于市场的自律，既要减少政府对微观经济活动的直接干预和资源的直接配置，如取消网络药品交易服务审批、放宽网上药店准入门槛、开放处方药网络销售等,加快建设统一开放、竞争有序的市场体系;又要建立公平、透明、开放的市场规则,通过建立网络药品交易行业公约、发布企业社会责任报告等,充分发挥企业主体和行业自律作用,推动资源配置实现社会效益最大化。

三 网络药品安全治理有赖于社会多元主体共同参与

消费者协会、新闻媒体、社会公众是网络药品治理的共同参与者。药品安全是广大人民群众最关心、最现实、最直接的问题,是所有药品利益相关者的共同利益基础。因此,保障药品安全是全社会的共同责任,必须组织和动员全社会的力量参与,"完善党委领导、政府负责、社会协同、公众参与、法治保障的社会治理体制"。除了政府承担的"元治理"角色和企业的"第一责任人",新闻媒体具有"第四权力",对药品违法行为的舆论监督可以有效制衡政企博弈;社会公众作为药品的直接使用者,具有监督、投诉、举报等救济权力;消费者协会作为消费者的利益群体,可以通过集体协商、集体诉讼等途径,保护消费者合法权益。可见,新闻媒体、社会公众以及消费者协会等社会组织在网络药品治理中扮演着重要角色。

第三节 微观层面:体制、法治和机制的相互协同

体制、法治和机制相结合是网络药品治理微观制度环境之主要特征。网络药品安全体制明确了监管机构和权限划分,包括跨部门、跨区域等监管难点;网络药品安全法治明确了各主体之间权利义务,即"哪些可为""哪些不可为"以及承担的法律责任;网络药品安全机制揭示了制度运行的动态过程,尤其是防范和化解药品风险的一系列机制。

一 网络药品安全体制明确了监管机构和权限划分

以药品监管部门为主体的网络药品安全体制回答了谁来管的问

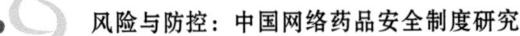

题。网络药品安全治理理应由药品监管部门主要负责，同时离不开卫生、医保、工信、邮政、公安等部门的密切配合。在涉及跨部门协同监管方面，卫生部门要和药监部门共同承担起网络诊疗和药品开具的管理，医保部门要和药监部门共同承担起医保结算的管理。同时，工信、邮政部门也要协同药监部门共同行使网络药品流通监督检查权，必要时对网上药店的网络端口和配送服务进行限制。如发现网络违法违规行为，还应建立行刑衔接机制，确保案件及时转移至公安部门。在涉及跨区域协同监管方面，同一省、市级行政区域内可开展多种形式的联合执法行动，实现信息互通、资源共享、人员互派、标准互认；涉及跨省级行政区域的，可借鉴京津冀鲁、长三角、泛珠三角等地区的做法，签署合作框架协议，建立联席会议机制，成立工作领导小组，促进更大范围内的监管协同。

二 网络药品安全法治明确了各主体之间权利义务

以《药品管理法》为统领的网络药品安全法治回答了"哪些可为""哪些不可为"的问题。从权利义务关系来看，网络经营者有获得合法利润的权利，并承担接受监管、合规经营的义务。因而，现行立法在放宽网上药店准入门槛的同时，对经营条件和行为规范作了相应的要求。如网上药店须建立网络药品安全管理机构和相关制度，确保药品的安全性和有效性；又如处方药网络销售须建立处方审核机制，并提供在线药学服务，确保处方的真实性。从责任关系来看，网络经营者、网络平台、物流企业等各方主体均须承担相应的责任。网络经营者应承担网络药品交易的主体责任，对批发、零售、储存、运输过程中的药品质量和安全负责；网络平台作为网络药品交易的中介平台，也应承担对网络经营者的审查义务和网络药品的检查义务，并在发生药品安全事件时承担相应责任；物流企业则承担药品储存和运输过程中的相应责任，避免合格药品发生变质。

三 网络药品安全机制揭示了制度运行的动态过程

以风险治理为视角的网络药品安全机制回答了如何防范化解风险的问题。网络药品风险防控须要把握好以下几个方面：一是建立事前风险预警机制，既要严把网络药品交易入口关，也要为药品交易前端的网络诊疗和处方流转创造良好环境；二是健全事中风险控制机制，在尽快建立药品全过程追溯制度的基础上，把握好药品交易中端的药事服务、医保支付和物流管理；三是完善事后风险应对机制，网络药品交易发生纠纷时，需要完善投诉举报机制，落实各方主体责任，一旦演变为药品安全事件，更需要启动应急管理机制，做好药品召回管理；四是建立全过程风险交流机制，充分发挥政府、市场和社会各方主体的力量，形成多元主体共治格局。

参考文献

一 著作类

全球治理委员会:《我们的全球伙伴关系》,香港:牛津大学出版社(中国)1995年版。

王珉灿:《行政法概要》,法律出版社1983年版。

[德]鲁道夫·冯·耶林:《为权利而斗争》,郑永流译,法律出版社2007年版。

[德]乌尔里希·贝克:《风险社会》,何博闻译,译林出版社2004年版。

[法]泰·德萨米:《公有法典》,黄建华、姜亚洲译,商务印书馆1982年版。

[美]阿瑟·奥肯:《平等与效率》,王奔洲译,华夏出版社1999年版。

[美]埃莉诺·奥斯特罗姆:《公共事务的治理之道:集体行动制度的演进》,余逊达、陈旭东译,上海三联书店2000年版。

[美]史蒂芬·布雷耶:《打破恶性循环:政府如何有效规制风险》,宋华琳译,法律出版社2009年版。

[美]斯蒂格里茨:《经济学(上册)》(第2版),梁小民、黄险峰译,中国人民大学出版社1997年版。

[美]夏普、雷吉斯特、格里米斯:《社会问题经济学》(第13版),郭庆旺、应惟伟译,中国人民大学出版社2000年版。

[意]尼古拉·阿克塞拉:《经济政策原理:价值与技术》,郭庆旺、

刘茜译，中国人民大学出版社 2001 年版。

Daniel F. Spubler, *Regulation and Markets*, Cambridge: The Mit Press, 1989.

Edmund W. Schuster, David L. Brock, Stuart J. Allen, *Global RFID, The Value of the EPCglobal Network for Supply Chain Management*, Heidelberg: Springer Berlin, 2007.

Institute of Medicine, *Challenges for the FDA: The Future of Drug Safety, Workshop Summary*, Washington (DC): National Academies Press, 2007.

R. Pound, *Jurisprudence*, Vol. 3, St. Paul, Minn: West Publishing Co., 1959.

Termin P., *Taking Your Medicine: Drug Regulation in the United States*, Cambridge: Harvard University Press, 1980.

二 期刊论文

鲍锡杰、顾丽丽：《药品生产风险管理中面临的问题分析及控制举措》，《北方药学》2015 年第 11 期。

边博洋、常峰、邵蓉：《美国药品安全风险管理最终指南对我国药品安全风险管理的启示》，《中国药事》2007 年第 12 期。

蔡晧东：《1937 年磺胺酏剂（含二甘醇）事件及其重演》，《药物不良反应杂志》2006 年第 3 期。

蔡彦敏：《"齐二药"假药案民事审判之反思》，《法学评论》2010 年第 4 期。

曹阳、徐丽华：《中国药品安全监管制度变迁的路径选择》，《南京社会科学》2009 年第 1 期。

曹允春、李彤、林浩楠：《基于区块链技术的药品追溯体系构建研究》，《科技管理研究》2020 年第 16 期。

陈果：《走出官僚制困境》，《社会科学研究》2008 年第 1 期。

陈相龙：《德国和英国药品监督管理工作概况及对我国的启示》，《医药导报》2016年第6期。

程启智：《内部性与外部性及其政府管制的产权分析》，《管理世界》2002年第12期。

仇雨临：《医保与"三医"联动：纽带，杠杆和调控阀》，《探索》2017年第5期。

邓梅洁、殷东涛、沈春明：《网售处方药的争议焦点与破解难点》，《中国卫生事业管理》2018年第6期。

房军、陈慧、元延芳等：《关于加强药品检查员队伍建设的思考》，《中国药学杂志》2019年第4期。

冯博：《从"鼓励性惩罚"到"惩罚性赔偿"——食品药品安全问题的法律经济学分析》，《法学杂志》2016年第12期。

付冷冷：《强势监管机构的现实困境及其治理——以政府药品审批为对象的考察》，《辽宁行政学院学报》2008年第2期。

高弘杨：《美国处方药网售的缘起与今生》，《中国药店》2018年第7期。

耿东升：《对药品不良反应定义及其分类的商榷》，《西北药学杂志》2011年第1期。

郭珉江、李亚子、张芳源等：《平台经济学视角下"互联网＋"医保支付参与机制的探讨》，《中国卫生经济》2020年第1期。

韩丽丽：《药品流通环节质量风险管理》，《世界最新医学信息文摘》2016年第12期。

胡颖廉：《监管和市场：我国药品安全的现状、挑战及对策》，《中国卫生政策研究》2013年第7期。

胡颖廉：《转型期我国药品监管的理论框架和经验观察》，《经济研究参考》2012年第31期。

黄懿慧、王啸、方慧妍等：《政府信任对公共健康风险管理的影响——基于长生生物疫苗事件的创设情境研究》，《公共管理学报》2019年第4期。

贾磊、肖蒲：《基于医药全流程电子商务的医药智能物流平台研究：以重庆药品交易所为例》，《海峡科技与产业》2016 年第 6 期。

靳文辉：《弹性政府：风险社会治理中的政府模式》，《中国行政管理》2012 年第 6 期。

靳文辉：《试验型规制制度的理论解释与规范适用》，《现代法学》2021 年第 3 期。

孔艳铭、郑善爱：《与时代同行——改革开放 40 年药品监管历程回顾》，《中国食品药品监管》2018 年第 12 期。

李峰、吴晓明：《我国药品审评专家咨询制度的沿革与发展》，《中国新药杂志》2018 年第 18 期。

李国光、张平方：《网络维权中消费者基本权利之完善》，《法学》2011 年第 5 期。

梁晨：《对转型时期我国药品监管体制的宏观思考》，《中国卫生政策研究》2015 年第 4 期。

刘琳、靳文辉：《"互联网＋"背景下药品网络交易治理的困境及其出路》，《改革》2019 年第 10 期。

刘琳、谢来位：《"放管服"改革视域下处方药网络交易风险防范》，《中国行政管理》2021 年第 10 期。

刘鹏：《混合型监管：政策工具视野下的中国药品安全监管》，《公共管理学报》2007 年第 1 期。

刘鹏：《政企事利益共同体：中国药品安全管理体制变迁的历史逻辑》，《武汉大学学报》（哲学社会科学版）2011 年第 2 期。

刘霞：《公共危机治理：理论建构与战略重点》，《中国行政管理》2012 年第 3 期。

刘悦晴、史珍珍：《基于供应链管理的现代化食品药品安全监管体系研究》，《中国市场监管研究》2021 年第 11 期。

孟令全、王淑玲、周莹等：《英国网上药店法律规制的研究及对我国的启示》，《中国药事》2013 年第 3 期。

尚鹏辉、刘佳、夏恺恺等：《我国药品安全定义和范畴的系统综述和定性访谈》，《中国卫生政策研究》2009年第6期。

邵明立：《树立和实践科学监管理念》，《管理世界》2006年第11期。

宋春峰：《国外如何监管互联网药品市场》，《中国防伪报道》2014年第2期。

宋华琳：《药品不良反应与政府监管制度改革——从安徽欣弗事件引发的思考》，《法学》2006年第9期。

宋华琳：《政府规制改革的成因与动力——以晚近中国药品安全规制为中心的观察》，《管理世界》2008年第9期。

隋振宇、宋华琳、林长庆：《"互联网+"背景下完善我国网络药品经营监管的探索》，《中国药房》2019年第16期。

孙必婷、翁开源：《大数据在药品安全监管中的应用研究》，《卫生经济研究》2020年第11期。

孙浩翔：《失形忘意的红旗标准——兼论注意义务之偏离》，《东南大学学报》（哲学社会科学版）2021年第S01期。

孙钰：《药物警戒的起源、发展与展望》，《药物流行病学杂志》2010年第8期。

王笛、赵靖：《国际互联网药品经营监管模式对比及思考》，《中国合理用药探索》2017年第1期。

王伟：《十八大以来大部制改革深层问题及未来路径探析》，《中国行政管理》2016年第10期。

王新洲、张俊、史克勇等：《国家基本药物（化药部分）风险管理平台的建立》，《药物流行病学杂志》2012年第3期。

王鑫、甄橙：《美国药品监管法规百年历程及对中国的启示》，《中国新药杂志》2016年第8期。

温松、郑凯、肖棣文：《"放管服"背景下广东特殊药品行政许可制度改革——探索、挑战与思考》，《广东行政学院学报》2018年第3期。

习近平：《中国共产党领导是中国特色社会主义最本质的特征》，《求是》2020年第14期。

夏锦文：《共建共治共享的社会治理格局：理论构建与实践探索》，《江苏社会科学》2018年第3期。

熊节春、陶学荣：《公共事务管理中政府"元治理"的内涵及其启示》，《江西社会科学》2011年第8期。

徐国冲、张晨舟、郭轩宇：《中国式政府监管：特征、困局与走向》，《行政管理改革》2019年第1期。

徐徕、赵艳蛟、李璠等：《日本药品风险管理简介及启示》，《中国临床药理学杂志》2010年第10期。

许成钢：《法律、执法与金融监管——介绍"法律的不完备性"理论》，《经济社会体制比较》2001年第5期。

薛澜、赵静：《走向敏捷治理：新兴产业发展与监管模式探究》，《中国行政管理》2019年第8期。

薛原：《"互联网+"背景下我国网络销售处方药研究》，《卫生经济研究》2020年第5期。

鄢广：《英国药品和医疗器械监管局法律监管情况概述及启示》，《中国药房》2020年第3期。

杨立新：《电子商务民事责任之立法基础与基本规则》，《甘肃社会科学》2019年第1期。

杨廉平、姚强、张新平：《从质量标准的角度探析中国药品安全问题》，《中国社会医学杂志》2010年第3期。

杨佩昌：《德国企业如何面对事故责任》，《企业管理》2017年第3期。

杨兴龙、高毓蔚、刘素刚等：《药品群体不良（药害）事件民事赔偿法律探讨——从"甲氨蝶呤"药害事件引发的法律思考》，《灾害医学与救援》2012年第3期。

杨悦、魏晶：《由"万络"事件看建立药品安全风险分担机制》，《中国药事》2008年第10期。

叶正明：《简析〈德国药品法〉》，《湖南行政学院学报》2009 年第 6 期。

曾繁典：《我国药品风险管理与药物警戒实践》，《药物流行病学杂志》2013 年第 3 期。

张昊、武志昂：《制药企业药品上市后风险管理政府监管效果影响因素研究》，《中国药学杂志》2014 年第 23 期。

张康之：《走向服务型政府的"大部制"改革》，《中国行政管理》2013 年第 5 期。

张雪艳：《我国网上药店经营现状调研分析》，《中国药房》2019 年第 2 期。

张叶编译：《后发先至的英国网上药店》，《中国药店》2013 年第 2 期。

章伟光、张仕林、郭栋等：《关注手性药物：从"反应停事件"说起》，《大学化学》2019 年第 9 期。

赵超：《尽快完善"网上售药"》，《中国食品药品监管》2015 年第 3 期。

赵静：《网络购药影响因素及行为特征调研——以宁波市为例》，《中国药房》2018 年第 4 期。

赵婷婷、赵建中、马立权等：《德国药物警戒体系及对我国的启示》，《中国临床药理学杂志》2020 年第 16 期。

周洁、黄祺：《少女网购 200 粒药身亡，记者亲历网上销售处方药致命漏洞》，《新民周刊》2019 年第 18 期。

周伟萌：《"避风港"何以避风？——我国网络交易平台商标侵权案件适用避风港规则的具体路径》，《社会科学家》2021 年第 5 期。

朱国赐：《基层药品监管工作存在的困难、问题与对策探讨》，《中国食品药品监管》2019 年第 8 期。

［美］乔治·阿克洛夫：《柠檬市场：质量的不确定性和市场机制》，《经济导刊》2001 年第 6 期。

［日］宗像守：《日本新药品销售法的启示》，《中国药店》2015 年第

3 期。

Banerjee, Anjan, K., "Web-Based Patient-Reported Outcomes in Drug Safety and Risk Management: Challenges and Opportunities?", *Drug Safety*, No. 35, 2012.

Bartlomiej Ochyra, Maciej Szewczyk, Adam Przybyłkowski, "The drug safety information in domestic medical literature", *Current Issues in Pharmacy and Medical Sciences*, No. 3, 2022.

B. Jung, "The Risk of Action by the Drug Enforcement Administration Against Physicians Prescribing Opioids for Pain", *Pain Medicine*, No. 4, 2006.

Edwards, B., Chakraborty, S., "Risk Communication and the Pharmaceutical Industry: What is the Reality?", *Drug Safety*, No. 11, 2012.

Eggertson, L., "New Network Created to Assess Drug Safety", *Canadian Medical Association Journal*, No. 18, 2011.

Heller M. A., "The Tragedy of the Anticommons: Property in the Transition from Marx to Markets", *Harvard Law Review*, No. 3, 1988.

J. Barnes, "Drug Safety", *Nature Reviews Drug Discovery*, No. 6, 2007.

Jeanne Lenzer:《一款止泻药在日本引发的灾难》,《环球科学》2018年第1期。

J. Kinnear, N. Wilson, A. O. Dwyer, "Evaluating team decision-making as an emergent phenomenon", *Postgraduate Medical Journal*, No. 94, 2018.

M. J. Smith, A. Komparic, A. Thompson, "Deploying the Precautionary Principle to Protect Vulnerable Populations in Canadian Post-Market Drug Surveillance", *Canadian Journal of Bioethics*, No. 1, 2020.

Mouchantaf, R., Auth, D., Moride, Y. et al., "Risk Management for the 21st Century: Current Status and Future Needs", *Drug Safety*, No. 44, 2021.

Nkeng, L., Cloutier, A. M., Craig, C. et al., "Impact of Regulatory

Guidances and Drug Regulation on Risk Minimization Interventions in Drug Safety: A Systematic Review", *Drug Safety*, No. 7, 2012.

Ohe K., "MID-NET: Medical Information Database Network Project to Utilize Electronic Healthcare Data for Drug Safety", *Transactions of Japanese Society for Medical & Biological Engineering*, No. 4, 2017.

Ohlssen D., Price K. L., Xia H. A., et al., "Guidance on the Implementation and Reporting of a Drug Safety Bayesian Network Meta-analysis", *Pharmaceutical Statistics*, No. 1, 2014.

Parida, M., et al., "Application of RFID Technology for In-House Drug Management System", *International Conference on Network-based Information Systems*, IEEE Computer Society, No. 9, 2012.

Pierce, C. E., Bouri, K., Pamer, C. et al., "Evaluation of Facebook and Twitter Monitoring to Detect Safety Signals for Medical Products: An Analysis of Recent FDA Safety Alerts", *Drug Safety*, No. 4, 2017.

R. H. Coase., "The problem of social cost", *Journal of Law and Economics*, No. 3, 1960.

Ryan P., "Statistical Challenges in Systematic Evidence Generation through Analysis of Observational Healthcare Data Networks", *Statistical Methods in Medical Research*, No. 1, 2013.

Trifiro, G., "What is the Additional Value of Electronic Medical Records for Drug Safety Signal Detection? The Experience of Eu-ADR Project", *Clinical Therapeutics*, No. 8, 2013.

Zhang L., Wong L., He Y., et al., "Pharmacovigilance in China: Current Situation, Successes and Challenges", *Drug Safety*, No. 10, 2014.

三　报纸文章

崔兴毅、郭娟：《有漏洞有盲区 互联网医疗如何让你更放心》，《光明日报》2021年4月18日第6版。

《高举中国特色社会主义伟大旗帜 为全面建设社会主义现代化国家而团结奋斗》,《人民日报》2022年10月26日第1版。

贾天荣:《网上抢购新冠药物还需"悠着点"》,《IT时报》2023年1月16日第10版。

齐中熙、赵文君:《国家药监局介绍疫苗监管等有关情况》,《经济日报》2018年7月26日第4版。

申东:《银川金凤区法院宣判一起生产销售假药案14名被告人均获刑》,《法治日报》2021年9月1日第6版。

石君乔、汪冒才:《冒充医生问诊,廉价药包鼓了谁的腰包》,《检察日报》2022年12月20日第8版。

《习近平对吉林长春长生生物疫苗案件作出重要指示》,《人民日报》2018年7月24日第1版。

习近平:《关于〈中共中央关于全面推进依法治国若干重大问题的决定〉的说明》,《人民日报》2014年10月29日第2版。

习近平:《牢固树立以人民为中心的发展理念 落实"四个最严"的要求切实保障人民群众"舌尖上的安全"》,《人民日报》2016年1月29日第1版。

习近平:《提高防控能力着力防范化解重大风险 保持经济持续健康发展社会大局稳定》,《人民日报》2019年1月22日第1版。

习近平:《在庆祝全国人民代表大会成立60周年大会上的讲话》,《人民日报》2014年9月6日第2版。

《习近平主持会议研究部署党风廉政建设和反腐败工作》,《人民日报》2013年1月1日第1版。

《中央农村工作会议在北京举行 习近平李克强作重要讲话》,《人民日报》2013年12月25日第1版。

四 电子文献

BfArM, "Organization", https://www.bfarm.de/EN/BfArM/Organisation/_ node. html，2016-02-12.

FDA，"What We Do？"，https：//www. fda. gov/about-fda/what-we-do，2018-03-28.

MHLW，https：//www. mhlw. go. jp/stf/seisakunitsuite/bunya/kenkou_iryou/index. html，2022-12-20.

MHRA，"About us"，https：//www. gov. uk/government/organisations/medicines-and-healthcare-products-regulatory-agency/about，2019-12-19.

国家药品监督管理局：《2023年1月全国执业药师注册情况》，http：//www. cqlp. org/info/link. aspx？id＝6664&page＝1，2023年2月15日。

国家药品监督管理局：《国家药品不良反应监测年度报告》，https：//www. nmpa. gov. cn/xxgk/fgwj/gzwj/gzwjyp/20210325170127199. html，2021年3月26日。

国家药品监督管理局：《药品监督管理统计年度数据》，https：//www. nmpa. gov. cn/zwgk/tjxx/tjnb/20221228165838115. html，2022年12月28日。

《国务院关于2013年度中央预算执行和其他财政收支的审计工作报告》，http：//www. audit. gov. cn/n5/n26/c64269/content. html，2014年6月24日。

国务院应急管理办公室：《安徽阜阳劣质奶粉事件》，http：//www. gov. cn/yjgl/2005-08/09/content_ 21396. htm，2005年8月9日。

黄钰、杨乔、彭琪月：《宠物照片充当处方仍可网购处方药》，人民网，http：//society. people. com. cn/n1/2019/1129/c428181-31481757. html，2019年11月29日。

《曲美退市：迟来的警告——减肥还是减命 良药还是毒药》，《南方周末》，http：//www. infzm. com/contents/52340，2010年11月11日。

陕西省卫健委：《感染新冠乱用药致肝衰竭》，http：//sxwjw. shaanxi. gov. cn/sy/ztzl/fyfkzt/fkzs/202212/t20221220_ 2269383. html，2022年12月20日。

肖平辉：《美国在阿片危机背景下对"网络流氓药店"的监管》，中国食品药品网，http：//www.cnpharm.com/c/2021-01-04/770589.shtml，2021年1月4日。

杨雪：《一万份判决书背后的重庆职业打假江湖》，《新京报》，https：//www.bjnews.com.cn/detail/165504728314865.html，2022年6月13日。

《曾经的良药为何背上"夺命"恶名——"尼美舒利"风波再思考》，《南方周末》，http：//www.infzm.com/contents/56120？source=131，2011年3月10日。

附　　录

A. 网络药品安全状况及规制调查报告

第1题　您的性别是？　　　［单选题］

选项	小计	比例
男	652	32.05%
女	1383	67.95%
本题有效填写人次	2035	

第2题　您的教育水平是？　　　［单选题］

选项	小计	比例
初中及以下	0	0%
高中	78	3.85%
大专及本科	861	42.31%
硕士研究生及以上	1096	53.85%
本题有效填写人次	2035	

第3题　您的年龄是？　　　［单选题］

选项	小计	比例
18周岁以下	26	1.28%
18—30周岁	600	29.49%

附 录

续表

选项	小计	比例
30—45 周岁	1174	57.69%
46—65 周岁	209	10.26%
65 周岁以上	26	1.28%
本题有效填写人次	2035	

第 4 题　您的职业/专业是？　　　　［单选题］

选项	小计	比例
医药类	443	21.79%
非医药类	1592	78.21%
本题有效填写人次	2035	

第 5 题　您和您的家人是否有过不安全用药的经历？　［单选题］

选项	小计	比例
有，付出了很大代价	66	3.24%
有，所幸无大事	594	29.19%
不知道	836	41.08%
没有	539	26.49%
本题有效填写人次	2035	

第 6 题　您是否有以下用药习惯？　　　［多选题］

选项	小计	比例
凭主观经验用药，随意增减药物和药量	803	39.46%
滥用药物（抗生素、维生素等）	352	17.3%
迷信新药、贵药、进口药	297	14.59%

续表

选项	小计	比例
看广告吃药	297	14.59%
以上均无	979	48.11%
本题有效填写人次	2035	

第7题　您在遇到药品安全问题时会如何处理？　　　　［多选题］

选项	小计	比例
找商家理赔	1089	53.51%
向政府/行业协会投诉	891	43.78%
通过媒体/网络曝光	583	28.65%
忍气吞声，自认倒霉	715	35.14%
本题有效填写人次	2035	

第8题　您对我国药品安全状况的总体评分为？　　　　［单选题］

选项	小计	比例
1分（很差）	319	15.68%
2分（较差）	627	30.81%
3分（一般）	924	45.41%
4分（较好）	143	7.03%
5分（很好）	22	1.08%
本题有效填写人次	2035	

第9题　过去十年我国药品安全状况的变化为？　　　　［单选题］

附　录

选项	小计	比例
变好了	649	31.89%
没变化	847	41.62%
变差了	539	26.49%
本题有效填写人次	2035	

第 10 题　您在购买药品时，更倾向于哪一类？　　［单选题］

选项	小计	比例
进口药品	1045	51.35%
国产药品	990	48.65%
本题有效填写人次	2035	

第 11 题　您对未来十年我国药品安全状况的态度为？
［单选题］

选项	小计	比例
很有信心	132	6.49%
较有信心	847	41.62%
信心不大	847	41.62%
没有信心	209	10.27%
本题有效填写人次	2035	

第 12 题　您认为药品安全问题主要发生在哪些环节？
［多选题］

选项	小计	比例
药品研发	979	48.11%
药品生产	1727	84.86%
药品流通	1518	74.59%
药品消费	825	40.54%
本题有效填写人次	2035	

第 13 题　您认为药品安全问题产生的主要原因是？　　　［多选题］

选项	小计	比例
环境因素（空气、水、土等自然条件造成药品安全问题）	495	24.32%
人为因素（生产条件落后，要素投入不当，未遵从标准规范，标示包装不明等）	1936	95.14%
认知因素（认识不足造成的药品安全问题）	1089	53.51%
本题有效填写人次	2035	

第 14 题　您认为药品安全主要应该由谁负责？　　　［排序题］

选项	平均综合得分
政府	2.98
生产经营企业	2.96
医疗机构/医务人员	1.7
消费者个人	0.44

第 15 题　您认为药品安全问题产生的深层次原因是？［排序题］

选项	平均综合得分
政府规制不力和规制体系不健全	3.36
生产经营企业的违法行为	2.86
医疗机构滥用药物	1.72
消费者用药知识缺乏	0.8

第 16 题　您认为生产经营企业为何会选择违法？　　　［排序题］

选项	平均综合得分
企业唯利是图	3.19
政府对违法行为打击力度不够	2.8
相关法律法规、技术标准滞后	2.03
消费者维权难，维权意识薄弱	1.1

第17题　您认为政府应如何规制药品安全问题？　　　［排序题］

选项	平均综合得分
严格限制药品行业的准入资格，从源头上把关	3.29
加大对流通药品的抽检力度，及时发现问题	2.68
加大对违法案件的查处力度，坚决打击犯罪	2.26
公开政府药品规制工作情况，曝光典型事件	1.17

第18题　您对以下哪些法律法规有所了解？　　　　　［多选题］

选项	小计	比例
药品管理法	363	17.84%
GLP/GCP	66	3.24%
GMP	165	8.11%
GSP	110	5.41%
以上均不了解	1496	73.51%
本题有效填写人次	2035	

第19题　您一般通过什么途径了解所要购买的药品？　［多选题］

选项	小计	比例
医师咨询	1539	75.64%
电视广告	156	7.69%
网络	470	23.08%

续表

选项	小计	比例
药店销售人员建议	1252	61.54%
亲友推荐	887	43.59%
其他	235	11.54%
本题有效填写人次	2035	

第20题　您获得药品的主要渠道？　[多选题]

选项	小计	比例
医院	1434	70.51%
药店	1879	92.31%
网络	652	32.05%
其他	0	0%
本题有效填写人次	2035	

第21题　您有过在网上购买药物的经历吗？　[单选题]

选项	小计	比例
有	1539	75.64%
没有	496	24.36%
本题有效填写人次	2035	

第22题　您为什么会选择网上购药？　[多选题]

选项	小计	比例
省时、便捷	1200	77.97%
商品齐全、信息透明	470	30.51%
物美价廉	783	50.85%
物流方便、及时送达	730	47.46%
其他原因	104	6.78%
本题有效填写人次	1539	

附录

第23题　您在网上购买药品时会考虑哪些因素？　[多选题]

选项	小计	比例
药品疗效	939	61.02%
药品品牌	1017	66.1%
广告宣传	104	6.78%
药品价格	913	59.32%
配送速度	809	52.54%
品类丰富	261	16.95%
药师服务	313	20.34%
其他	52	3.39%
本题有效填写人次	1539	

第24题　您通常在网上购买哪些药品呢？　[多选题]

选项	小计	比例
感冒药	783	50.85%
消炎药	548	35.59%
皮肤用药	652	42.37%
肠胃用药	443	28.81%
眼睛用药	313	20.34%
其他药品	391	25.42%
本题有效填写人次	1539	

第25题　您通常选择的购药平台是？　[多选题]

选项	小计	比例
京东、天猫等第三方电商平台	1409	91.53%
好药师、药药好等医药企业自建平台	157	10.17%
QQ、微信等交友平台	52	3.39%
其他	235	15.25%
本题有效填写人次	1539	

第26题　您选择购药平台的标准是什么呢？　　［多选题］

选项	小计	比例
信用等级与好评率	1226	79.66%
商品种类	522	33.9%
商品价格	730	47.46%
发货速度和运费	574	37.29%
服务态度	313	20.34%
其他标准	78	5.08%
本题有效填写人次	1539	

第27题　您对购药平台的满意度？　　［矩阵量表题］该矩阵题平均分：3.91

题目\选项	非常满意	比较满意	一般	不太满意	不满意	平均分
药品品质	22.03%	67.8%	8.47%	0%	1.69%	4.08
药品价格	23.73%	54.24%	18.64%	1.69%	1.69%	3.97
品类丰富	22.03%	52.54%	22.03%	1.69%	1.69%	3.92
药师服务	13.56%	42.37%	37.29%	3.39%	3.39%	3.59
配送时效	35.59%	45.76%	13.56%	3.39%	1.69%	4.1
售后服务	15.25%	49.15%	33.9%	0%	1.69%	3.76
软件使用	13.56%	66.1%	18.64%	1.69%	0%	3.92
小计	20.82%	54%	21.79%	1.69%	1.69%	3.91

第28题　您没有进行网上购药的原因是？　　［多选题］

选项	小计	比例
不熟悉、不了解如何网上购药	313	15.38%
习惯在医院看病配药	678	33.33%
担心支付的安全性	130	6.41%

续表

选项	小计	比例
担心药品的安全性	965	47.44%
物流较慢	209	10.26%
无医生指导，不知如何买	835	41.03%
药品品种不够多	183	8.97%
其他	52	2.56%
（空）	548	26.92%
本题有效填写人次	2035	

第29题 如果处方药允许在网上销售，您对此怎么看？ ［单选题］

选项	小计	比例
愿意购买	626	30.77%
在药师的帮助下愿意购买	1212	55.13%
不愿意购买	209	10.26%
其他	78	3.85%
本题有效填写人次	2035	

第30题 如果网上购药能用医保支付，您对此怎么看？ ［单选题］

选项	小计	比例
非常好，直接影响到我的购买意愿	1174	57.69%
比较好，对我的购买意愿有一定影响	574	28.21%
无所谓，不会对我的购买意愿产生影响	261	12.82%
其他	26	1.28%
本题有效填写人次	2035	

再次感谢您抽出时间来填写我们的问卷，谢谢！

B. 网络药品安全状况及规制访谈提纲

第一部分：监管部门

1. 药监部门

（1）您对我国药品行业的总体印象如何？

（2）您对我国网络药品行业的总体印象如何？

（3）在网络药品行政许可方面，有哪些规范和具体规定？

（4）您认为网络药品入口关存在哪些风险点？什么原因引起的？

（5）在网络药品行政检查方面，有哪些规范和具体规定？

（6）您认为网络药品运行过程中存在哪些风险点？什么原因引起的？

（7）在网络药品行政处罚方面，有哪些规范和具体规定？

（8）您认为网络药品责任追究上存在哪些风险点？什么原因引起的？

（9）您认为如何加强网络药品入口关的风险防控？

（10）您认为如何加强网络药品运行过程中的风险防控？

（11）您认为如何加强网络药品责任追究上的风险防控？

（12）您在具体监管中是否存在监管协同困难？什么原因引起的？

（13）您认为如何加强监管协同？是否有经验可循？

（14）下一步您所在单位在网络药品交易方面会采取哪些行动？

（15）您还有哪些相关建议和意见？

2. 卫生部门

（1）您对我国药品行业的总体印象如何？

（2）您对我国网络药品行业的总体印象如何？

（3）在互联网医院管理方面，有哪些规范和具体规定？

（4）您认为互联网医院管理存在哪些风险点？是否对网络药品交

易产生实质性影响？

（5）在医师网上执业管理方面，有哪些规范和具体规定？

（6）您认为医师网上执业存在哪些风险点？是否对网络药品交易产生实质性影响？

（7）在电子处方管理方面，有哪些规范和具体规定？

（8）您认为电子处方管理存在哪些风险点？是否对网络药品交易产生实质性影响？

（9）下一步您所在单位在"互联网+"医疗健康产业方面会采取哪些行动？

（10）您还有哪些相关建议和意见？

3. 医保部门

（1）您对我国药品行业的总体印象如何？

（2）您对我国网络药品行业的总体印象如何？

（3）在医保网上支付管理方面，有哪些规范和具体规定？

（4）您认为医保网上支付管理存在哪些风险点？是否对网络药品交易产生实质性影响？

（5）如果开放医保网上支付，如何解决上述风险防控问题？

（6）您认为医保能否作为杠杆撬动网络药品交易等互联网+医疗产业发展？

（7）下一步您所在单位在"互联网+"医疗健康产业方面会采取哪些行动？

（8）您还有哪些相关建议和意见？

第二部分：药品企业

1. 药品生产企业

（1）企业主要生产哪一类药品？销售额如何？

（2）企业主要采取哪一类销售渠道？面向哪一类销售人群和

区域？

（3）是否采取网上销售渠道？销售产品种类和销售额如何？

（4）是否考虑自建网络销售平台？如果是，自建平台售药的成本收益如何？

（5）是否考虑和第三方平台合作？如果是，第三方平台售药的成本收益如何？

（6）请您介绍一下本企业的质量安全相关机构和制度。

（7）请您介绍一下本企业和销售平台之间的权利义务。

（8）企业是否建立了药品信息追溯制度？

（9）企业是否建立了消费者投诉处理制度？

（10）企业是否建立了药品不良反应监测制度？

（11）企业是否建立了药品召回管理制度？

（12）您对医药电商产业发展的信心如何？

（13）您对国家相关政策支持的信心如何？

（14）下一步您打算在网络药品交易方面采取哪些行动？

（15）您对监管部门有何建议和意见？

2. 实体药店

（1）企业主要销售哪一类药品？销售额如何？

（2）企业是否有稳定的进货、仓储和运输渠道？

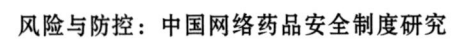

（3）企业是否建立了严格的进货验收、仓储和运输管理制度？

（4）企业是否建立了药品信息追溯制度？

（5）企业是否建立了消费者投诉处理制度？

（6）企业是否建立了药品不良反应监测制度？

（7）企业是否建立了药品召回管理制度？

（8）企业是否配备了相应的执业药师？对药师资质和从业经验有何要求？

（9）企业在处方药等特殊药品销售方面有何具体规定？

（10）企业是否有网上销售渠道？如果是，如何开展网上销售？

（11）网上销售的药品种类是否有相应规定？

（12）网上销售是否提供了专业的药事服务？如何为消费者提供网上咨询和用药指导？

（13）网上销售是采取网订店取还是网订店送的模式？药品配送是门店提供还是第三方物流提供？

（14）下一步您打算在网络药品交易方面采取哪些行动？

（15）您对监管部门有何建议和意见？

3. 网上药店

（1）企业主要销售哪一类药品？销售额如何？

（2）企业是否有稳定的进货、仓储和运输渠道？

（3）企业是否建立了严格的进货验收、仓储和运输管理制度？

（4）企业是否建立了药品信息追溯制度？

（5）企业是否建立了消费者投诉处理制度？

（6）企业是否建立了药品不良反应监测制度？

（7）企业是否建立了药品召回管理制度？

（8）企业是否配备了相应的执业药师？对药师资质和从业经验有何要求？

（9）企业在处方药等特殊药品销售方面有何具体规定？

（10）网上销售是采取网订店取还是网订店送的模式？药品配送是门店提供还是第三方物流提供？

（11）下一步您打算在网络药品交易方面采取哪些行动？

（12）您对监管部门有何建议和意见？

后　　记

　　小小一粒药，牵动大民生。本书是国家社科基金项目"我国网络药品安全风险防控对策研究"（编号：19CGL057）的最终成果。此选题可追溯至 2015 年，正值习近平总书记针对食品药品安全提出"四个最严"，即"最严谨的标准、最严格的监管、最严厉的处罚、最严肃的问责""严把从农田到餐桌、从实验室到医院的每一道防线"。自此，"四个最严"贯彻于药品安全治理的每一个环节。

　　2016 年，魏则西事件令人唏嘘的同时，暴露出百度搜索竞价排名、医院科室承包、莆田系大行其道等问题，也令人反思互联网作为一种高科技工具，在卫生健康领域起到的作用是向善还是相反。2017年，媒体爆出"神医""神药"事件，让监管部门关注到以往审评审批标准低、临床数据造假等问题严重，导致不少无效药品在市场上销售，甚至通过花哨的营销手段创造惊人的销售奇迹，因此建立和启动药品退出机制势在必行。2018 年，一部电影《我不是药神》引发舆论热议，癌症等重病患者关于进口"救命药"买不到、买不起、拖不起等诉求，凸显出药品降级保供问题的艰巨性和紧迫性。同年，令人哗然的长生生物疫苗造假案件不仅仅暴露出疫苗质量问题，更是揭示出日常监管有漏洞、处罚措施不到位、地方保护主义依然盛行等细节。

　　2020 年以来，随着新冠肺炎疫情演变为我国遭遇的传播速度最快、感染范围最广、防控难度最大的突发公共卫生事件，医药电商凭

后　记

借"零接触"的天然优势驶入了快车道。一方面，网络售药为群众用药需求提供了更为便利、更为丰富的选择；另一方面，网络售药具有虚拟性、隐匿性、跨地域性等特点，监管难度比实体药店更大。正如党的二十大报告所言，"提高防范化解重大风险能力，严密防范系统性安全风险"是推进国家安全体系和能力现代化的重中之重。因此，网络售药亟待更有效的风险管理机制和更有力的监管力度。

与此同时，我们欣喜地看到，近年来网售药品相关的一系列法律法规相继出台。在销售资质上，国务院于2017年先后取消互联网药品交易服务资格证书A、B、C证审批，意味着只要有合法的药品经营资质，企业可以自由开展网络药品交易服务。在销售范围上，2019年新修订的《药品管理法》坚持风险管理、全程管控、社会共治原则，明确了一定条件下，允许网络销售处方药。在行为规范上，2019年实施的《电子商务法》在一般层面上对网络经营者、网络经营平台的权利义务和行为规范作出了规定；2021年实施的《网络交易监督管理办法》进一步明确了网络交易平台经营者、入驻平台的经营者、以及自建网站的经营者等多种网络经营者的权利、义务和责任边界；2022年12月，《药品网络销售监督管理办法》新鲜出炉，全面、系统地阐释了从事药品网络销售、提供药品网络交易平台服务及其监督管理的行为规范及法律责任。

回顾书稿撰写经历，由笔者进入重庆大学法学院攻读博士开始，师从靳文辉教授，在其悉心指导下一直从事卫生健康治理尤其是"互联网＋健康"领域研究。毕业后进入中共重庆市委党校公共管理学教研部，有幸与周学馨教授、谢来位教授结对培养，在其精心帮助下以及课题组全体成员的共同努力下，以良好等次通过了国家课题结项，并完成了书稿交付。同时，也离不开我的领导、同事、家人的关心和支持，尤其是我的先生——重庆医科大学李伟博士提供一些医学领域专业支持。希望本书能够为破解药品监管难题、提升风险管理水平提供一些新观点和新思路。

随着新冠病毒感染调整为"乙类乙管"以及疫情防控政策进一步优化,疫苗、特效药、核酸检测试剂等方面的需求剧增,各种药品紧缺、药品滥用、虚假处方等乱象丛生,一部分患者面临感冒药"一药难求",另一部分患者却因为药品滥用、错用出现肝衰竭等严重后果。我相信,严冬总会过去,暖春必定来临。网络售药亦是如此,新规下的网络售药可能会迎来强监管下的"阵痛期",但重新整顿后的行业必然会走上高质量发展的"窗口期"。

刘　琳

二〇二三年元月于重庆